U0000740

蕭新永◎著

大陸台商

勞資風險與預防實務

臺灣商務印書館

推薦序一
台商應建立預防機制以避免勞資風險

　　從 2008 年迄今，海基會與大陸海協會一共簽署了 19 項協議，為兩岸的觀光、直航、食品安全、打擊犯罪、金融合作、智財權保障、經貿往來、投資保障等多項領域，建立政府部門的聯繫合作機制，也是預防機制，直接而有效地維護兩岸人民權益，促進兩岸交流的深度與廣度。最近的一項協議是今（2013）年 6 月 21 日在上海舉行的兩岸兩會領導人第九次會談，雙方簽署了《海峽兩岸服務貿易協議》。海基會是從兩岸兩會的制度協商，建立兩岸各個領域的風險預防機制。

　　自從歐債風暴以來，由於受到全球經濟成長趨緩和大陸宏觀調控政策之影響，台商赴大陸投資的趨勢明顯減緩，經濟部投審會的資料顯示，2012 年共批准赴大陸投資金額為 109.2 億美元，較 2011 年的 131 億美元減少約 21.8 億美元或 20% 左右，較 2010 年的 122.3 億美元少了 13.1 億美元或 12%。可說大陸已不如往年那樣具有投資吸引力了，顯然與投資環境對台商的不利因素以及大陸政府的經濟政策調整有相當的關係。

　　在投資環境的不利因素中，最大的因素就是大陸法律的規範化，許多勞動法律紛紛頒布，不但增加台商的經營成本，壓縮了應有的利潤空間，同時給企業帶來不確定的法律風險。例如 2008 年 1 月的《勞動合同法》、2008 年 5 月的《勞動爭議調解仲裁法》、2011 年 7 月的《社會保險法》等等勞動法律的實施，使得員工維權意識日益高漲，再加上缺工問題的嚴重性以及逐年上升的工資水平，在在都困擾著台商。過去以低廉的勞動力造就大陸「世界工廠」的美譽，也隨著上述現象以及人民幣升值、土地價格上調、原物料價格高漲、優惠政策取消等等內外在條件的衝擊，台商的經營壓力與日俱增。

台商必需認識到，金融海嘯以後的大陸經營環境丕變。諸多資源因素中，人力因素已經制約著企業能否順利轉型升級的最關鍵因素，人力資源管理將面臨著最嚴峻的挑戰。就人力資源管理來講，現階段的做法在於企業能否執行「勞動關係管理」，才是轉型升級以後能否脫胎換骨，屹立於市場的主因，亦即企業除了強化建設經營念與企業文化外，遵守當地勞動法律的規範，依法執行日常管理作業是必要的觀念與做法，所以為了避免或降低勞資爭議，要建立預防管理的機制，同時將法律的規範細化為企業的規章制度，這才是轉型升級，永續生存的首要任務。另一方面，企業經營者要改變員工是成本費用的錯誤觀念，將員工當成為企業創造價值的資產，只有尊重員工，才能激發員工的潛力；只有滿意的員工，才有滿意的顧客。

　　人力資源與行銷管理顧問蕭新永先生，擔任台商管理諮詢顧問，長年奔坡兩岸，輔導台商企業，累積多年的管理輔導專業知識與寶貴經驗。他以所擅長的人力資源策略與大陸勞動法令為基礎，二十幾年以來先後撰寫《大陸台商人事管理》、《大陸台商人力資源管理》、《大陸勞動合同法規範下之員工管理》等等相關十多本著作，由於是從實務論述，切入企業關注的重點，對台商在處理勞動人事問題時幫助頗大，獲得台商讀者的青睞與佳評。蕭新永先生同時也是海基會聘請的台商財經法律顧問，專注於人力資源與勞動管理的諮詢服務，他不計代價服務台商的熱忱，令人欽佩。

　　新著《大陸台商勞資風險與預防實務》是一部專業經驗淬煉下的實務書籍　，教導讀者如何建立人力資源管理的預防機制。對台商關心的議題，從員工招聘開始，一路進入簽訂勞動合同、試用、培訓、競業限制、勞動條件、工時制度、請假管理、薪資福利、社會保險、勞資仲裁，到最後的離職管理等等勞動法律的規範，透過作者的細心規劃、分類、整理，轉化為預防管理的實務作業，規避勞資風險的產生。書中羅列諸多案例，讓讀者立即領會，亦有信手拈來即可運用的表格表單，每一章末又列出管控要

點，非常實用。在該書即將付梓出版之際，簡單寫上個人的心得看法，爰為推介。並期盼本書對於眾多台商有效解決勞資爭議問題有所裨益。

財團法人海峽交流基金會副董事長兼秘書長　高孔廉

2013 年 8 月

推薦序二
企業管理到位的關鍵在人力資源管理

　　大陸是全球第二大經濟體，跨國企業對其定位，已經由「世界工廠」轉為「世界市場」。近年來，國際經濟環境出現重大變化，大陸則推出「十二五規劃」，經濟發展戰略已做大幅調整，舉其要者如：由「外向型」轉向「內需型」、由「國富」轉向「民強」、由「高增長」轉向「穩增長」、由「粗放型」轉向「集約型」、由「依賴國際資本」轉向「培育壯大本土資本」、由「不平衡成長」轉向「平衡成長」、由「高碳」轉向「低碳」等，面對這樣的新形勢，企業想要在大陸永續發展，必須更積極的推動轉型升級，否則將在未來市場競爭的洪流中遭到淘汰。

　　長期以來，臺商在大陸投資事業是以代工製造業為主，大都採外銷導向的經營模式。由於大陸投資環境已出現重大變化，這種經營模式已逐漸失去競爭優勢，臺商若要繼續在大陸投資經營，勢必要積極推動轉型升級，也就是說，傳統的外銷代工或製造之「低成本、低績效、低效率」模式，必須轉變為以品牌強化、行銷經營的「高價值、高績效、高效率」的創新模式；外銷導向的模式必須思考轉型為內銷導向。此外，服務業是今後大陸產業結構調整的重點發展領域，包括生產性服務業和生活型服務業等，是臺商在思考如何轉型升級時，值得重視的策略選項。

　　不過，必須指出的是，企業致力於轉型升級，能否「升級」是其中關鍵，尤其是「管理升級」，按照大陸的用語，就是「管理到位」。國內外成功企業的經驗顯示，企業要經得起市場激烈競爭而屹立不搖，必須不斷地進行技術、管理升級，其中最關鍵的因素莫過於人力資源管理的不斷升級。

　　人力資源管理要到位，企業必須在日常人力資源管理實務上，有前瞻性的策略思考意識，與合法、合理的規章制度及操作標準。而企業要做到

管理到位以及取得優勢競爭的地位，更要將「人力成本」升級為「人力資本」，加強人力培訓、有效運用與激勵管理，使其優越化、差異化，以創造企業的核心價值。

　　值得注意的是，自從 2008 年以來，大陸陸續推動《勞動合同法》、《勞動爭議調解仲裁法》、《社會保險法》以及其他相關的勞動法律規章，大陸的勞動環境在「五個逐年」（勞動法律逐年規範化、缺工現象逐年存在、員工法律意識逐年抬頭、最低工資標準逐年調高、社會保險與福利費用逐年調整）的衝擊下，已造成企業負擔的「人力成本」逐年高漲，臺商在大陸必須體認這些現象已是常態的現實。勞動法律對企業勞動條件之規範，具法定的拘束力，也是企業競爭招聘員工的關鍵因素，能否招聘到適任的員工，端看企業本身依法定訂的勞動條件是否具有競爭優勢？換個角度說，企業如果不依法執行法定的勞動條件，則可能面臨勞資糾紛或法律風險。

　　新永兄長年以來一直投入兩岸企業人力資源管理相關議題之研究，輔導與接受企業諮詢案件不計其數，尤其精研大陸勞動法令規範，加上豐富的實務經驗和理論造詣，能夠嫻熟的將政府的法律規定與意旨，轉化為企業的規章制度，提升企業人力資源管理效率。他除了擔任臺海兩岸臺商的管理顧問以及人才培訓講座外，並且戮力於著作，多年來已經有許多相關專業的書籍問世，對臺商研擬人力資源管理策略或方案，以及企業人力資源管理實務上的指導，付出及貢獻不遺餘力，在業界早有口碑，且廣受肯定。

　　新永兄最近又有新作──《大陸台商勞資風險與預防實務》即將付梓，本人有幸先睹為快。細觀其內容，全書以法制管理的角度貫穿，將大陸勞動法令的規範，轉化為企業日常管理的操作面；另從人力資源管理的程序（招聘、錄用、合同、試用、工資、工時、加班、解除、終止、補償等等作業）出發，將法律規範的條款，以系統方法落實到每一個階段的操作環節，提出合法、有效的操作標準，這些內容對臺商企業的人力資源管理實務，或對相關議題有興趣的讀者，都具有參考價值。

這本專書的架構築完整，內容豐富，條理清晰，完全符合勞動關係管理的原則，作為企業建構人力資源管理體系之參考，具有可預防性、可操作性與針對性，值得各界仔細研讀。在該書出版前夕，特為文推薦。

前陸委會副主任委員、現任國立東華大學教授　高長

2013 年 9 月

推薦序三
和諧勞資關係的基礎在依法執行人資作業

　　與新永兄結緣感到非常榮幸，他不但實務經驗豐富且著作多本，尤其他所寫的《大陸台商人力資源管理》一書，為企業界與學術界所喜愛閱讀引用。此次又完成新著《大陸台商勞資風險與預防實務》一書，誠信該書的內容對企業在人力資源管理與勞資糾紛的預防實務將有重大的貢獻，著實令人欽佩。

　　由於全球化與政治經濟局勢的轉變，目前勞工關係正面臨巨大的轉變與挑戰，勞工流動的全球化，其中又以台商到大陸投資最頻繁。過去，台商投資企業的勞資關係，絕大多數都能保持和諧，但近幾年來，隨著大陸地區勞工的意識逐漸抬頭，對於台資企業所提供的勞動條件，要求的標準也隨之提升。因而，台資企業的勞動關係已不再像過去那樣，勞動爭議問題時有所聞。大陸台商在勞資關係方面所遭遇到的困擾，部份是由於管理不當所引起，而更多的案例顯示，台商對於當地的勞動法規，以及勞動管理制度的瞭解不足，面對這些現象，台商在大陸投資，未來可能遭到更多勞資關係問題之挑戰與風險。

　　為解決目前台商管理問題的挑戰與風險，《大陸台商勞資風險與預防實務》這本書，以大陸的勞動法制為基礎，內容包含「員工入職管理」、「招聘與錄用管理」、「員工在職管理」、「培訓管理」、「員工離職管理」、「工會與職工代表大會」、「台籍幹部管理」、「台籍幹部派遣管理」等等章節，並在此書中提供規章制度、表格及協議文件，係一本實務操作與理論併用之著作。

　　本書不僅深入闡述，最難能可貴的是揉合了台灣及大陸的勞動關係管理問題，本書不僅沒有理論的難澀難讀，相反的更讓人讀來興味盎然，並能毫無障礙吸收，有幸為之作序，深感喜悅之情，特此鄭重推薦，希望讀

者能有更多的收穫。

國立高雄大學亞太工商管理學系教授　董夢忠

2013 年 9 月

自　序
合法、合理、合情地正確操作勞資關係

　　台商在大陸從事投資設廠，可追溯至三十年以上的歷史。他們一路走來，順利者有之，坎坷崎嶇者亦不在少數。尤其在員工管理領域，實務的經驗是剪不斷理還亂，勞動爭議一再發生，罷工、怠工事件時有所聞。由於勞資雙方，是對立統一、相反相成的關係。如果處理的技巧稍有偏頗，則鬧得滿城風雨，上下交征戰，嚴重地影響到企業經營的執行效果，以及雇主品牌形象；又或訴諸勞動爭議仲裁委員會，常因企業本身的證據力不足而敗訴。台商常嘆雖然大陸投資誘因特大，市場無限，但是處在勞動法令不規範的人治社會，勞資紛爭迭起，稍有不慎，則企業前途，就會蒙上一層陰影，更遑論永續經營？

　　根據我國許多學術的相關調查報告，台商投資大陸，員工管理問題常被列為重要選項。究其原因，最大癥結在於忽略了勞動法令對勞動者的傾斜性保護，企業忽略或不慎處理就會影響到勞資關係的正常作業，一些不肖員工採取不理性、破壞性手段對抗用人單位。部分員工藉由法律的保護傘，居心叵測，向政府誣報企業的不法行為，並利用勞動爭議仲裁委員會為平台，尋求以勞動仲裁為手段，以獲得補償或賠償。

　　紛爭不斷的勞資爭議是處理人資管理作業的痛處，是企業管理不到位的現象。由於大陸人資管理作業的重心偏向勞動關係管理，因此，企業因應勞動法令的實施，做好預防管理，簽訂書面勞動合同，將勞動合同當成管理工具，在合法的基礎上，對勞動合同的法定條款、約定條款以及可以協商約定填寫的空白處都要依據企業的經營策略、管理需要與行業特色完善規畫，甚至對特定的核心崗位員工進行量身打造，簽訂符合企業需要的勞動合同，以及制訂企業規章制度，這些針對性作業是在掌握與了解勞動法令規範後必要的預防與落實措施。職是之故，台商企業及負責人資管理

作業的台籍幹部必須清晰認識大陸的勞動法令，才能因應對策，提出預防管理措施，亦即法律到位，管理就能到位。這是本書《大陸台商勞資風險與預防實務》的撰寫目的。

因實務操作的需要，本書引用諸多的勞動法令，重要的有《勞動法》、《勞動合同法》、《社會保險法》、《勞動爭議調解仲裁法》、《就業促進法》、《人口與計畫生育法》、《工會法》、《職工帶薪年休假條例》、《工傷保險條例》、《女職工勞動保護特別規定》等等大陸勞動法律、行政法規、部門規章，以及司法解釋、地方法規與規章等等一系列法律、法規、規章。

本書以法制管理的觀念為基礎，從人力資源管理的程序（招聘到離職）出發，落實到每一階段的操作環節，共分為五篇二十二章，包括第一篇的三章，即招聘任用、勞動合同管理、試用管理等操作實務；第二篇的七章，即培訓管理、保密和競業限制管理、工時制度管理、假期管理、工資與福利管理、社會保險管理、工傷保險事故與待遇管理等操作實務；第三篇的五章，即企業解除勞動合同、員工解除勞動合同、終止勞動合同與辦理離職手續、企業不得解除或終止勞動合同、經濟補償、違約金、賠償金、罰款等操作實務；第四篇的四章，即工會與職代會、勞動爭議處理、勞動合同與規章制度管理、集體合同管理等操作實務；第五篇的三章，即台籍幹部派遣管理、台籍幹部兩岸社會保險與住房公積金、台籍幹部大陸所得稅等操作實務。

本書所構建的涉及勞動法令規範的人資管理體系，具有可操作性、可預防性的實務特性，旨在協助台商企業合法（合乎法律規定）、合理（合乎管理標準）、合情（合乎兩岸實情與中國國情）地處理人資管理作業。

本書在每一章的後面，談到合理人力成本的歸屬以及該章管控要點，一般而言，人力資源成本構成包含取得成本、開發成本、使用成本、保障成本、退出成本等五大項，本書在相關章節的後面都會提到涉及該章所必需支付的人力成本的類別，以讓讀者清楚人力資源成本的屬性與歸類。其用意在提醒經營者、人資工作者在面對多元的市場激烈競爭環境，懂得成

本歸屬與控制是必要的管理作法，但如果只懂得控制與降低成本作業，有時會有「黔驢技窮」的窘態，因為控制愈嚴，員工的積極性、主動性愈差。自從金融海嘯以後，最新的人資管理理念是不斷的創造員工價值，不斷的價值創新，將只重視控制與降低人力成本的管理轉化為創造員工無窮價值的人力資本思維，才是人力資源管理的核心。至於管控要點，則列在章末，用查核表方式點出本章的核心要項，這更是實務操作的重點。

　　本書以各篇各章所針對的管理需要與對象，提出該對象相稱的法律規範，並賦於管理解釋與對應措施，使讀者在人力資源風險規避的前提下，確實掌握了法令法條的意涵，據以對照實務操作時的現況，即刻領悟出處理對策，因而建立符合自身特色與需要的規章制度（員工手冊）或勞動合同並付之行動。本書並提供實用的表格或協議文件，以落實管理作業的操作需要，則勞資糾紛的風險於焉降低或解除，因而消弭了台商企業的法律與經營風險，進而創造了可持續發展的契機。

　　本書的完成，特別要感謝海基會副董事長兼秘書長——高孔廉先生，在他的戮力從公下，2008 年以來至 2013 年 6 月為止，兩岸一共簽屬了 19 項協議，建立兩岸各個領域的風險預防機制，居功厥偉。他在公務繁忙之中慨允賜序，期待本書的出版，能夠有效地協助台商解決勞資爭議；感謝國立東華大學教授——高長先生，他是前陸委會副主委，兩岸經貿專家，由於他的提序推薦，增加本書的可看性；感謝國立高雄大學教授黃英忠先生，他是前國立高雄大學校長，我國傑出的人力資源管理學者，對大陸人力資源也瞭若指掌，因而對本書內容，多所斧正與期許，序言更是勉勵有加。

蕭新永寫於 2013 年蒲月・端午

目　錄

第一篇

員工入職管理操作實務

企業與企業間的差異化優勢，重點在人才的取得與使用競爭，招聘錄用、試用作業，是選、訓、用、留方法策略中的選、用作業。員工進入企業以後的一連串人資管理作業，很多管理工作能否順利進展，除了企業文化、員工協助方案（Employee Assistance Program；EAP)）、人際關係管理、員工培訓等實質性的人資管理作業外，還要勞動法律的規範。

　　企業面臨《勞動合同法》、《就業促進法》等法律對企業在招聘與錄用員工階段的許多規範。諸如勞資雙方的如實告知、招聘廣告的禁止歧視、一個月內簽訂勞動合同的時限、試用期間不符合錄用條件的解除等等，都要有效地整合在企業的人資管理作業當中。

　　因此認真嚴格招聘程序，才能「眾裡尋他千百度」，慧眼識英雄，找到適當的人才，然後用他的知識、技能與態度來公司工作，並因此帶來工作的價值；簽訂勞動合同，符合法定條件與企業需要的約定條件，才能訂出合法、合理、合情的勞動條件；掌握試用的黃金期限，進行試用考核，合則留，不合則離。因此招聘與錄用、試用的環節至關重要。

　　從招工條件的設立到試用期滿轉正，或試用期間不符合錄用條件解除勞動關係為本篇強調的入職管理程序與內容，涵蓋3章，是人力資源的入職管理作業，《老子‧道德經》說：「千里之行，始於足下。」這是成功的人資管理作業的第一步。

第1章
招聘與錄用管理的操作實務

　　台商企業人力資源策略就是尋覓合適的管理或技術人才。千里馬往往是孤寂的，必須等到識才的伯樂才會有出頭的一天。古人所謂「眾裡尋他千百度，驀然回首，那人卻在燈火闌珊處」，尋到人才的喜悅不言而喻。招聘與錄用是人資部門的核心業務，也是人資管理作業的第一步。

　　由於種種原因，企業在尋覓人才時必須考慮到大陸勞動環境的現況與特色，諸如缺工現象與薪資調漲、80及90後員工的擇業與就業觀念、員工的職場價值觀、勞動法律的法定條款等等勞動環境與法律的制約，使企業必須嚴格重視招聘與錄用這個人力資源入口關卡，重視與挖掘應聘員工的個人價值（固有價值），並且符合企業的需要。招聘員工正如相馬，任用以後就進入賽馬階段，每位新進員工都要展現競崗實力，才能在職場叢林裡活存下來。

　　相馬階段有一定的招聘風險，諸如招工條件的設計、招聘管道的選擇、面試時的專業判斷、禁止就業歧視的法律規定、履歷證件的真假偽造、錄用通知的要約行為等等都是企業會面臨的招聘問題；而賽馬階段有一定的錄用風險，諸如勞動合同的建立、試用期與勞動合同期的關係、試用期的錄用條件、職工名冊的建立等等都是企業會面臨的錄用問題。懂得招聘與錄用的避險之道，才能找到合適的人才。

一、招聘階段的招工條件

　　企業在招聘階段，涉及招工條件的設計，這是企業在招聘階段選擇員工的基本資格要件，諸如有的企業招聘時所發布的招聘廣告用語是：「大學專科以上學歷、三年以上相關銷售經驗等。」就是典型的

招工條件。招工條件是企業篩選人才的第一道關卡，也就是員工向企業遞交求職簡歷的門檻，它異於錄用條件（**參照本書第3章「試用管理的操作實務」**）。企業的招工條件可以設計在崗位說明書裡面，說明這個崗位的需求條件，需求單位（用人單位）根據崗位說明書所訂之招工條件，經由人資部門審查並轉權責主管核准後，根據招工條件，進行招聘作業，對外發布招工廣告，這是一種要約邀請的行為，所謂要約邀請，根據《合同法》第15條規定，是希望他人向自己發出要約的意思表示。諸如價目表、拍賣公告、招標公告、招股說明書、商業廣告等為要約邀請種類。所以招工條件屬於要約邀請的範圍，非要約行為，而錄用通知就是要約行為，詳見本章「五、通知錄用與報到手續」。

二、招聘階段的禁止歧視規定

（一）禁止就業歧視

　　員工在應聘面試及任用時，依法獲得平等就業和自主擇業的保障權利。世界各國勞動法令都會規定禁止就業歧視的條款，中國大陸也不例外。

　　《就業促進法》第3章規定了勞動者的就業，不能因為民族、種族、性別、宗教信仰、身體殘疾等因素而受到歧視與不同的待遇。禁止對進城的農村勞動者設置歧視性限制。法律條款明顯規定企業在招聘員工時，不能因為民族、種族、性別、宗教信仰、殘疾人、進城的農村勞動者等不同因素而給予歧視待遇。

　　因此，企業在招聘廣告的處理上，應該避免就業歧視的用語，在招聘廣告或面試中應該注意以下的規定：

　　1. 勿在刊登的廣告或招聘布告中出現諸如「只招男性不招女性」、「限招本市戶口者」、「不招回民」、「不招殘疾人」、「不招下崗工人」等等用語，以避免觸犯就業歧視規定；

2. 如果崗位不適合女性（或男性）可在招聘當場口頭解釋，要清晰不含混，理由要充分；

3. 如果崗位不適合老年人或殘疾人，要在當場找其他理由婉拒。不得碰觸「老」或「殘」的禁忌；

4. 如果崗位不適合回族兄弟（因吃大鍋飯不方便），最好找其他原因謝絕。實在不行，可誠懇相告，取得諒解。

總之，企業招聘廣告中的內容應該字句精練、表達準確，尤其是對於部分內容存在模糊狀態的情形下，企業更應該慎重，選擇更為柔和的語言或其他更為恰當的方式表述。

（二）禁止使用童工

《勞動法》第 15 條規定，禁止用人單位招用未滿 16 週歲的未成年人。禁用童工是國際勞工標準的重要內容之一，國務院早於 1991 年 4 月發布《禁止使用童工規定》，確定最低就業年齡為 16 週歲，並確定禁用未滿 16 週歲的童工。2002 年 10 月國務院重新修訂發布了《禁止使用童工規定》，該規定在原有的基礎上，進一步完善了禁用童工的各項制度，除了禁用外，也禁止介紹就業、禁止經營個體戶等等規定。

三、招聘渠道

大陸的招聘渠道相當多元化，其優點是人才類型多樣化，缺點是跨企業、跨地區文化的差異性，人資部門如何整合的問題。來自不同的企業、地區、語言文化的員工，人心不同各如其面，例如北方人有趙燕男兒的直接豪爽、江浙吳越一帶人民的謹慎細心、廣大中西部人民的刻苦耐勞、閩粵一帶人民的手段靈活，構成基本的人才面貌。一旦招聘進入公司以後，企業要用心於多元文化的整合，讓新進員工在短期間內適應企業環境與文化。招聘管道，如下列所示：

（一）招聘網站：廉價、快捷，成為人才交流的重要媒體（附表 1-1：2345 網址導航一覽表）。

（二）社交網路 SNS（RenRen、Linkedin、微博）；

（三）搜索引擎（Google、Baidu）；

（四）現場招聘：各地都有人才大市場，定期舉辦現場招募活動；

（五）校園招聘：企業獲得管理、專業和技術人員的一條重要途徑；

（六）校企合作：建立黃埔軍校（班），以取得企業需要的人才；

（七）獵頭公司：尋找高層管理人才的有效途徑；

（八）勞務派遣：求職者與公司簽勞動合同，向需求單位派出人才；

（九）平面媒體：專業報紙或雜誌；

（十）員工：介紹老鄉、朋友等外面人才。

附表 1-1：2345 網址導航一覽表

2345 網址導航（www.2345.com）	
1. 綜合人才網	前程無憂、中華英才網、智聯招聘、精英招聘網、中國人才熱線、58 同城招聘、卓博人才網、中國俊才網、趕集招聘、馬伯樂、職酷招聘、大中華人才網、八方人才網、人才職業網、21 世紀人才網、人才網、大街校園招聘、智通人才網、中國人才網、數字英才網、17HR、中國人力資源網、528 招聘網。
2. 專業人才網	英才網聯、行業招聘、中國金融人才網、中國勞動爭議網、應屆生求職網、全國招聘會信息網。
3. 各地人才網	南方人才網（華南地區）、上海招聘網、北京人才網、重慶聯英人才、廣東人才網、昆山人才網、福州人才網、納傑人才網（武漢）、義烏人才網。

　　網路招聘、現場招聘、獵頭公司是目前主要的招聘渠道，但仍有許多地區器重傳統平面媒體的招聘價值。而網路招聘的領域中，不是哪個招聘網站能取得全面性的主導地位，就算是最大的網站也占不到三成的市場占有率。在不同的區域，甚至不同領域的人才，都有不同的人才招聘網站各領風騷。

　　現場招聘除了每週都會有常態的綜合性招聘會以外，還不定時的出現一些特定人才的專場招聘會（諸如金融領域、快銷品領域、高端白領等）。對於很多從外地到本地工作的求職者而言，現場招聘會不

嗇是可以快速找到工作機會的管道。而對一些知名度不高的中小型企業來說，現場招聘也是可以快速、直接大量接觸人才的一種方法。

對很多中大型企業來說，會更重視每年的校園招聘會。公司可以經由發布招聘廣告，組織校園招聘宣講會等方式進行校園招聘。學校設立職業發展部，是學校和企業之間建立聯繫的橋樑，旨在為學生的職業發展提供指導，向公司有針對性地推薦具有豐富工作經驗、專業技能和工作能力的優秀人才。

校園招聘是企業招聘環節中的重要工具，每年校園招聘猶如一場企業秀，每家企業總是帶著新花樣進入校園，唯恐優秀人才被別家搶去。一般而言，一些企業會在每年 9 月份就開始進行一連串的全國大學校園招聘會，直接進入學校針對特定的系所做專場的招聘會，來爭奪明年畢業的大學生。這種專場的招聘會，企業需與系所直接聯絡，並由系所老師發動學生來參與。另外，安排公司內該校的校友在招聘會上大力宣傳公司的優點更是常見的作法。

再者，企業可以運用校企合作的模式，有針對性地為企業培養基層技術人才，可分為以學校或企業為主的校企合作教育模式。說明如下：

（一）以學校為主的校企合作教育模式

由企業提供實習基地、設備、原料，並參與制定學校的教學計畫，指派專業人員參與學校的專業教學。學生入學就簽訂入學協議，畢業就是就業。實現招生與招工同步、教學與生產同步、實習與就業掛勾，學生是由學校選拔的學生和企業招收的員工組成，教育的實施由企業與學校共同完成，培訓和考試內容來源於企業的需要，開設為本企業所需的專業技能和實習課程，企業在具體的職業培訓中發揮著關鍵作用。

（二）以企業為主的校企合作教育模式

將企業的一部分生產線建在校園內，就可以在校內實行的「理論學習」和「頂崗實訓」相結合的辦學模式。這種模式可以做到企業與學校資源分享。實施方式大致採取兩種方式：

1. 工讀輪換制。把同專業同年級的學生分為兩半，一半在學校上課，一半去企業工作或接受實際培訓，按學期或學季輪換；

2. 全日勞動、工餘上課制。學生在企業被全日雇傭，利用工餘進行學習，通過講課、討論等方式把學習和勞動的內容聯繫起來，學生在學校學習的系統課程，到企業去是技能提升訓練。

招聘渠道尚有人力公司或是獵頭公司的服務。對企業來說，運用獵頭公司協助招聘是很平常的招聘方式，甚至不一定是要高階的職位，低到中基層主管都會願意使用獵頭公司。導致大陸的獵頭公司是一種非常熱門的服務業。

四、如實告知義務及違反時的法律責任

《勞動合同法》第 3 條規定，訂立勞動合同，應當遵循合法、公平、平等自願、協商一致、誠實信用的原則。依法訂立的勞動合同具有約束力，企業與員工應當履行勞動合同約定的義務。同法第 8 條規定，用人單位招用員工時，應當如實告知勞動者工作內容、工作條件、工作地點、職業危害、安全生產狀況、勞動報酬，以及勞動者要求瞭解的其他情況；用人單位有權瞭解勞動者與勞動合同直接相關的基本情況，勞動者應當如實說明。

誠實信用與如實告知義務是《勞動合同法》所要宣示的核心價值，亦為這部法律的精神指標，也是勞資雙方應有的知情權利。

首先，企業要讓應徵員工了解誠實信用、如實告知是勞資雙方應當共同遵守的法定義務，也是企業文化的核心價值。

任何一方違反了如實告知義務時，會形成無效的勞動合同。《勞動合同法》第 26 條第 1 款第 1 項規定，以欺詐、脅迫的手段或者乘人之危，使對方在違背真實意思的情況下訂立或者變更勞動合同的，勞動合同無效或者部分無效。同時依據同法第 86 條規定，因勞動合同的無效或者部分無效給對方造成損害的，有過錯的一方應當承擔賠償責任。

再者，如果是員工違反了如實告知義務而造成勞動合同無效或者部分無效時，企業可以根據同法第 39 條第 1 款第 5 項規定，立即解除勞動合同；如果企業違反時，員工亦可根據同法第 38 條第 1 款第 5 項規定，可以解除勞動合同，並依照同法第 47 條第 1 款第 1 項規定，要求企業支付經濟補償。

因此，企業要把誠實信用、如實告知義務的法律規範轉化成管理觀念。人資部門更有責任將這個法律所強調的條款加以整合、加工成人資管理作業的執行工具，在招聘員工的廣告或面試場合，強調應徵員工有如實告知義務，否則將承擔法律責任。

從人力資源的入口管控來講，嚴格執行招聘作業，切勿隨意性招人再隨意性解雇，否則會增加管理作業的困擾，遭致不必要的勞動爭議。勞資雙方都要遵守法定的如實告知義務是相互的、雙向的基礎，在招聘面試時雙方該注意的事項如下：

（一）招聘面試時，企業與員工的如實告知義務

依照《勞動合同法》第 8 條的精神，企業的招聘廣告或招工簡章要如實告知任職資格條件、招工條件等情形，讓應徵者在資訊透明的情境下根據自己的判斷，確定自己的選擇方向（附表 1-2：某大陸企業的任職資格條件）。

應徵員工於招聘面試時，所提供的應徵函（履歷表）與證件材料（學經證件、年齡、身體狀況、工作經歷、知識技能以及就業現狀）要如實提供與告知真實狀況。員工應當如實告知企業直接相關的包括查看身分證、失業證或終止解除勞動合同證明書、畢業證，需要時還可查看勞動者職稱證書、技術等級證書等材料，勞動者應當如實提供和說明。

附表 1-2：某大陸企業的任職資格條件

某大陸	1. 大專以上學歷；
	2. 兩年以上獨立薪酬福利崗位（包括保險、個稅等工作內容）工作經驗；

3. 熟悉勞動、工資、保險、個人所得稅及社會保險福利等政策法規及流程;	
4. 熟悉企業薪酬體系建立及流程;	
5. 熟練使用辦公軟體及辦公自動化設備;	
6. 較強的數位敏感度,善於進行資料分析及溝通;	
7. 具有較強的計畫、溝通、協調能力和較強執行力;	
8. 工作有條理、細緻,認真踏實,責任心強,努力肯幹,原則性強;	
9. 為人正直、誠信、公正,有團隊合作精神。	

(二)應徵員工所填寫的資料要真實、準確、完整

在應徵面試時的口頭談話,填寫的背景資料,應徵員工所寫的「入職申請表」內容要真實、準確、完整。如何讓應徵員工登記的資訊都是真實、準確、完整,一個不可或缺的方法是企業要事先說明提供不實資訊的後果,那就是企業可以解除勞動關係。企業同時要在「入職申請表」註明公司已經告知本人工作內容、工作條件、工作地點、職業危害、安全生產情況、勞動報酬及其他相關情況(附表 1-3:入職申請表)。

附表 1-3:入職申請表
入職申請表

姓名	性別		出生年月日		年齡		
身分證號					民族		
現居住地址		電話			郵編		
戶口所在地址			電話		家庭連繫人		
個人郵箱			手機		檔案所在地		

緊急情況連繫人		與本人關係		連繫電話	
戶口性質	□本市城鄉　　□本市農村　　□外地城鎮 □外地農村				
參加工作時間		年　　　月日		詳附證明文件：	

學習經歷	起迄時間	學校名稱	專業（科系）	是否畢業		

工作經歷	起迄時間	工作單位	職位	工資	離職原因	證明人及電話

備註：請在填寫前認真閱讀下面及背後特別說明，並簽字確認。

特別說明：

1. 申請人在填寫本人入職申請表時，已保證自己符合國家規定的勞動年齡的標準，且與其他任何機構、經濟組織、團體無勞動關係；若違反前述承諾，導致用人單位被追究有關經濟責任的，所有責任均由申請人承擔。
2. 申請人如有精神病、傳染病或其他可能影響用人單位的病史，申請人應以書面形式向單位說明。
3. 如申請人與其他公司簽訂仍然有效的保密協議、競業限制協議的，申請人應以書面形式向單位說明。
4. 本人填寫的所有內容真實有效，並授權用人單位（或用人單位授權其他機構）對本人填寫的內容進行核實，如有任何虛假，用人單位可以按嚴重違反用人單位規章制度解除勞動合同，同時追究因此引起的所有責任。
5. 申請人入職後不得將與聘用有關的相關資訊（包括但不限於工資）未經用人單位許可向協力廠商透露。申請人在職期間或離職後，用人單位可以依法將申請人在本單位的工作狀況對外公布或向有需要的協力廠商提供。
6. 申請人一旦被錄用，入職時應出示真實有效的解除（終止）勞動合同證明，否則申請人承擔由此給用人單位帶來的損失及向第三者的賠償損失。

7. 如入職申請表中的資訊有變化，申請人應當在變化後的 3 天內以書面形式向公司提交變更申請。

8. 如被公司錄用，申請人有責任領取公司發放的員工手冊，並依法在一個月內與公司簽訂勞動合同，申請人將認真閱讀並遵守員工手冊及各項規章制度。

9. 申請人清楚公司可以根據實際情況更新員工手冊、規章制度與勞動紀律，申請人將隨時關注公司在公司網站、布告欄（包括但不限於）等各種公示方式公示的更新後的員工手冊、規章制度與勞動紀律，並予以嚴格遵守。

10. 入職時如有任何兼職行為（包括但不限於直銷），應以書面形式向公司說明實際情況，未經公司書面同意，不得從事任何形式的兼職行為。

11. 曾被追究刑事責任的，應在入職時以書面形式向公司說明情況。

申請人填寫的以上任何資訊虛假或沒有履行以上特殊說明的義務，本人同意被公司視為嚴重違反《勞動合同法》的誠實信用原則、如實告知義務與用人單位的規章制度，公司可以及時解除勞動合同，且不用支付經濟補償金。

申請人簽字：　　　　　　　　　日期：

員工提供的履歷不實，企業能否解除勞動關係？

【案例 1-1】我公司是一家信息軟件企業，去年 3 月份招聘一名新員工，勞動合同簽了 5 年。他說之前在微軟工作過，我公司出於對該點的考慮，錄用了他。但今年 2 月我們發現他根本沒有在微軟工作過，請問這種情況下我們是否可以解除該員工？

【解答】由於該員工在招聘時說曾經在微軟工作過，致使企業出於對該點的考慮而錄用了他，但後來發現他根本沒有在微軟工作過，這涉及他沒有盡《勞動合同法》第 8 條規定的「如實告知」義務。依《勞動合同法》第 26 條第 1 項規定，雙方所簽訂的勞動合同是無效的，企業可依照《勞動合同法》第 39 條第 5 項規定，解除該員工的勞動關係。

企業必須掌握的是該員工所說的「在微軟工作過」是否有書面化的證據資料，例如履歷表裡面寫得很清楚，或者在面試時經過他確認簽字，以強化證據力。

（三）員工入職審查

企業可以對某些核心員工或幹部所提供證件的真偽、是否與原企業仍保有勞動關係、是否負有競業限制義務等等，經由入職審查機制審查清楚，以便及早發現應徵員工的一些違法行為，利於公司的篩選作業（附表 1-4：員工入職審查表）。

附表 1-4：員工入職審查表

序號	審查要點	法源依據	法律與管理風險	對策
1	身分、學歷、資格、工作經歷是否屬實？	（註1）	1. 招聘失敗、無效合同； 2. 招聘失敗成本。	1. 行使知情權，簽訂誠信承諾書； 2. 網查、委託驗證或自行判斷學歷、身分證。 學歷網查：http：//www.chsi.com.cn/ 身分證驗證：http：//www.IP138.com/
2	是否存在潛在的疾病或職業病？	（註2）	1. 當解除或終止勞動合同時受到醫療期滿與否的法律限制 2. 企業無證據證明職業病危害來自原單位時要承擔責任。	1. 行使知情權，簽訂誠信承諾書； 2. 入職健康檢查。
3	年齡是否達到16歲？	（註3）	行政處罰甚至刑事責任。	1. 行使知情權，簽訂誠信承諾書； 2. 網查、委託驗證或自行判斷身分。
4	是否與其他用人單位有未到期勞動合同？	（註4）	承擔連帶賠償責任。	1. 行使知情權，簽訂誠信承諾書； 2. 查驗離職證明書、背景調查。
5	是否對其他單位負有競業限制義務？	（註5）	承擔賠償責任或連帶賠償責任。	1. 行使知情權，簽訂誠信承諾書（簽訂不負有競業限制承諾書）； 2. 查驗離職證明書、背景調查。

註：(1) 訂立勞動合同，應當遵循合法、公平、平等自願、協商一致、誠實信用
的原則。（《勞動合同法》第3條）

(2) 用人單位不得安排未經上崗前職業健康檢查的勞動者從事接觸職業病危
害的作業；不得安排有職業禁忌的勞動者從事其所禁忌的作業；對在職
業健康檢查中發現有與所從事的職業相關的健康損害的勞動者，應當調
離原工作崗位，並妥善安置；對未進行離崗前職業健康檢查的勞動者不
得解除或者終止與其訂立的勞動合同。（《職業病防治法》第36條）

(3) 禁止用人單位招用未滿16周歲的未成年人。（《勞動法》第15條）

(4) 用人單位招用與其他用人單位尚未解除或者終止勞動合同的勞動者，給
其他用人單位造成損失的，應當承擔連帶賠償責任。（《勞動合同法》
第91條）

(5) 企業可以在勞動合同或者保密協議中與員工約定競業限制條款，並約
定在解除或者終止勞動合同後，在競業限制期限內按月給予員工經濟補
償。員工違反競業限制約定的，應當按照約定向企業支付違約金。（《勞
動合同法》第23條）

五、通知錄用與報到手續

（一）錄用通知書是要約的行為

經過嚴格招聘程序後所認可的員工，一般都會用電話、電子郵件、
書面等通知方式在一定期限前向公司辦理報到手續，以電話、電子郵
件較無證據力，最好經由錄用通知書的書面要約程序通知報到，對勞
資雙方的權益較有保障。

根據《合同法》第14條第1款規定，要約是希望和他人訂立合同
的意思表示，該意思表示應當符合下列規定：

1.內容具體確定；

2.表明經受要約人承諾，要約人即受該意思表示約束。

亦即錄用通知書的要約行為是一種承諾，要受要約人前來簽訂契
約表示。

要約是可以撤回的，按同法第17條規定，撤回要約的通知應當
在要約到達受要約人之前或者與要約同時到達受要約人。第18條則規

定，撤銷要約的通知應當在受要約人發出承諾通知之前到達受要約人。

但是有的要約是不能撤回的，同法第 19 條規定，有下列情形之一的，要約不得撤銷：

1. 要約人確定了承諾期限或者以其他形式明示要約不可撤銷；

2. 受要約人有理由認為要約是不可撤銷的，並已經為履行合同作了準備工作。

因此，企業在通知員工入職報到時，應發出書面的錄用通知，「錄用通知書」具有要約行為的法律文件，要約雖然不是合同，但是作為勞動合同訂立的一個階段，法律同樣賦予其一定的法律效力，員工一旦承諾或入職，則合同成立。如果企業不錄用，則要承擔合同的違約責任（附表 1-5：錄用通知書）。

附表 1-5：錄用通知書

_____先生 / 女士：

很高興通知您，您應聘本公司____職位，經審核，您已被我公司錄用。按本公司的規定，新進員工試用期為____個月，試用期間工資為_____元。

在此對您加盟我公司表示歡迎，並請您於___年___月___日 時，攜帶本「錄用通知書」到我公司_____報到，並請您報到時提供以下資料：

1. 身分證影印本 1 份（原件備查）；
2. 最近一寸半身正面照片 2 張；
3. 最高學歷證件影本一份（原件備查）；
4. 原工作單位之解除勞動合同證明，應屆畢業生除外；
5. 流動人口計畫生育證（市外男性免）；
6. 健康證或體檢表；
7. 失業證或求職登記卡（本市戶籍）；
8. 上崗證（特殊工種人員）；
9. 銀行帳號（發放工資用）；
10. 其他經指定應繳之表件、證明。

　　　　簽收人：　　　　　　　　＊＊＊＊科技有限公司
　　　　日　期：　　　　　　　　　　年　　月　　日

註：1. 應徵者向我公司提供之相關證件為真實、合法證件，複印與原件相符，如有虛假，公司可隨時與本人解除勞動合同，並無須支付經濟補償金或賠償金。
2. 報到後 15 天內，要與公司簽訂「勞動合同」，否則終止勞動關係，無須支付經濟補償金或賠償金。

　　錄用通知書的內容要具體確定，以符合如實告知義務。例如承諾日期、報到日期、入職後的試用期間與待遇、試用期滿後的待遇與正式職位；另外，還要員工攜帶各種證件、證照正本備查及複印。

　　錄用通知書發出後用人單位變卦的，應當立即以最快的方式撤回或撤銷以避免承擔責任，應當在要約到達受要約人之前或者與要約同時到達受要約人，以避免員工實際損失的發生；要注意發出的通知是否為不可撤銷的要約。另外，應當在錄用通知書中附生效的條件：「本通知書有效的前提是個人提供的信息全部真實無訛，如發現有虛假陳述或與真實情況有出入，則本通知書不生效（或自動失效）。」以避免不可撤銷之風險。

錄用通知書能否撤銷？

【案例 1-2】某公司經對小陳多次面試後決定聘用他為部門經理，並向他發出錄用通知。其中載明了職位、工作地點、月薪、福利、休假、入職日期，並要求他在一個月內回覆，小陳接到後立即表示同意，並辭去了原來的工作。

　　然而過了不久公司接到舉報，稱小陳曾向一些供應商索取好處，因此決定不錄用他。

　　請問公司可否撤銷錄用通知或拒絕與小陳簽勞動合同？

【解答】這涉及要約通知的撤銷效力。小陳按照要求在一個月內回覆承諾，同意應聘。因此依《合同法》第 18 條則規定，撤銷要約的通知應當在受要約人發出承諾通知之前到達受要約人。而小陳早已在企業發出撤銷要約的通知之前發出承諾通知，所以公司是不能撤銷錄用通知，拒絕與小陳簽勞動合同。

（二）報到手續之辦理

《勞動合同法》第 10 條規定，建立勞動關係，應當訂立書面勞動合同。已建立勞動關係，未同時訂立書面勞動合同的，應當自用工之日起一個月內訂立書面勞動合同。用人單位與勞動者在用工前訂立勞動合同的，勞動關係自用工之日起建立。因此員工持錄用通知書來公司辦理報到手續，從報到的第一天開始，企業與員工就已經建立了勞動關係，按規定就要在入職一個月內訂立書面的勞動合同，並完成社會保險的參保手續，否則企業會有法律與管理風險。（**參照本書第 2 章「勞動合同管理的操作實務」**）

完善依法的報到手續，有益於勞資雙方的和諧，入職後新進員工的勞動權益受到確定，即企業自用工之日起，是員工的起薪之日，從此進入人力資源的任用階段。

（三）建立職工名冊

《勞動合同法》第 7 條規定，用人單位自用工之日起即與員工建立勞動關係。用人單位應當建立職工名冊備查（附表 1-6：職工名冊）。《勞動合同法實施條例》第 33 條規定，用人單位違反勞動合同法有關建立職工名冊規定的，由勞動行政部門責令限期改正；逾期不改正的，由勞動行政部門處 2,000 元以上 2 萬元以下的罰款。

附表 1-6：職工名冊

姓名	性別	身分號碼	1. 戶籍地址 2. 連絡住址	就業方式 （註）	勞動合同期限
			1. 2.		
			1. 2.		
			1. 2.		
			1. 2.		
			1. 2.		

			1. 2.		

註：就業方式為（1）全日制工作；（2）非全日制工作；（3）勞務派遣；
（4）臨時性工作；（5）季節性。

（四）複印件原始化作業

新進員工入職後，要如實填寫人事資料（入職申請表或其他的人事資料表）、各種證件證照的複印，完成證件複印原始化程序，哪些證件要複印？茲以珠海市某台商為例，提供參考：

1. 身分證；
2. 最高學歷證；
3. 原工作單位之「解除（終止）勞動合同證明」，應屆畢業生除外；
4. 流動人口計畫生育證（市外男性免）；
5. 健康證或體檢表；
6. 失業證或求職登記卡（本市戶籍）；
7. 職業資格證書（上崗證）；
8. 其他。

上述證件，企業影印以後，蓋個「本複印件與原件符合」的橡皮章，並由新進員工簽名押上日期，則這些複印件就與原件具有相同法律效力，我們稱之為「複印件原始化」。這些複印證件存檔是企業建立證據管理的第一步。

（五）規章制度的公示程序

企業的操作準則是員工日常作業（職責）的依據，新進員工對企業的規章制度不瞭解，人資策略與操作標準也不清楚，所以企業有責任對他們進行培訓，法律更規定直接涉及勞動者切身利益的規章制度和重大事項決定要進行公示，同時要留下公示的培訓或簽收紀錄。《勞動合同法》第4條第4款規定，用人單位應當將直接涉及勞動者切身利益的規章制度和重大事項決定公示，或者告知員工。企業要在短期

間內進行規章制度的培訓與公示，以完成法律規定的公示程序，同時留下簽收紀錄等等。（**參照本書第 18 章「勞動合同與規章制度管理的操作實務」**）

企業招聘員工是在找合適的人才，合適的人才必須在嚴格的招聘程序中，以招聘標準與管理工具篩選出符合企業需要的人才，這是企業人資部門的重責大任，亦是永續經營的基礎。

六、人力資源的取得成本

本章談到的是招聘與錄用程序與管理作業，涉及的人力成本屬於人力資源的取得成本，包括廣告製作費用、媒體費用、相關招聘人員的出差招工費用、面試的場地及人員費用、錄用通知的相關費用等等。

錯誤的招聘與錄用，會造成高的離職率，再進行招聘時就會增加獲取成本，諸如在試用期間，該員工從招聘錄用至試用期間不論何種原因離開企業，企業支付在這些離職員工身上的所有費用，諸如取得成本與使用成本（工資）、開發成本（培訓）就形成所謂的招聘失敗成本。

換句話說，當企業一再啟動招聘作業時，又要支付一筆獲取成本與以後錄用時的使用成本、開發成本。如果一直循環重複這些作業，則低效率經營的費用，會增加企業運營的人力成本。

七、管控要點

有關招聘與錄用管理的管控要點如下：

（一）員工是否履行如實告知義務？（ν）

（二）企業是否履行如實告知義務？（ν）

（三）企業是否建立職位說明書、工作職責與任職資格條件（招聘條件）等內容，並對應徵者或新進員工如實告知？（ν）

（四）是否建立應徵者履歷資料檔案，如入職申請表？（ν）

（五）如有需要時，是否執行應徵者的履歷證件身分審查程序，同時簽訂誠信承諾書？（ν）

（六）是否以書面的錄用通知書通知員工報到？（ν）

（七）是否建立新進員工的檔案資料及證件原始化？（ν）

（八）是否建立職工名冊？（ν）

（九）是否於入職一個月內建立書面的勞動合同？（ν）

（十）是否於員工入職後幾天之內完成規章制度（員工手冊）的培訓等如實告知及簽收紀錄？（ν）

（十一）是否為新進員工辦理社會保險福利？（ν）

第 2 章
勞動合同管理的操作實務

　　人資部門在處理勞動合同作業時，首先要理解勞動關係的內涵，勞動關係是指勞動者與用人單位之間在勞動過程當中發生的關係，即企業所有者、經營者、職工及其工會組織之間，在企業的經營活動中形成的各種責、權、利關係，主要是指所有者與全體職工（包括經營管理人員）的關係、經營管理者與普通職工的關係、經營管理者與工人組織的關係、工會與職工的關係。

　　勞動關係的主體，是指勞方的勞動者（勞動者、工會、職工大會或職工代表大會）與資方的用人單位（企業、個體經濟組織、民辦非企業單位等組織稱為用人單位），在勞動合同的內容上，習慣稱用人單位為甲方，勞動者為乙方。

　　勞動關係的內容，是指主體雙方依法享有的權利和承擔的義務，即是《勞動合同法》第 17 條所列的內容，諸如勞動合同期限、工作內容和工作地點、工作時間和休息休假、勞動報酬、社會保險、勞動保護、勞動條件和職業危害防護、法律與法規規定應當納入勞動合同的其他事項，以及其他雙方依法約定的事項。

　　勞動關係的客體，是指主體的勞動權利和勞動義務共同指向的事物，諸如勞動時間、勞動報酬、安全衛生、勞動紀律、福利保險、教育培訓、勞動環境等。

　　簽訂書面勞動合同是每個企業人資部門的大事，因涉及企業與員工的相互權益，國家法律強制性規定不簽勞動合同的企業會有支付兩倍工資的法律責任，因而企業是否認真執行規定，做好勞動關係管理，以規避法律和管理風險，是人資部門要去思考的問題。

　　簽訂書面的勞動合同是企業很重要的任務，許多勞動爭議會發生，

是因勞動合同管理不到位，在訂立、履行、變更、解除、終止或續訂環節，最容易產生勞動爭議。勞動合同訂立期限的長短，牽涉到員工就業的變動性（短期）、穩定性（長期），直接影響到合同履行的效率，合同期限長短則關係到企業的人力調度與需求，更遑論如何配合企業長期、中期、短期的經營策略與政策。

一、勞動合同的種類與操作

（一）勞動合同的種類

依《勞動合同法》第 12 條規定，勞動合同的種類共有三類，即固定期限勞動合同、無固定期限勞動合同、以完成一定工作任務為期限的勞動合同，茲分述如下：

1. 固定期限，為勞資雙方約定確定終止時間的勞動合同。有一定期限的契約，契約期滿，任何一方可以終止，亦可以續簽；

2. 無固定期限，為勞資雙方約定無確定終止時間的勞動合同。按《勞動合同法》第 44 條規定的終止條件，一旦情形出現，雙方契約就可終止；

3. 以完成一定工作任務為期限，為勞資雙方約定以某項工作的完成為合同期限的勞動合同。這是指專案（Project）或一項工程，例如顧問諮詢或建設工程，由於專案或工程確定一段時間，時間一到，契約就終止。

（二）無固定期限勞動合同的訂立條件

《勞動合同法》第 14 條第 2 款規定，用人單位與勞動者協商一致，可以訂立無固定期限勞動合同。

勞動合同到期，有三種情況出現時，除了勞動者提出要訂立固定期限勞動合同外，當勞動者提出或者同意續訂、訂立勞動合同的，用人單位應當與其訂立無固定期限勞動合同。首先探討第一種情況，勞

動者在該用人單位連續工作已經滿 10 年的，不管用人單位同意或不同意，就是一定要訂立無固定期限勞動合同；第二種情況，用人單位初次實行勞動合同制度或者國有企業改制重新訂立勞動合同時，勞動者在該企業連續工作滿 10 年且距法定退休年齡不足 10 年的，用人單位必須無條件訂立無固定期限勞動合同；第三種情況，2008 年以後，用人單位已經與勞動者連續訂立二次固定期限勞動合同，且勞動者沒有違規、違紀、違法（《勞動合同法》第 39 條）的犯錯記錄，沒有患病、負傷，不能勝任工作（《勞動合同法》第 40 條）的情況下，就應續訂第 3 次勞動合同，而且必須是無固定期限勞動合同。

由以上法條規定得知，《勞動合同法》將續簽無固定期限勞動合同的主動權交給員工。對於簽訂無固定期限的勞動合同，只要在條件滿足的情況下，員工有絕對的簽訂權利，企業必須與員工簽訂無固定期限的勞動合同。

因此，企業若不想續簽無固定期限勞動合同，就應當在勞動合同期限屆滿時，謹防無固定期限勞動合同的續簽風險。

另外，同法第 14 條第 3 款規定，用人單位自用工之日起滿 1 年不與勞動者訂立書面勞動合同的，視為用人單位與勞動者已訂立無固定期限勞動合同。這是指未訂立書面勞動合同的事實勞動關係在 1 年以後自動升級為無固定期限勞動合同，這對員工有相當保障。

話雖如此，根據《勞動合同法實施條例》第 19 條的規定，不論是固定期限或是無固定期限，只要勞動者有出現解除條件時，勞動合同就可以依法解除，例如嚴重違反內部管理規章、貪污舞弊、或不能勝任等行為都可以依法解除勞動合同。

未來的勞動合同期限會趨向長期化、永久化，企業應該在人資策略上作相對應的調整，只有建立嚴格的招聘條件與程序、切合崗位專業條件的選訓制度，才能招到適當的人員，從而穩定留才，進而創造員工無窮價值，只有勞動合同期限長期化、永久化，才有可能實現員工價值化。

員工要求簽無固定期限的勞動合同

【案例 2-1】某一家已在大陸成立企業十多年的台商最近遇到了人事上的問題，有一位現年 45 歲，入廠工齡已達 10 年的老幹部工作還算賣力，以往公司都跟他簽定為期 3 年的勞動合同，合同到期前一個月，公司管理部門將一份「勞動合同意向通知書」發給他，書內表明公司願意和他續簽 3 年的勞動合同，請他在到期日前半個月履行續簽合同手續，不料該位幹部找上人事經理，提出按照《勞動合同法》規定，要求公司與其簽訂無固定期限的勞動合同。這家台商不清楚有這樣的法律規定。該幹部所持理由為他已經 45 歲了，3 年後合同一到期，如果被公司終止了合同，一個 48 歲的人還不到退休年齡，到哪裡去找工作？他對台籍人事經理如此訴說。

【分析】這位老員工在公司的年資已經達到 10 年了，由於工作還算賣力，勞動合同快結束了，公司準備再續聘他，再簽 3 年的勞動合同，但該員工要求簽簽訂無固定期限的勞動合同。他的要求是符合《勞動合同法》第 14 條第 2 款第 1 項的規定，勞動者在該用人單位連續工作已經滿 10 年的，應當簽訂無固定期限的勞動合同。

（三）三類勞動合同的比較

勞動合同有三類，企業應當把握彼等各自利弊的基礎上，結合實際的管理需要，以下為三類勞動合同的比較（附表 2-1：三類勞動合同比較分析表）。

附表 2-1：三類勞動合同比較分析表

種類	適用範圍	簽訂條件	終止規定	利弊分析
固定期限	普遍性崗位	協商約定	約定確定終止時間	1. 到期可以終止 2. 符合條件的可領經濟補償 3. 企業要把握 10 年及二次大限的環節
無固定期限	價值較大的崗位	協商約定法定情形	約定無確定終止時間	1. 關係穩定 2. 風險及隱性成本大

以完成一定工作任務為期限	專案性工作或承包工程	協商約定	約定以某項工作的完成終止時間	1. 到期可以終止 2. 不受 2 次及 10 年的限制 3. 經濟補償的成本

二、不簽訂書面勞動合同的法律風險

　　企業與員工之關係，必須理清的是，何時用工？何時建立勞動關係？何時簽訂書面的勞動合同？以及不簽訂勞動合同的法律責任。按照《勞動合同法》第 7、10 條規定，企業開始用工、員工開始提供勞動，勞資雙方之間的勞動關係就成立了，而建立勞動關係，則需要簽訂書面的勞動合同。換句話說，企業與員工簽訂書面勞動合同是強制性規定，如果企業不簽，按照《勞動合同法》第 82 條規定，要負支付兩倍工資的法律責任；如果員工不簽，按照《勞動合同法實施條例》第 5、6 條的規定，企業可以終止員工的勞動關係。

　　但是用工與簽訂書面的勞動合同在時間上不一定同步，有可能在用工之前、用工之日後簽訂，企業必須注意簽訂時間的可能風險。

（一）用工之前簽訂勞動合同及其法律風險

　　《勞動合同法》第 10 條第 1、3 款規定，建立勞動關係，應當訂立書面勞動合同。用人單位與勞動者在用工前訂立勞動合同的，勞動關係自用工之日起建立。亦即在簽訂勞動合同至正式用工之日為止，企業不用負擔勞動法律上規定的義務或法律責任，因為雙方的勞動關係未建立，只是事先簽訂未來正式用工日期的勞動合同，因此雙方在民事上受制於大陸《合同法》規定的承諾生效的約束力，例如《合同法》第 13 條規定，當事人訂立合同，採取要約、承諾方式。同法第 25 條規定，承諾生效時合同成立，這時用工日期是承諾生效的日期。

（二）用工之日起一個月內簽訂勞動合同及其法律風險

　　《勞動合同法》第 10 條第 1、2 款規定，建立勞動關係，應當訂

立書面勞動合同。已建立勞動關係，未同時訂立書面勞動合同的，應當自用工之日起 1 個月內訂立書面勞動合同。因此一個月為寬限期，在尚未簽訂之前雙方存在著事實勞動關係。這時人資部門就要準備「簽訂勞動合同通知書」，通知員工簽訂勞動合同事宜。

在實務中會發生員工不願與企業簽訂勞動合同的情形。對此，《勞動合同法實施條例》第 5 條規定，自用工之日起 1 個月內，經用人單位書面通知後，勞動者不與用人單位訂立書面勞動合同的，用人單位應當書面通知勞動者終止勞動關係，無需向勞動者支付經濟補償，但是應當依法向勞動者支付其實際工作時間的勞動報酬。

由此可見，在 1 個月的寬限期內，如果員工不願意簽勞動合同，就會有被企業終止勞動關係的法律風險。但企業必須有證據證明員工不願意簽訂勞動合同。

（三）用工之日起一年內簽訂勞動合同及其法律風險

實務中由於各種原因，企業可能會超過一個月還未與員工簽訂勞動合同。企業不簽訂書面勞動合同，不管是固定期限或無固定期限，都會有支付兩倍工資給員工的法律風險，《勞動合同法》第 82 條第 1 款、《勞動合同法實施條例》第 6 條第 1 款規定，用人單位自用工之日起超過 1 個月不滿 1 年未與勞動者訂立書面勞動合同的，應當向勞動者每月支付兩倍的工資。並與勞動者補訂書面勞動合同。企業需要注意的是，員工入職的第 1 個月不需要支付兩倍工資，因為法律規定第 1 個月是寬限期。因此，《勞動合同法實施條例》第 6 條第 2 款規定，用人單位向勞動者每月支付兩倍工資的起算時間為用工之日起滿 1 個月的次日，截止時間為補訂書面勞動合同的前 1 日。

在實務中員工不願與企業簽訂勞動合同的情形也會發生。因此，《勞動合同法實施條例》第 6 條第 1 款規定，自用工之日起超過 1 個月不滿 1 年，勞動者不與用人單位訂立書面勞動合同的，用人單位應當書面通知勞動者終止勞動關係，並依照勞動合同法第 47 條的規定支付經濟補償。

自用工之日起超過 1 個月不滿 1 年內，企業雖然可以因為員工不願意簽訂勞動合同而終止勞動合同，但需要支付經濟補償金，即需要按照規定支付未簽勞動合同期間的兩倍工資，還需要支付終止勞動關係的經濟補償金。同時企業終止勞動關係必須有證據證明員工不願意簽訂勞動合同。

（四）用工之日起滿一年簽訂勞動合同及其法律風險

《勞動合同法實施條例》第 7 條、《勞動合同法》第 14 條第 3 款規定，用人單位自用工之日起滿 1 年未與勞動者訂立書面勞動合同的，向勞動者每月支付兩倍的工資，並視為自用工之日起滿 1 年的當日已經與勞動者訂立無固定期限勞動合同，應當立即與勞動者補訂書面勞動合同。

《勞動合同法》第 82 條第 2 款規定，用人單位違反本法規定不與勞動者訂立無固定期限勞動合同的，自應當訂立無固定期限勞動合同之日起向勞動者每月支付兩倍的工資。

綜合上述，法律規定的勞動合同簽訂期限有嚴格的限制，也有法律責任（附表 2-2：勞動合同簽訂時間與法律責任分析表）企業應當建立用工同時簽訂勞動合同的正確觀念。

附表 2-2：勞動合同簽訂時間與法律責任分析表

時間	原因	法律責任	備註
用工之日起一個月內	員工不與企業簽訂勞動合同	1. 企業書面通知終止勞動關係 2. 支付實際用工期間的工資	
用工之日起一年內	企業不與員工簽訂勞動合同	自用工之日起滿 1 個月的次日開始，截至簽訂勞動合同的前一日，向員工每月支付兩倍的工資	
	員工不與企業簽訂勞動合同	1. 企業書面通知終止勞動關係 2. 自用工之日起滿 1 個月的次日開始，截至簽訂勞動合同的前一日，向員工每月支付兩倍的工資	上海、廣東等有些地方規定，因員工原因導致未簽訂勞動合同的，企業不需支付兩倍工資

用工之日起滿一年	企業不與員工簽訂勞動合同	1. 自用工之日起滿 1 個月的次日開始，截至簽訂勞動合同的前一日，向員工每月支付兩倍的工資 2. 滿一年的當日視為已經與勞動者訂立無固定期限勞動合同，應當立即與勞動者補訂書面勞動合同	

　　綜合上述，企業的人資部門要負起簽訂合同的任務，企業與員工都要在入職後的一個月內依法簽訂勞動合同。企業如何避免員工的故意或疏忽？可以在規章制度或錄用通知中即向員工明確錄用時或 1 個月內必須簽訂書面勞動合同，否則不予錄用，以避免由於員工原因不簽而導致企業遭受兩倍工資賠償的法律風險。

　　兩倍工資的標準沒有明確的法律規定。在司法實踐中，一般以應發工資或實發工資為依據給付。所謂應發工資是指所有稅前貨幣收入相加，計入基本工資、加班費、各類津貼補貼後的工資。而實發工資是指應發工資扣除個人繳納的社會保險費、住房公積金、個人所得稅，加上法律所許可的稅後福利費的結果。具體適用哪一個，各地不同。特別是有些地方認為加班費不應該屬於兩倍工資範疇，這種觀點也有道理。

　　當員工在主張兩倍工資的勞動爭議發生時，企業要注意仲裁時效。時效是指當事人有權利向仲裁、法院等主張權利的時間段，過了這個時間段，就喪失了主張的權利。《勞動爭議調解仲裁法》第 27 條規定，勞動爭議申請仲裁的時效期間為 1 年。仲裁時效期間從當事人知道或者應當知道其權利被侵害之日起計算。所謂兩倍工資的期間是進入企業以後的第 2 個月算起 1 年之內，即最多 11 個月。如果員工有證據證明向企業要求過兩倍工資，則時效可以自要求之日起重新計算。（**參照本書第 17 章「勞動爭議處理的操作實務」**）

　　因此，對於新入職的員工，企業的預防對策是於入職的一定時間內（一個月內）簽訂勞動合同，對於不簽訂勞動合同的員工，當即不予錄用或依法終止勞動合同。最佳的處理方式是嚴格遵守「先簽勞動

合同再入職，不簽合同一律不予錄用的原則」。

　　企業亦可經由建立規章制度，明確若員工不按時簽訂勞動合同的，應屬嚴重違反公司規章制度行為，企業對此有權與員工終止勞動合同。

　　另外，《勞動合同法》第 14 條第 2 款規定，用人單位自用工之日起滿 1 年不與勞動者訂立書面勞動合同的，視為用人單位與勞動者已訂立無固定期限勞動合同。這不但是員工進入無固定期限的條件，也是企業因疏忽不與員工簽訂書面勞動合同的法律後果。

兩倍工資的標準與法律時效

【案例 2-2】有一位員工在 2008 年 5 月到某家公司工作，雙方未簽訂書面勞動合同，2011 年 10 月雙方解除勞動關係，這位員工申請勞動爭議仲裁，要求公司支付 2008 年 5 月至 2011 年 10 月未簽訂勞動合同的兩倍工資，公司則答辯說已過了仲裁時效，仲裁庭認為這位員工的請求權已於 2010 年 5 月過了仲裁時效，判決駁回該員工的仲裁請求。

【分析】因為未簽訂勞動合同兩倍工資按規定應當從用工之日起第 2 個月開始計算，最長不超過 11 個月。而仲裁時效按照《勞動爭議調解仲裁法》第 27 條規定，勞動爭議申請仲裁的時效期間為 1 年。仲裁時效期間從當事人知道或者應當知道其權利被侵害之日起計算。本案例是從 2 倍工資計算終了之日起 1 年。而用工超過 12 個月，則依法視為勞動者與用人單位之間已建立了無固定期限勞動關係，不再計算兩倍工資。

單位試業期間未簽訂勞動合同被判雙倍工資

【案例 2-3】中國法院網訊（彭小平／徐雙桂）用人單位試業期間未與勞動者簽訂書面勞動合同，被判支付雙倍工資和經濟補償金等。2012 年 5 月 29 日，江西省宜春市袁州區人民法院一審判決某公司支付給原告孫某解除勞動合同雙倍工資、經濟補償金、代通知金合計 7,000 餘元，並為原告孫某補繳養老保險費及醫療保險費。

　　原告孫某於 2010 年 7 月 29 日應聘到被告公司擔任辦公室主任一職，工資為每月 2,500 元；2010 年 10 月 16 日，被告以原告不能勝任工作

為由口頭通知原告解除勞動關係，原告即於當日辦理離職手續，期間原、被告雙方未簽訂書面勞動合同，被告亦未為原告辦理社會養老保險和醫療保險。原告離職後，於2011年3月4日向宜春市勞動爭議仲裁委員會申請仲裁，2011年8月2日仲裁委作出仲裁裁決，被告公司支付原告：1. 未簽訂書面勞動合同經濟補償金3,916元；2. 解除勞動合同經濟補償金1,250元；3. 解除勞動合同代通知金2,500元；4. 從2010年8月至2010年10月止的養老保險單位繳交部分1,500元；5. 從2010年7月至2010年10月止的醫療保險費單位繳交部分450元。6. 駁回原告其他仲裁請求。被告對仲裁結果不服，遂向宜春市中級人民法院提出申請，請求撤銷仲裁裁定書，宜春市中級人民法院於2011年11月29日撤銷了此仲裁裁定書。原告不服，遂向宜春市袁州區人民法院提出訴訟。

被告辯稱：原告入職被告公司，被告尚未正式營業，未與被告簽訂勞動合同責任在於原告自己。且原告是自願申請離職，其要求支付經濟補償金和代通知金沒有事實和法律依據。

法院審理後認為，建立勞動關係，應當訂立書面勞動合同。已建立勞動關係，未同時訂立書面勞動合同的，應當自用工之日起1個月內訂立書面勞動合同。原告應聘到被告公司擔任辦公室主任一職至離職已77天，被告未與原告訂立書面勞動合同的責任在於被告，故被告應支付原告雙倍勞動工資；被告解除與原告勞動關係應提前30日以書面形式通知原告本人，但被告未提前通知原告，應支付解除勞動關係代通知金和經濟補償金。法院遂依法作出上述判決。（發布時間：2012 . 05 . 30 – 15：55：43）

三、倒簽勞動合同的合理性

在員工進入企業1個月後才簽訂勞動合同，或勞動合同終止後超過1個月後才再續簽，其補簽日之前的已經履行的事實勞動關係之期間是否要支付兩倍工資？如果企業因未續簽而須要補簽，按規定應於事發當日為補簽日期，而完成補簽手續，但因時日過久才想到補簽，因而遇到「倒簽」的實務問題，企業該如何處理呢？

企業補簽勞動合同時，關於補簽日期之問題，按規定是應於要求之日補簽，實際補簽日之前的已經履行的事實勞動關係之期間，應該支付兩倍工資；但也有地方法院做出解釋，如深圳市中級人民法院的解釋。《2010 年深圳市中級人民法院關於審理勞動爭議仲裁、訴訟實務座談會既要》第 7 條規定：「用人單位未按照法定期限與勞動者簽訂書面勞動合同，即使後來雙方簽訂了勞動合同，勞動者要求用人單位支付兩倍工資至簽訂之日，應予支持。但雙方將勞動合同的簽字日期倒簽在法定期限之內或者雙方約定的勞動合同期間包含了已經履行的事實勞動關係的，應視為雙方自始簽訂了勞動合同，在此情況下，勞動者要求用人單位支付兩倍工資的，不予支持。」換句話說，實務上承認倒簽的合理性。

四、勞動合同管理作業五階段

勞動合同管理作業有訂立、履行、變更、解除、終止或續訂等五個階段的作業，每個階段都涉及法律行為，都會影響到勞資關係與權益。人資部門在規劃執行每個階段時必須謹慎處理，以免產生不必要的糾紛，才能提高管理效率，減少成本浪費。

（一）訂立階段

《勞動合同法》第 10 條規定，建立勞動關係，應當訂立書面勞動合同。已建立勞動關係，未同時訂立書面勞動合同的，應當自用工之日起 1 個月內訂立書面勞動合同。用人單位與勞動者在用工前訂立勞動合同的，勞動關係自用工之日起建立。

雖然法律允許企業可在新進員工入職後 1 個月內簽訂合同，然而企業用工之日起勞動關係就已成立。換句話說，雖未及時訂立合同，然而已經形成事實勞動關係，員工的權益已經受到勞動法律的保護。如果對員工的行為沒有及時以書面契約約束（約定事項），則對員工的管理範圍與任務要求就無法落實於契約的規範內，以約束契約當事

人完成工作任務。另外，設有分支機構的企業，如果有營業執照或者登記證書的，可以作為簽約主體與訂立勞動合同，否則只能代表企業，接受委託與勞動者訂立勞動合同。

因此，人資部門應該建立「先訂合同，後用工」的正確觀念，盡早在員工報到之日，形成勞動關係之日前，完成勞動合同的簽訂手續，這樣也避免了可能疏忽未簽勞動合同的風險因素。

如果在新員工入職以後才簽勞動合同，則一定要在入職 1 個月內，發出簽訂通知（附表 2-3：簽訂勞動合同通知書），通知員工簽訂勞動合同。勞動合同訂立時，員工需同時完成送達簽收記錄（附表 2-4：送達簽收記錄簿），表示已經完成了簽訂的手續。

附表 2-3：簽訂勞動合同通知書

簽訂勞動合同通知書

_____ ：

　　按照勞動合同法規定，您與公司簽訂的勞動合同類型為_____期限合同，簽訂勞動合同生效日期：___年___月___日；終止日期：___年___月___日。

　　茲發出勞動合同文本，請您於　年　月　日前簽字或蓋章交給本單位，如到期未回覆，視為不同意簽訂合同，則本公司將終止與您的勞動關係。

　　特此通知。

簽收人（簽字或蓋章）：
人力資源部　　　　　　　　　　　　　　　　　　　　年　　　月　　　日

附表 2-4：送達簽收記錄簿

×× 公司人事檔案送達簽收表

文件號：×××--×

序號	檔案名	簽發日期	簽收簽字

製表人：×××　　　　　　　　　　　檔案保管人：×××

建議：凡是人資部門發出的所有資料都做「送達簽收記錄」作業，並存檔保管。

（二）履行階段

勞動合同的履行，是勞資雙方本著契約的內容與精神，履行各自的權利與義務，直到合同結束為止。

《勞動合同法》第 33 條規定，用人單位變更名稱、法定代表人、主要負責人或者投資人等事項，不影響勞動合同的履行。同法第 34 條規定，用人單位合併或者分立不影響勞動合同的履行，用人單位發生合併或者分立等情況，原勞動合同繼續有效，勞動合同由承繼其權利和義務的用人單位繼續履行。

換言之，在勞動合同的履行過程當中，有關法人、自然人及股東股權等變更行為，以及企業進行合併或分立等企業重組行為（Corporate Restructuring），都不影響合同的履行效力，前述的這些行為不能影響到員工的權益。

《勞動合同法實施條例》第 4 條規定，用人單位設立的分支機構，依法取得營業執照或者登記證書的，可以作為用人單位與勞動者訂立勞動合同；未依法取得營業執照或者登記證書的，受用人單位委託可以與勞動者訂立勞動合同。同條例第 14 條規定，勞動合同履行地與用人單位註冊地不一致的，有關勞動者的最低工資標準、勞動保護、勞動條件、職業危害防護和本地區上年度職工月平均工資標準等事項，按照勞動合同履行地的有關規定執行；用人單位註冊地的有關標準高於勞動合同履行地的有關標準，且用人單位與員工約定按照用人單位註冊地的有關規定執行的，從其約定。

綜合上述，勞動合同執行的是履行地主義，有關最低工資標準、勞動保護、勞動條件、職業危害防護和本地區上年度職工月平均工資標準等事項，按照勞動合同履行地的有關規定執行；但企業註冊地的有關標準高於履行地的有關標準的，可經由勞資雙方約定按照註冊地規定執行。目前在大陸投資的台商企業裡面，有些企業經營內銷，分

支機構遍及大陸各地，每個地方的勞動標準都不太一樣，此時必須按照法律規定的原則，在勞動合同條款內確定履行地或註冊地的勞動標準，以免危害勞資雙方的權益，產生不必要的勞資糾紛。

（三）變更階段

《勞動合同法》第 35 條規定，用人單位與勞動者協商一致，可以變更勞動合同約定的內容。變更勞動合同，應當採用書面形式。實務處理上，雖說勞動合同貴在執行，但執行過程當中會因經營環境的變化，影響勞資雙方各自的權益，致使勞動合同必須變更才能繼續執行，此時部分條款需要變更或增減條款。企業與員工協商一致，就可以變更勞動合同約定的內容，變更勞動合同，應當採用書面形式（附表 2-5：勞動合同變更協議書）。

附表 2-5：勞動合同變更協議書

勞動合同變更協議書

甲方：＿＿＿＿＿＿
法定代表人或主要負責人：＿＿＿＿＿＿
委託代理人：＿＿＿＿＿＿
乙方：＿＿＿＿＿＿
證件號碼：＿＿＿＿＿＿
　　甲、乙雙方在平等自願、協商一致的基礎下，對＿＿年＿＿月＿＿日簽訂的勞動合同書變更事項達成如下協議：
　　一、勞動合同變更內容：
＿＿＿＿＿＿＿＿＿＿＿＿＿＿＿＿＿＿＿＿＿＿＿＿＿＿＿＿＿
＿＿＿＿＿＿＿＿＿＿＿＿＿＿＿＿＿＿＿＿＿＿＿＿＿＿＿＿＿
＿＿＿＿＿＿＿＿＿＿＿＿＿＿＿＿＿＿＿＿＿＿＿＿＿＿＿＿＿
　　二、本協議簽訂後，原勞動合同書仍然繼續履行，但變更條款按本協議執。
　　三、本協議一式兩份，甲、乙雙方各持一份，均具同等法律效力。

甲方（蓋章）　　　　　　乙方（簽名）
代表（簽名）

　　　　　　　　　　　　　　日期：　年　月　日

　　勞動合同的變更，是指履行過程當中，當事人雙方依據情況的變化，例如工種崗位（工作內容）、工作地點、工資福利、休假、工作時間等等情形的變更，按照法律或勞動合同的約定，對合同內容條款進行修改、補充或廢止的行為。

　　從人資策略與作業立場而言，常見的變更事由及要求是調職、調崗、調薪等管理事項。其中，調職、調崗、調薪的變動，依《勞動合同法》第 35 條規定是要協商一致的；但如果依照《勞動合同法》第 40 條規定，則可以單方調整工作崗位。這時人資部門就要提出方案，建議企業或用人單位按照哪些條款規定的條件處理變更合同的事宜，就不會發生勞動爭議。

　　1. 有關調職、調崗、調薪，必須協商一致的規定，在實務上，仲裁機關或司法機關是持下列看法：

（1）承認和保護企業的用工自主權，允許企業根據管理需要進行調職、調崗、調薪；

（2）承認和保護的同時，也要防止企業隨意變更勞動合同侵犯員工的權益；

（3）企業應提供調職、調崗、調薪的充分合理性證據：

　　A. 企業因客觀情況的變化及生產經營的需要，需要合併、增減崗位、職位等。

　　B. 員工的身體狀況、工作表現與業績、知識技能水平等，與本職、本崗位的要求不相符合等。

　　C. 員工有嚴重失職行為，或者能力不夠，導致所負責的工作出現重大失誤，給公司造成損失或者有必然造成損失的危險等。

2. 企業人資部門必須做好調職、調崗、調薪的變更作業。具體作法如下：

（1）制訂詳細的崗位職責和技能要求

對每一個崗位和職位都可以從工資、工作內容、技能、身體狀況、績效指標、任職資格條件等等方面明確之。首先要確定公司的組織架構及各部門的職能職責（職掌），其次確定各部門的崗位分級標準與名稱，再者針對各崗位進行職位分析，制訂崗位說明書。

（2）在勞動合同條款中增加調職、調崗、調薪的彈性條款

A. 霸王條款：「單位可以根據生產經營的需要隨時調整員工的工作崗位，員工必須服從。」這種條款內容將公司的權利無限放大，有失公平而可能導致無效。

B. 彈性條款：「甲方可以根據生產和工作需要及乙方的身體狀況、工作能力和表現，升、降乙方的職務，調整乙方的工作崗位，乙方願意服從甲方的安排。」或者「甲方可以根據實際經營狀況、內部規章制度、對乙方考核結果，以及乙方的工作年限、獎懲記錄、崗位變化等調整乙方的工資水平，但不可低於國家規定的最低工資標準。」這種條款內容考慮到契約協商的原則。

（3）在規章制度（員工手冊）中進一步明確調職、調崗、調薪的相應條件

企業除了在勞動合同中增列有關調職、調崗、調薪的彈性條款外，還可以在規章制度中進一步詳細規定調職、調崗、調薪的相應條件。

（四）解除階段

解除勞動關係是離職管理的重要範疇之一，解除是指已經簽訂的勞動合同在尚未履行完畢之前，因為某一種因素提前消滅勞動關係的一種法律行為，提出解除的一方可能來自企業，也可能來自員工。有

關解除勞動合同的規定，詳見本書第 11 章「企業解除勞動合同的操作實務」、第 12 章「員工解除勞動合同的操作實務」。

企業與員工在某些條款規定的情形下解除勞動合同，只要完成法律規定的程序，不必證據證明，就可以解除勞動關係。主要集中在兩種情形，其一為員工離職依法要提前 30 天以書面形式通知企業可以解除勞動合同；其二為企業與員工在各方提出協商一致的情形下解除勞動關係等。除此以外，無論是企業或員工，根據哪些條款行使勞動合同的解除權時，都必須要有相當的證據。因此企業在行使這些解除權利時，一定要事先將解除條款細化與量化，建立更具有針對性與操作性的規章制度（員工手冊），依法合理的執行解除勞動合同的法律行為。（**參照本書第 11 章「企業解除勞動合同的操作實務」**）

（五）終止或續訂階段

1. 終止勞動合同

終止勞動合同是離職管理的範疇之一，是指已經簽訂的勞動合同全部履行完畢，且任何一方當事人均未提出續簽勞動合同，繼續保持勞動關係的法律行為，提出終止的一方可能來自企業，也可能來自員工。有關終止勞動合同的規定，詳見本書第 13 章「終止勞動合同與辦理離職手續的操作實務」。

2. 續訂勞動合同

勞動合同續訂是指固定期限勞動合同到期後，雙方當事人一致同意繼續保持勞動關係，於是在原勞動合同終止前辦理續延手續，可見續訂勞動合同須符合法律要件，即續訂勞動合同的當事人是原勞動合同的當事人，同時基於平等、志願、協商一致的原則，續訂的內容基本上與原勞動合同的內容是一致的，除合同的起迄時間不一樣外，其餘內容基本是一樣的。

因此，人資部門在勞動合同到期前，要做好內部徵詢作業，經由內部核決權限徵詢用人單位，決定續簽或終止合同。如果企業或用人

單位決定不續訂時，就要提前發出通知該員工終止勞動合同，並於指定日期前辦理工作交接，並且按照規定辦理交接手續，支付工資和解除（終止）勞動合同證明等文件（附表 2-6：終止勞動合同通知書）。

附表 2-6：終止勞動合同通知書

終止勞動合同通知書

_____：

　　你與公司簽訂的勞動合同將於____年____月____日到期，根據公司人事安排及工作計畫，公司決定不再與你續訂勞動合同，勞動合同將於期滿日終止。

　　特此通知。

本人簽收　　　　　　　　　　＊＊＊＊公司
___年___月___日　　　　　　　___年___月___日

　　如果企業決定續訂時，就要發出續訂通知（附表 2-7：勞動合同續訂書），並明確固定的期限或無固定的期限，或發出續訂意向徵詢書（附表 2-8：續訂勞動合同意向徵詢書）時讓員工簽名選擇，再安排後續處理程序。

附表 2-7：勞動合同續訂書

勞動合同續訂書

　　本次續訂勞動合同期限類型為_____期限合同，續訂勞動合同生效日期：____年____月____日；終止日期：____年____月____日。

甲方：（公　章）
法定代表人（主要負責人）或委託代理人（簽字或蓋章）
乙方：（簽字或蓋章）

　　　　　　　　　　　　　　　　___年____月___日

附表 2-8：續訂勞動合同意向徵詢書

續訂勞動合同意向徵詢書

＿＿＿＿＿＿＿＿：

　　您與公司簽訂的勞動合同將於＿＿年＿＿月＿＿日到期，現向你徵詢續訂勞動合同意向，請您在合同期滿前 15 日，將此意向書回覆給人力資源部，如到期未回覆，視為不同意續訂合同，則合同期滿時勞動關係自然終止。

　　特此通知。

人力資源部

＿＿＿＿年＿＿＿月＿＿＿日

企業續訂勞動合同時應注意下列的事項：

（1）員工簽訂兩次勞動合同的，勞動合同到期前，及時（最好在原合同期限屆滿前 30 日）書面通知員工合同期限屆滿時合同終止。這樣就可以破壞簽訂無固定期限勞動合同的成立要件。除非有必要，企業千萬不可在兩次勞動合同期限屆滿前，向員工提出續簽固定期限的勞動合同。

國家法律沒有訂提前天數，最好自訂提前日數，諸如可訂原合同期限屆滿前 15 日或 20 日，但仍須注意有的地方法律有規定提前 30 天通知，如北京、江蘇、遼寧、浙江等地。

（2）企業最好不要使員工在本單位的工作年限超過 10 年這一道紅線，因為一旦超過 10 年，當員工提出要簽訂無固定期限勞動合同時，企業就必須簽訂無固定期限勞動合同。

（3）勞動合同到期時應及時辦理終止或續簽手續，不續簽也不及時辦理終止手續者，雙方將形成事實勞動關係，企業在事實勞動關係期間再通知員工走人時，很容易產生糾紛。要特別注意有些地方法律規定不及時辦理勞動合同終止手續而形成事實勞動關係，企業將承擔更大的責任。

（4）特殊情況下企業應與員工續訂勞動合同，不得終止之規定。

《勞動合同法》第 45 條規定，按本法第 42 條第 2 項規定喪失或者部分喪失勞動能力勞動者的勞動合同的終止，按照國家有關工傷保險的規定執行。依《工傷保險條例》規定，對於經勞動能力鑑定為一至六級傷殘員工，企業不能終止勞動合同，其中完全喪失勞動能力的一至四級員工可退出工作崗位，仍保有勞動關係。但大部分喪失勞動能力的五至六級員工，可以主動提出終止，亦即當勞動合同期滿時，如果員工提出終止要求時可以終止合同，如果提出續簽勞動合同時，企業應當續簽。

其他有關特殊情況下企業應續訂勞動合同不得終止之規定，詳見本書第 14 章「企業不得解除或終止勞動合同的操作實務」。

值得特別注意的是，有些地方性立法，擴大了企業應當續簽勞動合同的情形，諸如《北京市勞動合同規定》第 43 條規定，勞動者患職業病或者因工負傷並被確認達到傷殘等級（一至十級），要求續訂勞動合同的，企業應當續訂勞動合同。

五、管控要點

有關勞動合同管理的管控要點如下：

（一）是否與員工簽訂了書面勞動合同？（ν）

（二）是否建立勞動合同管理制度（訂立、履行、變更、解除、終止或續訂）？（ν）

（三）勞動合同期限及種類是否明確的寫在勞動合同書裡面？（ν）

（四）是否瞭解在特殊情況下，企業不得解除或終止勞動合同的禁止性條款，必須等到相應的情形消失才能解除或終止勞動合同（ν）

第3章
試用管理的操作實務

在《勞動合同法》中沒有關於試用期的定義。原勞動部辦公廳《對〈關於勞動用工管理有關問題的請示〉的覆函》中規定，試用期是用人單位和勞動者建立勞動關係後為相互瞭解，選擇而約定的不超過六個月的考察期。根據《勞動合同法》第17條第2款的規定，試用期非勞動合同的必備條款，屬於勞資雙方協商確定的條款，是可以約定的內容之一。因此試用期是企業基於人力運用的需要，讓企業與新進員工在法定的試用期間互相適應對方的考察期間。

由於勞資雙方在履行勞動合同的過程中，因處於試用期內而產生的勞動爭議越來越多，如試用期被隨意解除勞動合同、試用期工資偏低、試用期辭職被要求賠償招錄費用等等；再者勞動法律規定，勞動合同期限與試用期限互相搭配，不能超出法定的試用期，否則必須支付超出法定試用期限的工資作為補償。

企業對員工的根本期待，是提供符合企業利益的勞動標準，在與員工訂立勞動合同之前，通常會對員工的學經歷、專業能力、態度等項目進行初步的審查，但是這種極短時間的審查是不能測量出該員工是否符合錄用條件。勞動法律規定企業在與員工建立勞動關係時，允許與員工約定試用期，其目的是在彌補招聘程序的不足，考察試用員工對崗位工作的適應與適合性，並提供進一步瞭解企業及工作的機會，企業也會因試用期的約定瞭解試用員工是否符合錄用條件，進而決定錄用或解除勞動合同。

一、試用期與勞動合同期的搭配關係

企業設計員工的試用期，必須考慮到勞動合同期的長短，兩者有

互相制約的關係。《勞動法》第 21 條規定，勞動合同可以約定試用期。試用期最長不得超過 6 個月。《勞動合同法》第 19、70 條規定了勞動合同期限與試用期限互相搭配（附表 3-1：勞動合同期與試用期的搭配關係）。

附表 3-1：勞動合同期與試用期的搭配關係

法源		內容	
		勞動合同期	試用期
勞動合同法	第 19 條第 1 款	3 個月以上不滿 1 年的	不得超過 1 個月
		1 年以上不滿 3 年的	不得超過 2 個月
		3 年以上固定期限和無固定期限的勞動合同	不得超過 6 個月
	第 19 條第 3 款	3 個月以下或已完成一定工作任務為期限	不得約定試用期
	第 70 條	非全日制用工	當事人不得約定試用期
	第 19 條第 2 款	同一用人單位與同一勞動者只能約定一次試用期	
	第 19 條第 4 款	試用期包含在勞動合同期限內。勞動合同僅約定試用期的，試用期不成立，該期限為勞動合同期限	
勞動法	勞動部辦公廳印發《關於〈勞動法〉若干條文的說明》的通知第 21 條第 2 款	本條中規定的「試用期」適用於初次就業或再次就業時改變勞動崗位或工種的勞動者	

勞動合同期與試用期的搭配關係延伸出許多相對應的事項，從法律與角度，都值得人資部門仔細探討。

（一）合同期與試用期的關係需注意範圍概數

勞動合同期與試用期的搭配關係需注意所要表達的範圍概數，大陸《民法通則》第 155 條所稱的以上、以下、以內、屆滿，包括本數；所稱的不滿、以外，不包括本數。大陸《刑法》第 99 條規定，本法所稱以上、以下、以內，包括本數。

所以以上、以下等用語是包括本數（1 年以上是指包含 1 年，即 365 天），不滿、超過不包括本數（不滿 1 年是指不包含 1 年，即 365 天）。為什麼要注意呢？因為在合同期限與試用期限的搭配關係時，就有可能因為範圍關係而影響到勞資的權益，而造成勞動爭議的起因。《勞動合同法》第 83 條規定，用人單位違反本法規定與勞動者約定試用期的，由勞動行政部門責令改正；違法約定的試用期已經履行的，由用人單位以勞動者試用期滿月工資為標準，按已經履行的超過法定試用期的期間向勞動者支付賠償金。例如 1 年以上不滿 3 年的合同期，試用期不得超過 2 個月，假如試用期約定為 3 個月，則超出 1 個月的試用期，由企業以員工試用期滿月工資為標準，向員工支付 1 個月期間賠償金（工資）。又如 3 年以上固定期限和無固定期限的勞動合同，試用期不得超過法定的 6 個月，不得超過 6 個月是指剛好 6 個月或其以下的日數，如果超過 6 個月，就是約定的試用期超過法定時間，則超過部分無效，超過部分時間就會被視為已經過了試用期，進入正式合同期限，企業不得依照試用期的規定解除勞動合同。

（二）同一企業對同一員工約定一次試用期的規定

　　《勞動合同法》第 19 條第 2 款規定，同一用人單位與同一勞動者只能約定一次試用期。實務上的案例有在職或續簽勞動合同時調動工作崗位時，員工被要求在新的崗位必須完成一定期間的試用期，或者員工離職再入職時又安排了一次試用期等等管理作法都是違法的。

　　實際操作上，有的企業因為員工的原因，例如試用考核不合格，不直接解除合同，或專業水平有待進一步考察，再給一次機會延長了試用期，這時被延長的試用期不再是試用期性質，而是正式的用工期性質，企業不能行使試用期的相關權利，即使該員工被證明不符合錄用條件，也不能以被證明不符合錄用條件為理由行使解除勞動合同的權利。

　　但是，依據勞動部辦公廳印發《關於〈勞動法〉若干條文的說明》的通知第 21 條第 2 款對於「試用期」的解釋：本條中規定的「試用期」

適用於初次就業或再次就業時改變勞動崗位或工種的勞動者。換言之，員工離職再入職是在不同的崗位任職，則可以再安排一次試用期，不視為違法。

同一企業同一員工可以第二次試用嗎？

【案例 3-1】第一次進公司試用期已滿後離職，第二次進公司是否還可以約定試用期？第一次進公司如果試用期未滿就自請離職，第二次入職公司是否還需約定試用期？

【解答】《勞動合同法》第 19 條第 2 款規定，同一用人單位與同一勞動者只能約定一次試用期。如果員工離職後，若干年後又重新入職，企業能否再次與該勞動者約定試用期？從法條文意看，要是企業不變，該企業就只能與同一員工約定一次試用期。《勞動合同法》明確規定只能夠約定一次試用期，無論以後崗位是否變動，勞動合同是否續簽，或者不論是否於試用期內離職，離開以後再入職，企業都不能再次約定試用期。除非再次就業時，在不同的崗位任職，則可以再安排一次的試用期。

（三）不能單獨訂立試用合同

《勞動合同法》第 19 條第 4 款規定，試用期包含在勞動合同期內。勞動合同僅約定試用期的，試用期不成立，該期限為勞動合同期限。換句話說，法律上沒有所謂的「試用合同」這個名詞，如果企業與員工訂立了試用合同，也會被認定為正式的勞動合同，從而不存在試用期。

簽訂「試用合同」就是勞動合同嗎？

【案例 3-2】上海某服裝公司招聘業務員，王某前來應聘。經初步面試，服裝公司認為王某符合條件，遂與其簽訂了一份「試用合同」，約定試用期 3 個月，每月底薪人民幣 1,500 元。雙方還約定試用期滿後公司可視王某能力，決定是否簽訂正式勞動合同（底薪 2,000 元）。王某工作後不久，公司即發現其整日遊手好閒，或在公司上網聊天，或借談業務為名出去玩樂。兩個月後王某仍無任何銷售業績。公司經多次對王某批評教育均無任何效果，於是決定與其解除勞動合同。王

某不服，向勞動部門提起仲裁。結果，仲裁庭認為服裝公司與王某簽訂的「試用合同」就是雙方的勞動合同，且該合同不存在試用期。公司解除勞動合同的決定沒有法律依據，雙方勞動關係依然存在，並且公司還應該按照 2,000 元標準向王某支付工資。

【分析】案例中雙方所訂的「試用合同」是不存在的合同，因為《勞動合同法》第 19 條第 4 款規定，試用期包含在勞動合同期限內。所以仲裁庭會認為服裝公司與王某簽訂的「試用合同」就是雙方的勞動合同，進而認定雙方之間沒有約定試用期，所以依照按《勞動合同法》第 83 條規定，用人單位違反本法規定與勞動者約定試用期的，由勞動行政部門責令改正；違法約定的試用期已經履行的，由用人單位以勞動者試用期滿月工資為標準，按已經履行的超過法定試用期的期間向勞動者支付賠償金。

二、試用期工資的規定

《勞動合同法》第 20 條規定，勞動者在試用期的工資不得低於本單位相同崗位最低檔工資或者勞動合同約定工資的 80%，並不得低於用人單位所在地的最低工資標準。《勞動合同法實施條例》第 15 條作出更明確的規定，勞動者在試用期的工資不得低於本單位相同崗位最低檔工資的 80% 或者不得低於勞動合同約定工資的 80%，並不得低於用人單位所在地的最低工資標準。也就是說，試用期的工資底線是當地最低工資標準，在這個底線標準以上，試用期的工資不得低於相同崗位最低檔工資的 80% 或者不得低於勞動合同約定工資的 80%，約定工資就是試用期滿以後的工資。因此，企業在招聘新員工，約定工資時，應先確定試用期滿後的工資，再據此確定試用期工資。

三、試用期間的錄用條件

（一）企業如何認知與設計錄用條件

《勞動合同法》第 39 條第 1 款第 1 項規定，在試用期間被證明不

符合錄用條件的，用人單位可以解除勞動合同。這是法律賦予企業在試用期間有解雇員工的權利，但必須滿足員工不符合錄用條件這個前提條件，否則會有勞動爭議涉及仲裁時敗訴的風險。如果企業未事先設計錄用條件，則試用期的約定沒有實質的意義，徒具形式而已。員工也就沒有所謂的「不符合錄用條件」的情形。

錄用條件是什麼？法律並無做出界定。一般而言，錄用條件是企業所要聘用員工的最終標準，是企業在試用期間用以考察員工的依據。有人認為刊登招聘廣告中的招工條件就是錄用條件，其實不然。招工條件與錄用條件不一樣，前者是企業進行第一次履歷篩選的基本門檻，例如符合「大學專科以上學歷、三年以上相關銷售經驗等。」而後者是指企業最終決定要錄用該員工，是否符合了應具備條件的標準。再者，前者是招聘階段的文件，設計比較簡單，以吸引更多的人來應徵，而後者是試用期階段的文件，涉及解雇的法律效力，設計就要嚴密、完善，同時具有可操作性。

（二）建立共性與個性的錄用條件

企業如何建立錄用條件？從人資管理立場，錄用條件有四個因素：

1. 能力因素：如工作任務、資質、績效等；
2. 態度因素：如守紀守法狀況；
3. 身體因素：如有特殊疾病，像精神病等；
4. 法律因素：如無解除勞動合同證明、持用假證件、兼職行為等。

實務處理時，以上述的四個因素為基礎，建立共性與個性的錄用條件：

1. 共性標準：所謂共性是指不會因為崗位不同而失去其合理性條件。如企業對招聘員工的年齡、身體、態度等要求，均可以列為共性標準。建立在入職登記表、規章制度（員工手冊）裡面。
2. 個性標準：所謂個性是指特有的、僅對部分崗位才有意義的條件。例如：學歷學位、工作經歷、技術職稱或資格、外語水平等資質

要求，具備本崗位的專業能力要求，績效指標等。對特定員工量身打造，單獨與其約定在勞動合同裡面，作為試用期間的錄用條件。所謂量身打造就是企業針對核心崗位員工（如人資總監、品質總監、銷售經理等關鍵性職位）的不同需求，擬出錄用標準，寫入勞動合同書內，以作為試用期間對該員工的考核依據。

四、試用期解除勞動合同的操作

企業及員工在試用期間，可以根據法律的相關規定，各自基於需要而解除勞動關係。

《勞動合同法》第 21 條規定，在試用期中，除勞動者有本法第 39 條和第 40 條第 1 項、第 2 項規定的情形外，用人單位不得解除勞動合同。用人單位在試用期解除勞動合同的，應當向勞動者說明理由。一般而言，企業沒有被賦予試用期間隨時解除勞動合同的權利，除非試用期間有證據證明員工違反了《勞動合同法》第 39 條和第 40 條第 1 項、第 2 項規定的情形外（**參照本書第 11 章「企業解除勞動合同的操作實務」**）。另外，《勞動合同法》第 37 條規定，勞動者在試用期內提前 3 日通知用人單位，可以解除勞動合同。試用期間的員工有權在完成提前 3 日通知企業的程序後就可離職。

《勞動合同法》第 39 條第 1 款第 1 項規定，員工在試用期內被證明不符合錄用條件的，企業可以解除勞動合同。顯示出一個現實情形，即企業在試用期解除勞動合同，需要符合法定的條件。由此可知，企業要完善試用期間的勞動關係，下述有關錄用條件的設計與運用才是重點。

五、違法試用的法律責任

由於勞動合同期的長度制約了試用期限，如果勞動合同約定的試用期超過了勞動合同期制約的期限，則超過的期限，屬於違法期限，

按《勞動合同法》第 83 條規定，用人單位違反本法規定與勞動者約定試用期的，由勞動行政部門責令改正；違法約定的試用期已經履行的，由用人單位以勞動者試用期滿月工資為標準，按已經履行的超過法定試用期的期間向勞動者支付賠償金。亦即尚未執行的，應該改正。如已經執行的，由企業以員工試用期滿月工資為標準，按已經履行的超過法定試用期的期間向員工支付賠償金（工資）。

在實務操作上，員工的試用期能否延長，當中有一個空間可以調整，亦即勞動合同期在 3 年以上的，按規定試用期最長不得超過 6 個月，如果先約定為超過 2 個月，未滿 6 個月，實際操作時認為有需要延長觀察時，則最長不超過 6 個月就符合規定了。另外，有關在同一企業只能約定一次試用期，是指不論同崗位、工種只能約定一次試用期。

六、管控要點

有關試用管理的管控要點如下：

（一）是否依照規定，試用期與勞動合同期相互搭配，掌握到範圍概數的細節嗎？對於超出約定的試用期限是否進行調整，以避免法律風險。（ν）

（二）每一位員工在本企業內是否約定一次的試用期？有無試用期滿後再延長試用期的情形？（ν）

（三）試用期工資是否在勞動合同約定工資的 80% 以上？而且都在當地最低工資標準以上。（ν）

（四）是否建立試用期錄用條件在勞動合同（個性標準）與規章制度（共性標準）？（ν）

（五）試用期解除勞動合同是否都依照不符合錄用條件來處理？（ν）

（六）公司員工要離職是否遵守提前 3 天告知企業的規定？（ν）

第二篇

員工在職管理操作實務

員工在經過招聘、錄用、簽訂勞動合同、試用期滿轉正等環節的洗禮，對員工而言，通過了考驗；對企業而言，完成了法律規定的程序，以及人資管理作業，也可能在試用期進行了入崗前的崗前培訓，通過了試用期考核。從實務上來說，試用期結束之前，如果該員工不符合錄用條件而被解除勞動關係，或者自動提出離職申請等所產生的費用（薪資、福利、保險等），都可以說是招聘失敗成本，企業人資部門要檢討。如果試用期合格轉正，則是進入在職管理階段，這個可能階段很長，到離職時結束。所有人資管理作業都在此階段產生，員工的價值貢獻，都在他的崗位或好幾個崗位上次第產生，但同時也受到勞動法律的制約。

　　企業面臨在職管理時的法律制約條件，諸如培訓服務期與競業限制條件的約定、工時制度的規範、加班費率與基數、休息日與國定假日的安排、假期與請假的規定、最低工資標準、工資與社保福利，等等相關的勞動福利與條件，都要有效地整合在企業的人資管理作業當中，才不至於讓員工覺得企業占員工的便宜，因起無謂的勞動爭議，破壞雇主品牌形象。

　　本篇一共涵蓋 7 章，是人力資源的在職管理作業，也是過程管理作業。過程管理是細節管理，勞動爭議的產生，往往是管理不到位之故，例如未在規定的時間內簽訂勞動合同，致使產生兩倍工資的爭議；又如忽略該支付的加班費，致使發生追索補發加班費的爭議等等。這是因為人資部門忽略了該有的法律規定與程序等細節所衍生出來的日常管理問題。

　　有了勞動法律的規範與條件，企業要改變的人資管理觀念是法律到位，同時管理到位。

第 4 章
培訓管理的操作實務

　　培訓管理是人力開發管理，是企業針對四大人力管理作業（選、訓、用、留）的核心工作。就組織立場而言，培訓的目的在使企業健全、生存與發展。所以它是組織的一項職責，也是一項工作任務。一般而言，要做好培訓工作，必須要有相當的權力單位來推動與支持，也要高階主管的重視，人資部門在企畫與推動此項工作時倍極辛苦，卻是必要的核心任務。

　　如果企業本身已經具備優越的競爭優勢，就會吸引一批優秀的人才。競爭優勢往往表現在高工資、就業安全感、職涯發展、授權、團隊合作等方面，這些競爭優勢絕大部分跟培訓與發展有關，而法律規定的專項技術培訓則是企業創造競爭優勢的工具。

一、培訓管理的操作

　　企業為員工出資培訓主要有兩種情況，一種為企業應盡的如實告知義務，建立職工培訓制度，例如在崗、轉崗、晉升、轉業等常規職業培訓；一種為企業提供專項培訓費用對員工進行專項技術培訓，是常規培訓以外的有償培訓。本文所討論的內容主要以後一種培訓為主。關於專項技術培訓的法律規定，《勞動合同法》第 22 條提出四款規範（附表 4-1：專項技術培訓的法律規定）。

附表 4-1：專項技術培訓的法律規定

第 1 款	用人單位為勞動者提供專項培訓費用，對其進行專業技術培訓的，可以與該勞動者訂立協議，約定服務期。
第 2 款	勞動者違反服務期約定的，應當按照約定向用人單位支付違約金。違約金的數額不得超過用人單位提供的培訓費用。

第 2 款	用人單位要求勞動者支付的違約金不得超過服務期尚未履行部分所應分攤的培訓費用。
第 3 款	用人單位與勞動者約定服務期的，不影響按照正常的工資調整機制提高勞動者在服務期期間的勞動報酬。

《勞動合同法實施條例》第 16 條對本法第 22 條第 2 款規定，做出了細部解釋，培訓費用包括用人單位為了對勞動者進行專業技術培訓而支付的有憑證的培訓費用、培訓期間的差旅費用以及因培訓產生的用於該勞動者的其他直接費用。

同條例第 17 條則規定勞動合同期滿，但是用人單位與勞動者依照本法第 22 條規定，所約定的服務期尚未到期的，勞動合同應當續延至服務期期滿為止。同條例第 26 條規定，用人單位與勞動者約定了服務期，勞動者依照本法第 38 條的規定解除勞動合同的，不屬於違反服務期的約定，用人單位不得要求勞動者支付違約金。

另外，勞動部辦公廳《關於試用期內解除勞動合同處理依據問題的覆函》中提出，用人單位出資對職工進行各類技術培訓，職工提出與單位解除勞動關係的，如果在試用期內，則用人單位不得要求勞動者支付該項培訓費用。如果試用期滿，在合同內，則用人單位可以要求勞動者支付該項培訓費用。

因此企業在出資進行專項技術培訓時，可以要求約定服務期，如果員工提前離開公司，企業可就該員工尚未履行完畢的服務期比例，算出應該分攤的培訓費用，依法作為違約金賠償給企業。

如果勞動合同期屆滿，但服務期未滿時，則勞動合同自動延長至服務期滿時到期；如果勞動合同期長於服務期，屆時勞動合同到期，員工可依照規定離職，不必負擔違約責任。

二、專項培訓費用的範圍

《勞動合同法》第 22 條規定，企業為員工提供專項培訓費用，對其進行專業技術培訓的，可以與該員工訂立培訓協議，約定服務期。

如果員工違反服務期約定的，應當按照約定向企業支付違約金。違約金的數額不得超過企業提供的培訓費用。企業要求員工支付的違約金不得超過服務期尚未履行部分所應分攤的培訓費用。

企業如何因應專項技術的培訓規定，以增加人力資本，累積企業人才價值呢？

（一）專項培訓費用的範圍包括哪些？

一般可包括公司支付的學雜費（學雜費報銷範圍包括了培訓報名費、學費、實驗費、書雜費、實習費、資料費及人事部認可的其他費用）、公派出國、異地培訓的交通費、住宿費、餐費和日常雜費等；但不包括培訓期間的工資、獎金、津貼和勞動福利費用。

企業為員工提供專項培訓費用，對其進行專業技術培訓的，要收集費用的證據建立專項培訓費用的會計科目，這是指外部第三方受訓，所以如果是內訓、操作標準、崗位職責等培訓、國內外參訪都不算是專項培訓。

企業財務會計單位規劃建立專項培訓費用的會計科目。

（二）培訓服務期協議如何訂立？

企業為員工提供專項培訓費用，對其進行專業技術培訓的，可以與該員工訂立協議（條款），同時約定服務期（附表 4-2：培訓服務期協議）。

附表 4-2：培訓服務期協議

合同編號：＿＿＿＿＿＿＿＿＿

＿＿＿＿＿＿＿＿＿＿＿＿有限公司

甲方：＿＿＿＿＿＿

法定代表人：＿＿＿＿＿＿

委託代表人：＿＿＿＿＿＿

住所地：＿＿＿＿＿＿

聯繫電話：＿＿＿＿＿＿＿＿＿＿

乙方：＿＿＿＿＿＿＿＿＿＿＿＿

證件類型：＿＿＿＿＿＿＿＿＿　　證件號碼：＿＿＿＿＿＿＿＿＿

住址：＿＿＿＿＿＿＿＿＿＿＿＿＿＿＿＿＿＿＿＿＿＿＿＿＿＿＿

聯繫電話：＿＿＿＿＿＿＿（固定電話）＿＿＿＿＿＿＿（移動電話）

培訓服務期協議

為明確雙方的權利義務，根據《中華人民共和國勞動法》、《中華人民共和國勞動合同法》和其他有關勞動法律、法規、規章以及甲方依法制訂的規章制度的規定，因甲方生產及業務需要，為提高乙方的專業技術水準，就甲方為乙方提供專業技術培訓事項達成如下協議：

第一條　甲方委派乙方參加＿＿＿＿＿＿專項技術培訓，培訓時間共計＿＿天，從＿＿＿年＿＿＿月＿＿日至＿＿＿年＿＿＿月＿＿日止。培訓地＿＿＿＿＿＿。

第二條　甲方為乙方此次專業技術培訓，提供專項技術培訓費用共計＿元，其中包括：

1. 培訓費人民幣＿＿＿＿＿＿＿元；

2. 培訓期間住宿費、伙食費人民幣＿＿＿＿＿＿元／天，共計＿＿＿＿＿元；

3. 交通費人民幣＿＿＿＿＿＿＿＿元。

以上費用實報實銷，以最終實際支出費用為準。

第三條　乙方參加專項技術培訓期間視為正常出勤，如培訓機構在公休日也安排培訓課程的，不屬加班。甲方按照乙方正常出勤時間支付工資。

第四條　乙方應嚴格遵守培訓機構的時間安排，準時參加培訓，不得缺勤。乙方無故不參加培訓的，按照甲方依法制訂的規章制度規定，以曠工處理，甲方有權取消乙方的培訓資格，乙方應賠償甲方的培訓費用損失。

第五條　乙方在培訓期間，應當認真學習，順利完成培訓課程，準時通過考試或獲得相關證書，培訓期滿後應當在 7 日之內向公司提交培訓報告，繳交相關的培訓資料歸檔，以及整理培訓期間的相關費用收據資料，按內部審批程序處理之。

第六條　乙方完成專項技術培訓後，應當按照甲方的安排從事相關技術工作，並對公司其他員工承擔相應的內部培訓及輔導工作。

第七條　乙方應當在甲方最少服務＿＿＿＿＿年＿＿＿個月，乙方的服務期從專

項技術培訓結束之日起開始計算。

第八條　甲乙雙方勞動合同期滿而服務期尚未到期的，勞動合同自動順延至服務期滿終止。但如甲方決定不再續延勞動合同的，在辦理勞動合同終止手續後，本協議也隨之終止。

第九條　乙方違反服務期約定的，應當向甲方支付違約金，違約金標準為服務期尚未履行部分所應分攤的培訓費用。甲方有權從乙方勞動報酬中予以扣除。

第十條　本協議從甲乙雙方簽名或蓋章後生效。本協議一式二份，雙方各執一份，本協議為勞動合同的附件，與勞動合同具有同等的法律效力。

甲方代表：　　　　　　　　　　　乙方簽名（蓋章）：

簽名（蓋章）：　　　　　　　　　身分證號碼：

法定地址或住所：　　　　　　　　法定地址或住所：

＿＿＿年＿＿月＿＿日　　　　　　＿＿＿年＿＿＿月＿＿＿日

（三）服務期的年限如何訂？

《勞動合同法》未對服務期的年限做出具體規定。服務期是指企業與員工約定的，員工因享有企業給予的特殊待遇而承諾必須為企業服務的年限，服務期主要針對核心崗位員工，長短可以由雙方當事人協商確定。目的是為了防止員工在培訓後提前解除勞動合同，給企業帶來培訓費用等直接經濟損失和重新招聘、再培訓新人所增加的各種成本。所以服務期約定是一個很重要的人資管理政策（附表 4-3：某台商規劃的培訓服務期約定）。

附表 4-3：某台商規劃的培訓服務期約定

廠外專項培訓費用（X）	約定服務期
X ≦ 10 萬元	2 年
10 萬＞X ≦ 20 萬	3 年
20 萬＞X ≦ 30 萬	4 年
30 萬＞X ≦ 40 萬	5 年
40 萬＞X ≦ 50 萬	6 年
X＞50 萬	7 年

（四）服務期長於勞動合同期限，合同到期，員工能否終止合同？

勞動合同期屆滿，員工提出終止勞動合同的意思表示，如企業放棄對員工履行剩餘服務期要求的，則勞動合同可以終止，企業不得要求員工支付違約金。或者勞動合同期限屆滿，企業要求員工繼續履行剩餘服務期的，勞動合同應當續延至服務期期滿終止。如員工不願意續訂勞動合同或變更勞動合同的，應當向用人單位承擔違約責任，但違約金不得超過服務期尚未履行部分所應分攤的培訓費用。

（五）員工違反服務期約定的責任是什麼？

員工違反服務期約定的，應當按照約定向企業支付違約金。違約金的數額不得超過企業提供的培訓費用。企業要求員工支付的違約金不得超過服務期尚未履行部分所應分攤的培訓費用。特別要提醒企業注意的是，企業必須保留支付培訓費用的相關票據，否則無法證明真實的培訓金額。

另外，《勞動合同法》第 25 條規定，除了本法第 22 條規定的員工違反服務期約定的，應當按照約定向企業支付違約金以及第 23 條規定的情形（**參照本書第 5 章「保密與競業限制管理的操作實務」**）外，企業不得與員工約定由員工承擔違約金。

公司要求王先生支付的違約金對不對？

【案例 4-1】王先生在某外商投資企業工作，擔任公司的設計總監。2008 年 6 月初，根據公司的安排，王先生被派往公司在歐洲的總部接受技術培訓，為期 5 個月。在赴歐洲之前，王先生按公司的要求簽訂了「培訓協議」，其中約定了培訓結束之後王先生應為公司工作兩年，若自行辭職的，應按比例賠償公司的培訓費用，其總額為人民幣 6 萬元。培訓結束後，王先生因為與公司高層之間的矛盾，於 2009 年 12 月底提出辭職。隨即公司便提起了勞動仲裁，要求王先生支付培訓費用共計人民幣 3 萬元。

您的看法呢？

【解答】這個案例說明「培訓協議」的生效日期是在培訓結束後，即從 2008 年 11 月初開始服務至 2010 年 10 月底為止滿兩年。則 2009 年 12 月底提出辭職，尚未履行完畢的部分剩下 10 個月，王先生應當賠償 25,000 元，不是 3 萬元。

勞動合同中應如何約定違約金？

【案例 4-2】李某 2007 年 7 月大學畢業後，經過人才市場同某化工廠簽訂了為期 3 年的勞動合同。後來李某於 2008 年 3 月考取了南京某大學研究生，李某遂提前 30 天以書面形式通知化工廠，要求解除與化工廠所簽訂的勞動合同。但化工廠以勞動合同中約定「勞動合同期限未滿，若勞動者單方要求提前解除合同，必須提前 30 天書面通知化工廠，並需交違約金 3 萬元」為由，要求李某交納 3 萬元違約金後，方可解除勞動合同。雙方經多次協商未果後，李某遂訴至法院，要求解除雙方所簽勞動合同，並請求降低違約金數額。

【分析】那麼李某要求解除雙方所簽勞動合同是否合法？雙方訂立勞動合同時約定的違約金如何處理？在處理該案時，形成了兩種觀點。

一種觀點認為，李某要求解除其與化工廠所簽勞動合同程序是否合法？即李某應交納 3 萬元違約金後，才可以同化工廠正式解除勞動合同。理由是勞動合同是合同中的一種，雙方於 2007 年 7 月所簽訂的勞動合同是當事人真實意思的表示，現李某單方提出提前解除勞動合同，依法可以解除，但應承擔違約後果，即要需交納 3 萬元違約金。

另一種觀點認為，李某要求解除勞動合同的請求應予支援，對於雙方約定的 3 萬元違約金，因違反了《勞動合同法》的規定應屬無效。理由是《勞動合同法》第 25 條規定，除本法第 22 條和第 23 條規定的情形外，用人單位不得與勞動者約定由勞動者承擔違約金。即用人單位只有在以下兩種情況下才可以與勞動者約定違約金：（1）用人單位為勞動者提供專項培訓費用，對其進行專業技術培訓的，可以與該勞動者訂閱協議，約定服務期。勞動者違反勞動期約定的，應當按照約定向用人單位支付違約金；（2）用人單位與勞動者可以在勞動合同中約定保守用人單位商業秘密與和知識產權相關的保密事項。對

負有保密義務的勞動者，用人單位可以在勞動合同或者保密協議中與勞動者約定競業限制條款。勞動者違反競業限制規定的，應當按照勞動合同約定向用人單位支付違約金。

本案李某不屬上述兩種情況，故李某可以解除勞動合同，且無需交納 3 萬元違約金。筆者同意第二種觀點。（http://big5.ce.cn/gate/big5/blog.ce.cn/html/46/145946-691020.html。北京勞動法律師）

（六）試用期內離職員工不支付培訓費

總之，人資部門要切記，盡量不要在試用期內對員工進行專項技術培訓，要把握好服務期長短與勞動合同期的關係，同時區別一般培訓與專項培訓的差異與對企業的人資操作之影響。

員工在試用期內離職，能否要回培訓費用？

【案例 4-3】某公司新招聘 2 名員工小張與小李，公司分別與他們簽訂了 3 年的勞動合同，同時約定 3 個月的試用期。試用期內兩人表現不錯，公司決定為兩人各出資 2 萬元進行為期 20 天的專項技術培訓。但是小張在試用期滿前 5 天通知公司要解除勞動合同，小李在試用期過後的 1 個月也通知公司要解除勞動合同。公司對兩人的答覆是：可以解除勞動合同，但須賠償公司支付的培訓費。兩人均不同意賠償 2 萬元的培訓費，公司最後提起仲裁，結果是小李需要賠償公司的培訓費，小張無須支付培訓費。

【分析】案例說明員工在試用期內與試用期過後離職的責任完全不同。其主要依據是《勞動部辦公廳關於試用期內解除勞動合同處理依據問題的答覆》，其中規定：「用人單位出資對職工進行各類技術培訓，職工提出與單位解除勞動關係的，如果在試用期內，則用人單位不得要求勞動者支付該項培訓費用。如果試用期滿，在合同內，則用人單位可以要求勞動者支付該項培訓費用」。

三、人力資源的開發成本

本章談到的是企業培訓的法律規定，以及基於管理需要，企業必要的培訓管理作業，所涉及的人力成本是屬於人力資源的開發成本。

四、管控要點

有關培訓管理的管控要點如下：

（一）是否分辨一般培訓與專項技術培訓？（ν）

（二）專項技術培訓時，是否有簽訂培訓服務協議，並且約定服務期？（ν）

（三）是否建立專項技術培訓費用的會計專項科目？（ν）

（四）是否在試用期間進行培訓或專項培訓？（ν）

第 5 章
保密與競業限制管理的操作實務

　　商業秘密是構成企業競爭力的重要因素之一，攸關企業的永續生存或死亡。為保護商業秘密與智慧財產權（知識產權），企業都會要求在職與離職員工要遵守保密規定，並在勞動合同中規定了保密條款。商業秘密的保護向來是勞動關係管理的重點。

　　另外，企業為了防止離職員工任意跳槽至具有競爭關係的企業，造成企業的損害，遂在勞動合同中規定競業限制條款，或另外簽訂競業限制協議，做為預防措施。

　　競業限制制度在大陸被廣泛採用，越來越多的企業與員工簽訂競業限制條款或協議。競業協議可以保護企業的商業秘密不被侵害，使企業敢在員工離職前對他進行訓練投資並獲得回報保證，競業限制協議（條款）的簽訂，勞資雙方都要誠實信用的遵守有關的法律規範。

一、保守商業秘密的操作

　　法律對保守商業秘密的約束，訂在《勞動合同法》裡面，明確地指出員工有保守商業秘密的義務，勞資雙方共同遵守約定的內容，員工違反約定時須承擔支付違約金的責任。

　　《勞動合同法》第 23 條第 1 款規定，用人單位與勞動者可以在勞動合同中約定保守用人單位的商業秘密和與知識產權相關的保密事項。這是勞動領域中當事人訂立保密協議的法律依據。基於商業秘密有相關的秘密性、價值性、實用性和保密性等構成要件，企業必須對自己的商業秘密採取合理的保密措施，而與知悉商業秘密的員工簽訂保密協議，才能維護企業的權益。另外，簽訂的內容與範圍是針對處於秘密狀態的經營訊息或技術訊息，明確的範圍可以免去企業的舉證責任，成為解決糾紛的依據。

二、競業限制的操作

除了保守商業秘密義務外，企業可以與員工在勞動合同裡面約定競業限制條款或者保密協議中或另定競業限制協議。

《勞動合同法》第 23 條第 2 款規定，對負有保密義務的勞動者，用人單位可以在勞動合同或者保密協議中與勞動者約定競業限制條款，並約定在解除或者終止勞動合同後，在競業限制期限內按月給予勞動者經濟補償。勞動者違反競業限制約定的，應當按照約定向用人單位支付違約金。

《勞動合同法》第 24 條第 1 款規定，競業限制的人員限於用人單位的高級管理人員、高級技術人員和其他負有保密義務的人員。競業限制的範圍、地域、期限由用人單位與勞動者約定，競業限制的約定不得違反法律、法規的規定。同法第 24 條第 2 款規定，在解除或者終止勞動合同後，前款規定的人員到與本單位生產或者經營同類產品、從事同類業務的有競爭關係的其他用人單位，或者自己開業生產或者經營同類產品、從事同類業務的競業限制期限，不得超過兩年。

經由上述條款的內容，競業限制的目的在於要保護企業的商業秘密和維護智慧財產權。競業限制的人員限於企業的高級管理人員、高級技術人員和其他負有保密義務的人員。競業限制具有對價關係，企業應該在解除或者終止勞動合同後，在競業限制期限內按月給予員工經濟補償。如果員工違反時應當按照約定支付違約金，給企業帶來損失時，還要依法支付損害賠償金。如果企業沒有遵守對價關係，給於員工應有的補償時，員工可以不必遵守協議，從事具有競爭關係的業務，包括就業或自己經營業務。

三、企業如何與員工簽訂保密及競業限制協議

企業的人資部門與員工簽訂保密及競業限制協議，可分成以下幾點來探討（附表 5-1：保密及競業限制協議書）。

附表 5-1：保密及競業限制協議書

合同編號：_____

_____ 有限公司

甲方：_____

法定代表人：_____

委託代表人：_____

住所地：_____

聯繫電話：_____

乙方：_____

證件類型：_____ 證件號碼：_____

住址：_____

聯繫電話：_____（固定電話）_____（行動電話）

保密及競業限制協議

為明確雙方的權利義務，根據《中華人民共和國勞動合同法》、《中華人民共和國公司法》、《中華人民共和國反不當競爭法》和其他有關勞動法律、法規、規章的規定，就乙方保守甲方商業秘密及離職後競業限制的有關事項，甲、乙雙方在平等、自願的基礎上達成以下協議：

一、商業秘密範圍

第一條 商業秘密是指不為公眾所知悉、能為甲方帶來經濟利益、具有實用性並經甲方採取保密措施的技術資訊和經營資訊。

第二條 本協議所稱的商業秘密包含甲方的技術資訊和經營資訊及其他負有保密義務的資訊。包括但不限於下述內容：

（一）技術資訊。技術資訊的範圍一般包括技術方案、工程設計、電路設計、製造方法、配方、工藝流程、技術指標、電腦軟體、資料庫、試驗結果、圖紙、樣品、樣機、模型、模具、操作手冊、技術文檔、涉及商業秘密的業務函電等等。

（二）經營資訊。經營資訊的範圍一般包括客戶名單、行銷計畫、採購資料、定價政策、不公開的財務資料、進貨管道、產銷策略、招投標中的標的及標書內容等。

（三）公司依照法律規定（如在締約過程中知悉的對方當事人的秘密）和有關協議的約定（如技術合同等）對外應承擔保密義務的事項等。

二、保密約定

第三條 乙方在甲方任職期間,必須遵守甲方規定的任何成文或不成文的保密規章、制度,履行與工作崗位相應的保密職責。

甲方的保密規章、制度沒有規定或者規定不明確的,甲方亦應本著謹慎、誠實的態度,採取任何必要、合理的措施,維護乙方於任職期間知悉或者持有的任何屬於甲方或者雖屬於協力廠商但甲方承諾有保密義務的商業秘密,以保持其機密性。

第四條 除了履行職務的需要以外,乙方承諾未經甲方同意,不得以洩漏、告知、公布、發布、出版、傳授、轉讓或者其他任何方式使任何協力廠商(包括按照保密制度的規定不得知悉該項秘密的甲方其他職員)知悉屬於甲方或者雖屬於協力廠商但甲方承諾有保密義務的商業秘密,也不得在履行職務之外使用這些商業秘密。

第五條 乙方離職之後仍對其在甲方任職期間接觸、知悉的屬於甲方或者雖屬於協力廠商但甲方承諾有保密義務的商業秘密,承擔如同任職期間一樣的保密義務和不擅自使用有關商業秘密的義務,而無論乙方因何種原因離職。

第六條 乙方違反保密約定的造成甲方經濟損失的,應當承擔賠償責任。

三、競業限制

第七條 甲、乙雙方解除或者終止勞動合同後,乙方不得到與甲方生產或者經營同類產品、從事同類業務的有競爭關係的其他用人單位任職,或者自己開業生產或者經營同類產品、從事同類業務。

本條所稱的「有競爭關係」是指與甲方及其關連公司所生產或者經營的產品,從事的業務有競爭關係;「其他用人單位」是指與甲方及其關連公司有競爭關係的單位及其直接或間接參股或控股或受同一公司控制的單位。「自己開業」包括乙方自己開業、以參股或合作等方式參與他人開業或幕後指使他人開業等情形。

第八條 乙方的競業限制期限為 2 年,自勞動合同解除或者終止之日開始計算。

第九條 乙方的競業限制的地域範圍為 ＿＿＿＿＿＿＿＿(全國／本省內／本市內)。

第十條 乙方履行競業限制期限內,甲方應當每月向乙方支付競業限制補償金人民幣 ＿＿＿＿＿＿ 元。競業限制補償金支付時間為每月底。

第十一條　競業限制期限內乙方入職新單位的，應在 5 日內將新單位的名稱、人事部門聯繫方式告知甲方。同時乙方應將自己負有競業限制義務的情況告知其工作單位。

第十二條　甲方向乙方支付競業限制補償金時，乙方有義務向甲方出具當前的任職情況證明，經甲方核實後支付。

第十三條　乙方任職單位變更時應當及時通知甲方。

第十四條　甲方逾期支付競業限制補償金，應按銀行同期貸款利率支付利息。

第十五條　乙方違反競業限制約定的，應當承擔違約責任，需向甲方支付違約金人民幣 ＿＿＿＿＿＿＿＿ 元。

四、協議的生效

第十六條　甲、乙雙方確認，在簽署本協議前，已仔細審閱過本協議的內容，充分瞭解協議各條款的法律含義，並自願簽訂。

第十七條　本協議從甲乙雙方簽名或蓋章後生效。本協議一式二份，雙方各執一份，本協議為勞動合同的附件，與勞動合同具有同等的法律效力。

甲方代表：	乙方簽名（蓋章）：
簽名（蓋章）	身分證號碼：
法定地址或住所	法定地址或住所：
＿＿ 年 ＿＿ 月 ＿＿ 日	＿＿ 年 ＿＿ 月 ＿＿ 日

（一）簽訂競業限制協議（條款）的特定對象

保守商業秘密是每一個員工的職責，競業限制所要維護的是企業的商業秘密與經營利益。企業要與接觸、知悉、掌握商業秘密的特定員工簽訂競業限制協議（條款），這些特定對象就是法律所規定的高級技術人員、高級管理人員，以及其他負有保密義務的人員，例如核心、關鍵崗位的技術員工、業務計畫與行銷人員等，而非全體員工均納入限制範圍之內。

人資部門應當對上述的三種特定對象之身分加以明確定義，在與相關部門商討後，訂出標準，以利執行作業。

有關競業限制與保密的規定

【案例 5-1】目前我公司想與大陸員工簽訂競業、保密的條款，聽說大陸的勞動法有規定：「不能限制員工競業」，但本人看後並沒有找到此項規定，請問競業的限制是否合法？

【解答】依照《勞動合同法》第 23、24 條的規定，競業限制條款是指用人單位與對本單位技術權益和經濟利益有重要影響的相關高級管理人員、高級技術人員和其他負有保守商業秘密人員協商約定的條款，是勞動合同的約定條款，內容為禁止有關人員在離開本單位後一定期間內（法定是不得超過兩年），不得在生產同類產品與經營同類業務且有競爭關係或其他利害關係的其他單位內任職，或者自己生產銷售與原單位有競爭關係的同類產品或同類業務的行為。

競業限制條款可以在「勞動合同」中約定，也可以在知識產權歸屬協議或技術保密協議中約定。因此競業的限制是合法的行為。台商對此應特別注意並研擬法律條款列為「勞動合同」內之約定條款。

北京某一家台商企業訂有競業限制及保密條款，其要點如下：

一、乙方（註：指企業職工）因任何原因終止勞動合同時應立即歸還所有的企業文件、紀錄、設備、制服和其他財產（包含全部圖紙、藍圖、備忘錄、客戶名單、原料配方、財務報表及行銷資料），如未歸還而造成企業損失的話應負賠償責任。

二、乙方在勞動合同終止後五年內應對有關企業產品生產、研發或企業管理制度及方法、行銷計劃、不動產或財務情況以及有關企業或任何關係企業經營管理上的任何其他保密資料嚴守機密，不得擅自對任何人或其他單位機構洩漏商業機密，如因此而使公司蒙受經濟損失的話乙方應負賠償責任。

三、乙方同意在受雇期間以及在勞動合同終止後二年內不得從事與職務相同的任何業務活動或受雇於這種業務。

（二）競業限制的專業種類與範圍

在一定程度上，競業限制的約定，限制了特定員工賴以維生的崗位工種，也就是他的專業範圍，因此必要限制專業種類與範圍。約定

正確的競業限制範圍，應當以員工在企業所從事的或接觸到的專業範圍，不應無限擴大到整個行業，否則將侵犯員工的自由擇業權。對專業範圍約定模糊、不合理的協議是無效的。如果在競業限制協議中約定的範圍比較廣泛，將影響到員工生存權、勞動權等，如果不加以限制，極有可能讓員工離職後與原企業競爭而造成有形無形的經營損失。因此為了保護企業的商業秘密，在協議中明確約定合理的專業限制範圍，同時支付合理的經濟補償，形成有效的對價關係，這樣不但維護了企業的經營利益，也適度保護了員工的自由就業權利。

（三）競業限制的時效是兩年

企業預應競爭環境，與特定員工約定了競業限制協議，是為了保護商業秘密及經營利益，以維持競爭優勢，但這是有時效性的，法律不能永久保護下去。如果企業享受了保護，卻不思長進，對競爭對手是不公平的，反而阻礙整體經濟的發展，因此約定競業限制時限是有必要，具體約定的時限需要根據員工所在的行業規模、企業所在的區域競爭狀況、行業的發展情形、技術的更新速度，而制訂出一個合理的時間長度。按《勞動合同法》的規定，一般是以不超過兩年為主。

（四）競業限制的地域範圍

現代企業經營已經擴展到全球每個角落，但是具有競爭關係的行業競爭還是有地域的限制。具體的限制應當根據企業所在地的區域範圍確定。如果經營活動在國內的某一個區域內，那麼它與員工約定競業限制的區域就不能無限擴大到全國以至於全世界。有人建議可以忽略地域範圍，只要把可能的競爭對象一一列名，就能起到保護作用。這個方法並沒有違反契約自由原則，但是如果有漏網之魚，那該如何應變處置，也是企業要事先思考的議題。

（五）競業限制的合理經濟補償標準

競業限制協議（條款）中約定合理的經濟補償金額是法定的事項，

沒有約定經濟補償的競業限制協議（條款）是無效的，因為沒有對價關係。特定員工在離職以後，由於不能從事自己所擅長、熟練的專業工作，會影響他實際的收入，導致生活問題。故在員工離職以後，企業應當依據約定給予該員工一定的經濟補償，以彌補其因不能從事同類工作而造成的損失。但什麼是合理的補償？合理的經濟補償應當與員工的收入情況相一致，綜合考慮商業秘密帶給企業的利益、競業限制的時間長短、區域的競爭狀況大小、經濟的發展情況。就現況而言，應當是該員工離職前一年總收入的二分之一以上比較合理。

經濟補償的最低標準，各地操作方式不一樣，企業一定要注意到當地規定的最低補償標準，以避免由於約定的經濟補償低於法定標準而導致勞動合同無效（附表 5-2：部分省市經濟補償一覽表）。

附表 5-2：部分省市經濟補償一覽表

部份地區	約定補償費的比例	法源
北京	按照雙方勞動關係終止前最後一個年度勞動者工資的 20%--60% 支付補償費	北京市勞動局、北京市高院關於勞動爭議案件法律適用問題研討會會議紀要（2009 年 8 月 17 日）
深圳	按年計算不得少於該員工離開企業前最後一個年度從該企業獲得的報酬總額的三分之二	《深圳經濟特區企業技術秘密保護條例》第 17 條
珠海	依協議中的約定向該員工支付補償費；沒有約定的，年補償費不得低於該員工離職前 1 年從該企業獲得的年報酬總額的二分之一	《珠海市企業技術秘密保護條例》第 22 條
浙江	協商確定。無確定的，年補償費按合同終止前最後一個年度該員工從權利人處所獲得報酬總額的三分之二	《浙江省技術秘密保護辦法》第 15 條
上海	有約定的從約定；未約定或約定不明的，繼續就補償金標準協商；無法達成一致的，用人單位應當按照勞動者此前正常工資的 20-50% 支付	上海高院關於適用《勞動合同法》若干問題的意見（滬高法 [2009]73 號）

| 江蘇 | 年經濟補償額不得低於該員工離職前 12 個月從該企業獲得的年報酬總額的三分之一 | 《江蘇省勞動合同條例》第 17 條 |

如果企業與員工約定員工必須遵守競業限制義務，但未約定企業是否要支付補償金，或者雖有約定要支付補償金但未明確約定具體支付標準，競業限制協議是否具有約束力？因為國家沒有明確規定，但各地規定卻是不一樣，大部分地區如北京、深圳、珠海、浙江、江蘇等地規定，如果企業不支付補償金，則競業限制義務無效，員工不必遵守；上海市則規定當事人僅約定員工應當履行競業限制義務，但未約定是否支付補償金，或者雖約定支付補償金但未明確約定具體支付標準的，基於當事人就競業限制有一致的意思表示，可以認為競業限制條款對雙方仍有約束力。補償金數額不明的，雙方可以繼續就補償金的標準進行協商；協商不能達成一致的，企業應當按照規定支付。

不支付經濟補償金，競業限制有效嗎？

【案例 5-2】有一企業，與員工訂立了競業限制協議，約定了期限為 1 年。員工離職後，該用人單位沒有支付經濟補償金。一段時間以後，用人單位發現該員工自己開業經營同類產品的業務，於是追究該員工的違約責任。請問，該用人單位做法對嗎？

【解答】該用人單位做法不對。正確的操作是約定了競業限制以後，雙方都要履行，才能追究對方的違約責任。用人單位按約定每月支付經濟補償金，可匯入銀行帳戶或要求該員工親自到用人單位來領取，用人單位通過相關的管道，瞭解該員工的就業情況。

競業補償如何給付？

【案例 5-3】小夏研究生畢業被一家製藥企業錄用，從事新藥研發工作。簽訂勞動合同時，公司與他同時簽訂了一份競業限制協議，規定小夏離開本公司後兩年內不得自營或到與本公司有競爭的同類企業工作，否則將承擔違約和經濟賠償責任。就職後，公司按約定在其每月 5,000 元工資的基礎上，給其增加了 1,000 元「競業限制補償費」。

【分析】競業限制，是對勞動者擇業、技能充分發揮的限制，競業限制補償是對這種限制的補償。工資是一種勞動報酬，二者不能混同。按《勞動合同法》第二十三條規定，對負有保密義務的勞動者，用人單位可以在勞動合同或者保密協議中與勞動者約定競業限制條款，並約定在解除或者終止勞動合同後，在競業限制期限內按月給予勞動者經濟補償。公司把競業補償單獨計算，列在在職期間的工資裡提前按月發給是違法的。按照規定應當在特定員工離職後的競業限制期限內按月給予經濟補償。

（六）違反競業限制協議的違約責任

企業如果沒有按照約定向離職員工支付合理補償或是無故拖欠補償款的，競業限制協議（條款）自動無效，員工不再受該內容的約束。如果離職員工違反競業限制協議的約定條款，則可以免除企業支付經濟補償金的義務，並有權要求特定員工繼續履行競業限制協議（條款）直至期滿為止。

四、人力資源的保障成本

本章談到保守商業秘密與競業限制的法律規範，涉及的人力成本是指基於對價關係，按雙方約定的企業必須支付給員工的經濟補償，企業支付的經濟補償屬於人力資源的保障成本。其補償標準則以各地規定略有差異。如前所述，概為年正常工資的三分之一至三分之二之間。

五、管控要點

有關保密與競業限制管理的管控要點如下：

（一）是否區分一般商業秘密與競業限制（ν）

（二）是否定義競業限制的對象（高級管理、技術人員和負有保密義務的人員）（ν）

（三）是否與高級管理、技術人員和負有保密義務的人員簽訂競業限制協議（ν）

（四）簽訂競業限制協議時，是否有約定對價關係（ν）

（五）簽訂競業限制協議（條款）是否有明確的地域範圍（ν）

第 6 章
工時制度管理的操作實務

　　《勞動合同法》第 4 條提到企業在制訂、修改直接涉及員工切身利益的規章制度或者重大事項時，應當經職工代表大會或者全體職工討論，提出方案和意見，與工會或者職工代表平等協商確定。企業應當將直接涉及員工切身利益的規章制度和重大事項決定公示，或者告知員工。其中的工作時間、休息休假是直接涉及員工切身利益的考勤管理作業，以及員工工作時間的有效運用，上下班刷（打）卡、加班、外出或出差、請（休）假等人事管理作業，這些以時間為計算單位來記錄員工的出勤狀況，都會涉及法律的有效性。不但可以統計出員工的出勤效率以確定勞動效果，更可藉由考勤資料，統計員工應得的報酬，以及按規定該增減的費用。這些資料都牽涉到員工的實際利害關係，是勞動爭議的主要發生源，是很重要的人事證據。因此，瞭解相關工時制度與種類、加班制度的規定，是人資部門要建立完善考勤管理制度的基礎作業。

一、工時制度的種類與操作

　　企業可以藉由法律所規定的各種工時制度來合理安排員工的日常管理作業，以充分掌握生產特色與市場需求，發揮最大的生產效率。中國大陸的工時制度有標準工時制、不定時工作制、綜合計算工時工作制等法律上的規定，應視企業的需要而適用之。

（一）標準工時制

　　標準工時制是基本工時制度，是指每天工作不超過 8 小時，每週不超過 40 小時，每週至少休息一天，它是一般職工在正常情況下普遍

適用的工時制度。

《勞動法》第 36 條規定，國家實行勞動者每日工作時間不超過 8 小時、平均每週工作時間不超過 44 小時的工時制度。

《勞動法》第 37 條規定，對實行計件工作的勞動者，用人單位應當根據本法第 36 條規定的工時制度合理確定其勞動定額和計件報酬標準。

1995 年國務院修正的《關於職工工作時間的規定》第 3 條修正為職工每日工作 8 小時、每周工作 40 小時，自 1997 年 5 月 1 日起施行。

《勞動法》第 38 條規定的「勞動者每週至少休息一日」依然是合法、有效的。《勞動法》並未因為國務院後來修正為「職工每日工作 8 小時、每週工作 40 小時」而修正了「44 小時」的條款。

企業在管理規章規定員工每週至少休息一日可以嗎？

【案例 6-1】台商詢問上課時依據專家的建議，在管理規章規定大陸工作時間時，員工每週至少休息一日，但是本公司大陸子公司接獲大陸政府來電表示員工每週至少應休息二日？請問正確的規範應為何者？

【解答】台商此一問題，時有所聞，正確的規範如何？應當以法論法，尋找出正確的法律規定條款以及它的法意思維。

大陸的標準工時制度規範在《勞動法》第四章第 36、37、38 等條款內。如下所述：

1. 國家實施每週工作 40 小時的工作時間

按照 1995 年實施的《勞動法》第 36 條規定：「國家實行勞動者每日工作時間不超過 8 小時，平均每週工作時間不超過 44 小時的工時制度。」接著國務院又出台一個行政法規，即《國務院關於職工工作時間的規定》（國務院令第 174 號）第 3 條規定：「職工每日工作 8 小時，每週工作 40 小時」（1997 年 5 月 1 日實施）。用人單位在元旦、農曆春節、清明節、國際勞動節、端午節、中秋節、國慶節以及法律和法規規定的其他休假節日期間，應當依法安排勞動者休假，勞動者連續工作滿一年以上的，享受帶薪年休假。

2. 每週工作 40 小時的工作時間並不影響「員工每週至少休息一日」
　　的合法性

　　法律將 44 小時改為 40 小時並不影響「員工每週至少休息一日」的合法性。從法律與行政法規來看，《勞動法》第 36 條是把時間分布在 6 天內，而從《關於職工工作時間的規定》第 3 條的規定來看，該法規並未限制「每週工作 40 小時」是指星期一至星期五，亦即是把「40 小時」同樣的分布在六天內即算合法。所以「員工每週至少休息一日」是合乎《勞動法》的規定。

3. 基於管理的有效性與齊一性，「員工每週至少休息一日」是正確
　　的列示

　　因此員工手冊列示「員工每週至少休息一日」，其用意是讓員工瞭解公司的工作時間是星期一至星期六，惟企業應該同時列示超過 40 小時的時間是要支付 200% 的加班費。換句話說事先列明清楚（上班時間與加班費）以便員工有心理預備，企業便於管理作業。當然如果企業要規定「每週休息兩日」亦可。

（二）不定時工作制

　　不定時工作制是指每一工作日沒有固定的上下班時間限制的工時制度，針對因生產特點、工作特殊需要或職責範圍的關係，無法按標準工作時間衡量或是需要機動作業的職工所採用的一種特殊工時制度。

　　根據勞動部《關於貫徹執行〈勞動法〉若干問題的意見》第 67 條、《勞動部關於職工工作時間有關問題的覆函》第 8 條以及勞動部《工資支付暫行規定》第 13 條規定，不定時工作制有以下的特點：

　　1. 經批准實行不定時工作制的職工，不受《勞動法》第 41 條規定的日延長工作時間標準和月延長工作時間標準的限制；

　　2. 實行不定時工作制的職工，用人單位應採取適當的休息方式，確保職工的休息休假權利和生產，以及工作任務的完成；

　　3. 實行不定時工作制，除法定節假日工作外，其他時間工作不算

加班。

再者，根據勞動部《關於企業實行不定時工作制和綜合計算工時工作制的審批辦法》第 4 條規定，企業對符合下列條件之一的職工，可以實行不定時工作制：

1. 企業中的高級管理人員、外勤人員、推銷人員、部分值班人員和其他因工作無法按標準工作時間衡量的職工；

2. 企業中的長途運輸人員、出租車司機和鐵路、港口、倉庫的部分裝卸人員以及因工作性質特殊，需機動作業的職工；

3. 其他因生產特點、工作特殊需要或職責範圍的關係，適合實行不定時工作制的職工。

綜合上述，不定時工作制，最大的特點就是員工工作時間不受《勞動法》第 41 條規定的每日延長時間不得超過 1 小時；因特殊原因需要延長工作時間的，每日不得超過 3 小時，同時限制為每月不得超過 36 小時的加班時數，這個特點使得無法固定工作時間的員工，工作時間安排既可以符合法律的規定又能滿足工作時間的不確定性，因此只有不定時工作制可以做到最為靈活的安排員工的工作時間，有效降低成本，而且除了國定休假日工作加班，當天要支付 300% 的加班工資外，其他日延長工作時間以及休息日時間工作不算加班工資。

大陸的不定時工作制，接近於台灣《勞動基準法》第 84 條之一的規定的意思，即所謂的「責任制專業人員」。

（三）綜合計算工時工作制

綜合計算工時工作制是指因工作性質特殊或受季節及自然條件限制，需在一段時間內連續作業，採取以週、月、季、年等為週期，綜合計算工作時間的一種特殊工時制度。

根據勞動部《關於企業實行不定時工作制和綜合計算工時工作制的審批辦法》的第 5 條規定，企業對符合下列條件之一的職工，可實行綜合計算工時工作制：

1.交通、鐵路、郵電、水運、航空、漁業等行業中因工作性質特殊，需連續作業的職工；

2.地質及資源勘探、建築、製鹽、製糖、旅遊等受季節和自然條件限制的行業的部分職工；

3.其他適合實行綜合計算工時工作制的職工。

綜合計算工時工作制一般以週、月、季、年為週期綜合計算工作時間。其平均日工作時間和平均週工作時間應當與法定標準工作時間基本相同。也就是說，在綜合計算週期內，某一具體日（或週）的實際工作時間可以超過 8 小時（或 40 小時），但綜合計算週期內的總實際工作時間應當不能超過總法定標準工作時間。實行綜合計算工時制的，無論員工平時工作時間數為多少，只要在一個綜合工時計算週期內的總工作時間數不超過以標準工時制計算的應當工作的總時間數，即不視為加班，若有超過，則超過部分視為日延長工作時間，並按《勞動法》規定支付 150% 的加班報酬，且延長時間的小時數，平均每月不得超過 36 小時。但遇到國定休假日加班當天，仍然要支付 300% 的加班工資。

企業如有需要實施這兩個特殊的工時制度（不定時工作制、綜合計算工時工作制），應當向當地勞動行政部門辦理相應申報及審批手續，大陸各個省市地區根據國家及國務院的相關規定大都制訂了當地具體的申報審批手續。人資部門應當採取如下的措施：

1.視企業性質，確定要採取哪種工時制度；

2.採用特殊工時制度要向當地勞動行政部門申請審批，核准後實施；

3.經審批核准的員工，應簽訂確定工時制度名稱的勞動合同。

做一休一有加班費嗎？

【案例 6-2】劉某於 2008 年 4 月 1 日進入某服裝銷售有限公司從事服裝銷售工作，上班地點在某百貨公司。雙方勞動合同中約定，劉某

實行「做一休一」輪班制，工作時間參照百貨公司開店和關店時間，為上午 9 時 30 分至 22 時整。工作至 2009 年 8 月，由於該服裝銷售公司一直沒有依法為劉某繳納社會保險，同時自入職以來，單位也一直沒有向其發放加班工資，故劉某要求公司補繳社會保險費並補發加班費。公司拒絕，雙方發生爭議，劉某無奈訴至勞動仲裁。

仲裁審理過程中，該服裝銷售公司表示，願意為劉某補繳社會保險，但是認為劉某是銷售人員，上班時間靈活，工作一天休息一天，實行的是綜合計算工時工作制，因此不存在加班，同時公司指出，劉某工作期間中午和晚上一共有四個半小時的吃飯時間，劉某每天實際工作時間只有 8 個小時。但就上述事實，服裝銷售公司均未提供相應證據。最終，勞動仲裁依法判決服裝銷售公司依法為劉某補繳社會保險，並補發工作期間的加班費。

【分析】本案很具有典型性，在服裝銷售行業類似於本案的這種情況屢見不鮮。就目前而言，大陸勞動領域主要存在兩大類工時制度：一類是標準工時制，另一類是特殊工時制。綜合計算工時工作制和不定時工作制即屬於特殊工時制度，這兩種工時制度在計算加班時間上與標準工時制度存在很大的區別。標準工時制度要求勞動者每天工作不得超過 8 小時，每週不得超過 40 小時，只要超過就算作加班；綜合計算工時工作制則是按照一定週期如週、月、季、年等綜合計算工作時間；而不定時工時制主要適用於一些工作性質和工作職責比較特殊的崗位，其工作時間不受固定時數限制。回到本案，服裝銷售公司辯稱劉某做一休一實行的是綜合計算工時工作制，所以不存在加班，但是其並沒有依法向勞動部門進行過審批，公司不能擅自實行綜合工時工作制，因此劉某實際實行的仍然是標準工時制；此外，公司口頭稱劉某中午和晚上共有 4 個半小時的吃飯時間，對此由於雙方的勞動合同及公司的員工手冊中均無這樣的約定，同時公司也沒有提供任何其他證據，故而這種說法也不成立，勞動仲裁的裁決合法合理。

由此可見，做一休一有沒有加班費不能一概而論，仍然取決於工作崗位實行的是何種工時制度，員工的工作時間是否超過相應的法定標準。（2010-2-9 15:06:41 上海金融報）

二、制度工作日與計薪工作日

關於大陸制度日的折算方式，根據勞動保障部《關於職工全年月平均工作時間和工資折算問題的通知》，分為制度工作日與計薪工作日（附表 6-1：制度工作時間的折算方式）、（附表 6-2：計薪工作時間的折算方式）。

附表 6-1：制度工作時間的折算方式

區分	折算方式
年工作日	365 天－ 104 天（休息日）－ 11 天（法定節假日）＝ 250 天
季工作日	250 天 ÷4 季＝ 62.5 天 / 季
月工作日	250 天 ÷12 月＝ 20.83 天 / 月
月工作小時	20.83 天 8 小時＝ 166.64 小時 / 月

按照《勞動法》第 51 條規定，法定節假日用人單位應當依法支付工資，即折算日工資、小時工資時不剔除國家規定的 11 天法定節假日，此為計薪工作日的法源。

附表 6-2：計薪工作時間的折算方式

區分	折算方式
計薪年工作日	365 天－ 104 天（休息日）＝ 261 天
計薪季工作日	261 天 ÷4 季＝ 65.25 天 / 季
計薪月工作日	261 天 ÷12 月＝ 21.75 天 / 月
計薪月工作小時	21.75 天 ×8 小時＝ 174 小時 / 月

對於全年月平均工作時間和工資的折算，有些台商弄不清楚立法的原則，就上面的兩個制度來講，制度工作日是用於計算與控制超時加班，要算員工有沒有超時加班，就要算出每個月的總工作時數有沒有超出 202.64 小時（〔8 小時 ×20.83 天〕＋ 36 小時），因為按規定每月加班時數不得超過 36 小時（**詳見本章「三、加班費率、補休的規定」**）。而計薪工作日是用於計算薪資、假期扣薪、依法扣薪等用途，由於大陸把每月計薪工作日平均為 21.75 天，包含國定節假日但不包含休息日，所以是屬於日薪制的觀念。

三、加班費率、補休的規定

有關加點、加班費率，依據《勞動法》第 41 條規定，用人單位由於生產經營需要，經與工會和勞動者協商後可以延長工作時間（加點），一般每日不得超過 1 小時；因特殊原因需要延長工作時間的，在保障勞動者身體健康的條件下延長工作時間每日不得超過 3 小時，但是每月不得超過 36 小時。

同法第 44 條規定，有延長工作時間、休息日、法定休假日加班者，用人單位應當按照規定的標準（加班費率）支付高於勞動者正常工作時間工資的工資報酬（附表 6-3： 加班費率）。

附表 6-3：加班費率

區分	加班費率	註
日延長工作時間（加點）	支付不低於工資的 150% 的工資報酬	
休息日（加班）	支付不低於工資的 200% 的工資報酬	先安排補休，不補休的支付加班費
法定休假日（加班）	支付不低於工資的 300% 的工資報酬	

綜合上述，標準工時制的加班工資標準規定，可分為延長工時的加點工資、休息日加班工資、節假日加班工資等三種方式，其中如果是休息日加班工資，則先採補休方式，如不補休再付加班費。每月加班時數不得超過 36 小時（包括延長工時加點、休息日及節假日加班）。加班費率雖然全國確定，但加班工資的計算基數全國尚無統一，企業必須就近參考各地的「工資支付條例」規定，或司法解釋（附表 6-4：部分地區加班工資的計算基數分析表）。

附表 6-4：部分地區加班工資的計算基數分析表

地區	加班工資的計算基數	依據
全國	無統一規定	

北京	用人單位與勞動者在勞動合同中商定了工資標準，但同時又商定以本市最低工資標準或低於勞動合同商定的工資標準作為加班工資基數，勞動者主張以勞動合同商定的工資標準作為加班工資基數的，應予支持。	北京市高級人民法院、北京市勞動爭議仲裁委員會關於勞動爭議案件法律適用問題研討會會議紀要
上海	（一）勞動合同有約定的，按不低於勞動合同約定的勞動者本人所在崗位（職位）相對應的工資標準確定。集體合同（工資集體協議）確定的標準高於勞動合同約定標準的，按集體合同（工資集體協議）標準確定。	上海市企業工資支付辦法
	（二）勞動合同、集體合同均未約定的，可由用人單位與職工代表通過工資集體協商確定，協商結果應簽訂工資集體協議。（三）用人單位與勞動者無任何約定的，假期工資的計算基數統一按勞動者本人所在崗位（職位）正常出勤的月工資的70%確定。	
江蘇	（一）用人單位與勞動者雙方有約定的，從其約定；（二）雙方沒有約定的，或者雙方的約定標準低於集體合同或者本單位工資支付制度標準的，按照集體合同或者本單位工資支付制度執行；（三）前兩項無法確定工資標準的，按照勞動者前十二個月平均工資計算，其中勞動者實際工作時間不滿十二個月的按照實際月平均工資計算。	江蘇省工資支付條例
廣東	勞動者加班工資計算基數為正常工作時間工資。用人單位與勞動者約定獎金、津貼、補貼等專案不屬於正常工作時間工資的，從其約定。但約定的正常工作時間工資低於當地最低工資標準的除外。	廣東省高級人民法院、廣東省勞動爭議仲裁委員會關於適用《勞動爭議調解仲裁法》、《勞動合同法》若干問題的指導意見
深圳	勞動合同約定的正常工作時間工資，不得低於市政府公佈的特區最低工資標準。	深圳經濟特區和諧勞動關係促進條例

至於綜合計算工時工作制的加班工資，在一個綜合計算週期內，員工工作總時數超過法定標準工作時數時視為延長工作時間（工作遇到休息日時視為正常工作日），應以 150% 加班費率計算加班工資，但其中遇到國定節假日工作時，則以 300% 加班費率計算加班工資。

不定時工作制的加班工資，除了遇到國定節假日工作時，以 300% 費率計算加班工資外，其餘工作時間不計算加班工資。

企業人資部門對於加班管理作業，應當採取如下的措施：

1. 加班應該採取核准制，未申請加班或未被權宜主管核准者，不得視為加班。企業應保留加班申請單證據；

2. 對虛報加班、同意加班但是未到班的員工要列入考勤處理；

3. 加班應打（刷）加班卡，憑以計算加班費用；

4. 依照法定的加班費率的標準（150%、200%、300%）；

5. 休息日加班工資，先採取補休方式，如不補休再支付加班工資。

國定假日的加班費用如何確定？

【案例 6-3】因我們公司是採用每月 21.75 天的計薪工作日（即國定假日是有給薪的），如果國定假日加班，加班工資計算方式是「月工資 ÷21.75 天 ÷8 小時 ×2 倍（為另外給的）+ 原本的 1 倍 =3 倍」還是「月工資 ÷21.75 天 ÷8 小時 ×3 倍」，但這樣算，含原本國定假日就有給薪 =4 倍了。到底如何才算正確？

【解答】由於國定假日 11 天是有薪假期，每月平均 21.75 天裡面就有包括國定假日，因此在國定假日加班，薪資為平均工資的 4 倍，即原來的 1 倍再加上加班的 3 倍，共 4 倍。

四、如何確定工時制度與加班的工資基數

本章談到的是工時制度，含標準工時制、不定時工作制、綜合計算工時工作制，不論企業採用的是那個工時制度或組合型態的工時制度，都必須在勞動合同內確定，同時依照折算方式，以每月 21.75 天，或 174 小時為月計薪天數或時數。今後企業員工工資、不足月工資、

小時工資、扣減後的病假工資或事假無薪、未休帶薪年休假的加班工資等等工資項目都以 21.75 天或每天 8 小時為計算基礎，算出員工該得、該增減的工資數字。

　　至於加班工資的計算方式，則以工資基數為基礎，乘以相應的費率而得出加班工資，但要注意到區域的差異性規定（詳附表 6-4）。部分省市可以允許企業與員工協商透過勞動合同或集體協商，以正常工作時間的工資收入為計算基數，或按員工本人所在崗位正常出勤的月工資的 70% 計算（上海市），各地加班工資基數標準不盡相同。

五、管控要點

　　有關工時制度管理的管控要點如下：

　　（一）實施綜合計算工時工作制或不定時工時工作制時，是否向當地勞動行政部門申請且經核准？（ν）

　　（二）是否與員工簽訂特殊工時制度？（ν）

　　（三）加班基數是否明確在勞動合同書裡面？（ν）

　　（四）是否有超時加班的行為？（ν）

　　（五）是否有加班未申請或加班未被權宜主管核准的？（ν）

　　（六）企業是否保留加班申請單證據？（ν）

　　（七）是否依加班費率的規定（150%、200%、300%）？（ν）

　　（八）休息日加班工資，是否先採補休方式，如不補休再付加班工資？（ν）

第 7 章
假期管理的操作實務

　　員工在勞動關係的存續當中，依工作職責與各種操作標準執行工作，雖有效率，但人非機器，難免有疾病傷痛，而且也有家庭與社會生活的私人需要，此時員工是否可以暫停提供勞動力，企業是否得以減少工資的給付或視為正常工作時間照付工資等等問題，仍需視法律的規範才能處理。

　　企業依據相關的法律規範制訂假期管理制度（請假管理制度），是考勤管理制度的一個重要的管理項目，牽涉到員工的集體福利與個人福祉。制訂假期管理制度固然滿足了員工的需要，卻也影響人力調度與任務的完成時效，也與工資的計算給付有直接關係，為了防止浮濫與不當的請假行為，企業要制訂健全的規章制度，才能預防勞動爭議。

　　大陸的假期種類特別多又複雜，其細節異於台灣的請假規定，台商人資部門在規劃假期管理制度時，要先從大陸相關的勞動法規入手，瞭解規定才能構建符合需要的假期管理制度。

一、國定休假節日的操作

　　屬於全體人民或部分人民、少數民族的休假節日，根據《全國年節及紀念日放假辦法》規定如下：

　　（一）屬於全體公民放假的節假日共 11 天一律休假（元旦 1 天、春節 3 天〈農曆除夕、正月初一、初二〉、清明節 1 天、國際勞動節 1 天、端午節 1 天、中秋節 1 天、國慶節 3 天）；

　　（二）屬部分人民之節日，依其規定休假可休半天（三八國際婦女節－婦女放假半天、五四青年節－14 周歲以上的青年放假半天、

六一兒童節—不滿 14 周歲的少年兒童放假 1 天、八月一日中國人民解放軍建軍紀念日—現役軍人放假半天）；

（三）少數民族習慣的節日，由各少數民族聚居地區的地方人民政府，按照各該民族習慣，規定放假日期；

（四）全體公民放假的假日，如果適逢星期六、星期日，應當在工作日補假。部分公民放假的假日，如果適逢星期六、星期日，則不補假。

屬於全體人民放假的國定休假節日當天上班要支付不低於工資的 300% 的加班工資，至於屬於部分公民之節日，用人單位安排職工工作時是否要支付加班工資等問題，依前勞動和社會保障部辦公廳《關於部分公民放假有關工資問題的函》（勞社廳函〔2000〕18 號）對上海市勞動和社會保障局的回覆如下：

你局《關於部分公民放假有關問題的請示》收悉。經研究，答覆如下：

關於部分公民放假的節日期間，用人單位安排職工工作，如何計發職工工資報酬問題。按照國務院《全國年節及紀念日放假辦法》（國務院令第 270 號）中關於婦女節、青年節等部分公民放假的規定，在部分公民放假的節日期間，對參加社會或單位組織慶祝活動和照常工作的職工，單位應支付工資報酬，但不支付加班工資。如果該節日恰逢星期六、星期日，單位安排職工加班工作，則應當依法支付休息日的加班工資。

綜合上述，基於照顧員工集體福利的立場，同時也不會傷害到企業的權益，有一些規定需要釐清：

（一）屬於全體公民放假的節假日有 11 天。如果當天加班，必須支付 300% 的節假日加班工資；

（二）屬部分人民之節日，依其規定休假可休半天，但如果上班，不能申請加班工資；

（三）全體公民放假的節假日，如果適逢星期六、日，應當在工

作日補假。部分公民放假的假日，如果適逢星期六、日，則不補假。如果當天安排職工加班，則應當依法支付 200% 的休息日加班工資。

二、帶薪年休假的操作

（一）享受帶薪年休假的年資條件

　　大陸的帶薪年休假規定，法源來自 1995 年 1 月 1 日實施的《勞動法》第 45 條、國務院於 2007 年 12 月 7 日公布《職工帶薪年休假條例》，並自 2008 年 1 月 1 日起施行，人力資源和社會保障部依據《年休假條例》第 9 條規定，於 2008 年 9 月 18 日公布並施行《企業職工帶薪年休假實施辦法》。

　　《勞動法》第 45 條規定，國家實行帶薪年休假。勞動者連續工作 1 年以上的，享有帶薪年休假。《企業職工帶薪年休假實施辦法》第 4 條規定，年休假天數根據職工累計工作時間確定。職工在同一或者不同用人單位工作期間，以及依照法律、行政法規或者國務院規定視同工作期間，應當計為累計工作時間。

　　依國務院發布的《職工帶薪年休假條例》第 3 條規定，根據職工累計工作時間，可享下列帶薪年休假日數（附表 7-1：職工帶薪年休假日數分析表）。

附表 7-1：職工帶薪年休假日數分析表

累計工作時間 (X)	帶薪年休假日數
1 年 ≦ X<10 年	5 天
10 年 ≦ X<20 年	10 天
20 年 ≦ X	15 天

註：帶薪年休假天數根據職工累計工作時間確定。職工在同一或者不同用人單位工作期間，應當計為累計工作時間。

　　同條例第 5 條第 2 款規定，年休假在一個年度內可以集中安排，也可以分段安排，一般不跨年度安排。單位因生產、工作特點確有必要跨年度安排職工年休假的，可以跨一個年度安排。

（二）那些人不能享受帶薪年休假？

至於那些人不能享受帶薪年休假？依照《職工帶薪年休假條例》第 4 條、《企業職工帶薪年休假實施辦法》第 8、14 條規定，職工有下列情形之一的，不享受當年的年休假：

1. 職工依法享受寒暑假，其休假天數多於年休假天數的；
2. 職工請事假累計 20 天以上且單位按照規定不扣工資的；
3. 累計工作滿 1 年不滿 10 年的職工，請病假累計 2 個月以上的；
4. 累計工作滿 10 年不滿 20 年的職工，請病假累計 3 個月以上的；
5. 累計工作滿 20 年以上的職工，請病假累計 4 個月以上的；

6. 被派遣職工在勞動合同期限內無工作期間由勞務派遣單位依法支付勞動報酬的天數多於其全年應當享受的年休假天數的，不享受當年的年休假；

7. 職工已享受當年的年休假，年度內又出現上述 2、3、4、5 項規定情形之一的，不享受下一年度的年休假。

綜合上述，不享受當年的年休假的規定當中，比較重要的是，符合帶薪年休假規定的累計工作日數（年資條件）之員工，因為長期請病假之故，可以抵扣帶薪年休假，不享受當年的年休假（附表 7-2：病假抵扣帶薪年休假標準一欄表）。

附表 7-2：病假抵扣帶薪年休假標準一欄表

累計工作時間 (X)	帶薪年休假天數	抵扣帶薪年休假的病假時間
1 年≦ X<10 年	5 天	當年請病假累計 2 個月以上
10 年≦ X<20 年	10 天	當年請病假累計 3 個月以上
20 年≦ X	15 天	當年請病假累計 4 個月以上

（三）新進與離職員工如何享受當年度的帶薪年休假

新進員工在入職當年度的年休假日數，依《企業職工帶薪年休假實施辦法》第 5 條規定，職工新進用人單位且符合本辦法第 3 條規定的，當年度年休假天數，按照在本單位剩餘日曆天數折算確定，折算

後不足 1 整天的部分不享受年休假。折算方法為：（當年度在本單位剩餘日曆天數 ÷365 天）× 職工本人全年應當享受的年休假天數。

員工離職當年度的年休假日數，依同辦法第 12 條規定，用人單位與職工解除或者終止勞動合同時，當年度未安排職工休滿應休年休假的，應當按照職工當年已工作時間折算應休未休年休假天數並支付未休年休假工資報酬，但折算後不足 1 整天的部分不支付未休年休假工資報酬。折算方法為：（當年度在本單位已過日曆天數 ÷365 天）× 職工本人全年應當享受的年休假天數－當年度已安排年休假天數。

（四）職工應休未休年休假天數的加班工資

同辦法第 10 條規定，用人單位經職工同意不安排年休假或者安排職工年休假天數少於應休年休假天數，應當在本年度內對職工應休未休年休假天數，按照其日工資收入的300% 支付未休年休假工資報酬，其中包含用人單位支付職工正常工作期間的工資收入。

同辦法第 15 條第 2 款規定，用人單位不安排職工休年休假又不依照條例及本辦法規定支付未休年休假工資報酬的，由縣級以上地方人民政府勞動行政部門依據職權責令限期改正；對逾期不改正的，除責令該用人單位支付未休年休假工資報酬外，用人單位還應當按照未休年休假工資報酬的數額向職工加付賠償金。

（五）企業規劃合理的帶薪年休假

企業如何理解因應帶薪年休假規定，規劃合理的帶薪年休假，以規避風險？

1. 大陸是以「累計工作時間」作為員工可以享受帶薪年休假的基礎，是指累計前後不同雇主的工作時間，與台灣《勞動基準法》第 38 條的「勞工在同一雇主或事業單位」的規定不一樣。換言之，法律強調的是法定的休息權。

2. 企業應當理解「連續工作滿 1 年」與「累計工作時間」的差異。「連續工作滿 1 年」指的是員工在新用人單位入職滿 1 年以上，只要

符合這個條件，就享有帶薪年休假；「累計工作時間」指的是在同一或不同用人單位工作期間合計為累計工作時間。

3. 企業確定員工的工作時間可經由下列途徑，要求新進員工提出證明，或社保機構的證明，確認在前任或前前任雇主的工作時間：

（1）繳納社會保險費的繳費證明；

（2）勞動手冊；

（3）解除或終止勞動合同證明書（離職證明書）。

4. 新進員工在入職當年度的年休假日數，依其入職年度在本企業的剩餘日曆天數折算確定，折算後不足 1 整天的部分不享受年休假。

5. 依其解除或者終止勞動合同時，當年度在本企業的已過日曆天數折算確定，但折算後不足 1 整天的部分不享受年休假或不支付未休年休假工資報酬。

由於員工在當年度內離職，因此折算出來的年休假天數，如果不以應休未休年休假工資報酬（3 倍）支付，就應當在離職前休完。

甲先生的年休假天數幾天？

【案例 7-1】假設甲先生在 A 公司為 3 年、B 公司為 2 年 5 個月、C 公司 2 年，今年 7 月 1 日入 D 公司，必須等到明年 6 月 30 日滿 1 年後可享受年休假。請問他入職當年度可以享受多少天的年休假天數？

【解答】甲先生今年 7 月 1 日至 12 月 31 日（當年度）的剩餘工作時間為 184 天，截至明年 6 月 30 日為止他的累積工作時間共 8 年 5 個月，所以（184 天 ÷365 天）×5 天＝ 2.52 天，按規定算整數，所以甲先生在明年 7 月 1 日以後至 12 月 31 日之前可休 2 天。

---

6. 帶薪年休假在一個年度內可以集中或分段安排，企業因生產、工作特點確有必要跨年度安排職工年休假的，可以跨一個年度安排。帶薪年休假為員工的基本權利，可由員工提出申請，或由企業主動安排，但最終決定權在企業。企業應當於當年底或次年初主動安排員工的年休假計畫，並由員工簽名表示知悉（此為企業的告知義務），而

且註明：「企業已經按照法律的規定保障職工的年休假權利，如職工自願不休年休假視為職工自願放棄自己的權利，企業沒有義務支付未休年休假工資報酬，僅支付正常工作期間的工資收入。」

7. 因企業因素，員工無法享受年休假時，對其應休未休的年休假天數，應當按照該職工日工資收入的 300% 支付年休假工資報酬，其中包含企業已支付的正常工作期間的工資收入（附表 7-3：帶薪年休假期間及未安排休假的工資補償表）。

附表 7-3：帶薪年休假期間及未安排休假的工資補償表

帶薪年休假情形	帶薪年休假工資補償
正常帶薪年休假期間	正常工作期間的工資收入
員工自願不休年休假	正常工作期間的工資收入
企業不安排或少排帶薪年休假	（前 12 個月剔除加班工資後的月平均工資 ÷21.75 天）× 帶薪年休假天數 ×200%

如果企業不安排職工休年休假又不依照規定支付未休年休假工資報酬的，企業應當按照未休年休假工資報酬的數額向職工加付賠償金。換句話說，企業應當支付 600% 的正常工作期間的工資收入，即 600% 的未休年休假工資報酬，其中 300% 是加付賠償金。

8. 如果員工不願意根據企業安排休年休假，希望支付工資，企業可以拒絕，因企業已經按照法律的規定保障職工的年休假權利，如職工不同意休年休假視為職工自願放棄自己的權利，企業沒有義務支付未休年休假工資報酬，企業在此過程中應注意保留相關證明材料。企業安排職工休年休假，但是職工因本人原因且書面提出不休年休假的，企業可以只支付其正常工作期間的工資收入。

三、婚喪假、晚婚假的操作

目前台商遇到的婚假問題，諸如員工在原單位結婚要求新單位休婚假；有員工再婚、復婚要求晚婚假；有的企業規定要在本公司工作

滿 1 年以上的員工才能享受婚假；休婚假由公司安排；婚假只發基本工資；再婚員工不能享受婚假等等情形，問題雖然不是很大，卻破壞了和諧的勞雇關係。這些都有待理清相關規定。

企業遇到的喪假問題較少，但也有員工以假電報通知家屬死亡，向公司申請喪假的案例發生。

《關於國營企業職工請婚喪假和路程假問題的通知》第 1 條規定，職工本人結婚或職工的直系親屬（父母、配偶和子女）死亡時，可以根據具體情況，由本單位行政領導批准，酌情給予 1 至 3 天的婚喪假。

同通知第 2 條規定，職工結婚時雙方不在一地工作的；職工在外地的直系親屬死亡時需要職工本人去外地料理喪事的，都可以根據路程遠近，另給予路程假。

嚴格來說，目前大陸政府還沒有對非國有企業員工的婚喪假作出具體規定，企業員工如何申請婚喪假，目前大陸的法律沒有詳細的規範，只有原勞動部 1959 年 6 月 1 日發出的（59）中勞薪字第 67 號通知中規定，企業單位的職工請婚喪假在 3 個工作日以內的，工資照發；另外，就是參考根據《關於國營企業職工請婚喪假和路程假問題的通知》規定來處理相關的婚喪假作業。

《婚姻法》第 6 條規定，結婚年齡，男不得早於 22 周歲，女不得早於 20 周歲。晚婚晚育應予鼓勵。

《人口與計畫生育法》第 25 條規定公民晚婚晚育，可以獲得延長婚假、生育假的獎勵或者其他福利待遇。

《上海市人口與計畫生育條例》第 24 條規定，男年滿 25 周歲初次結婚為晚婚。女年滿 23 周歲初次結婚為晚婚。

大陸一般婚假的年齡條件全國統一，即男不得早於 22 周歲，女不得早於 20 周歲，可以獲得 1 至 3 天的假期。大陸鼓勵晚婚，即男年滿 25 周歲初婚、女年滿 23 周歲初婚，就稱為晚婚（附表 7-4：各地對婚假晚婚假的差異分析）。

附表 7-4：各地婚假晚婚假的差異分析

城市	全國婚假天數	晚婚假天數	晚婚假的年齡條件
北京	1~3 天	7	男滿 25 歲，女滿 23 歲的初婚
上海		7	男滿 25 歲，女滿 23 歲的初婚
重慶		10	男滿 25 歲，女滿 23 歲的初婚
天津		7	按法定結婚年齡推遲 3 年以上結婚
成都		20	男滿 25 歲，女滿 23 歲的初婚
廣州		10	比法定婚齡推遲 3 周年以上初婚
深圳		10	比法定婚齡推遲 3 周年以上初婚
西安		20	男滿 25 歲，女滿 23 歲的初婚
瀋陽		7	男滿 25 歲，女滿 23 歲的初婚
大連		7	男滿 25 歲，女滿 23 歲的初婚
南昌		15	男滿 25 歲，女滿 23 歲的初婚
哈爾濱		15	雙方均在法定婚齡 3 年以上初婚
蘇州		10	男滿 25 歲或女滿 23 歲的初婚
武漢		15	男滿 25 歲或女滿 23 歲的初婚
合肥		20	男 25 歲，女 23 歲登記結婚為晚婚，晚婚的初婚者
青島		14	男女雙方晚婚的
杭州		12	雙方按法定婚齡推遲 3 年以上結婚
溫州		12	雙方按法定婚齡推遲 3 年以上結婚
紹興		12	企業單位職工晚婚的
廈門		15	男滿 25 歲，女滿 23 歲以上結婚
鄭州		18	男女雙方晚婚的
南寧		12	男滿 25 歲，女滿 23 歲以上初婚
長沙		12	雙方按法定婚齡各推遲 3 周歲以上結婚
石家莊		15	按法定婚齡推遲 3 年以上結婚
昆明		15	男 25 歲，女 23 歲以上依法登記初婚為晚婚
呼和浩特		15	比法定婚齡推遲 3 年以上初婚
長春		12	按法定婚齡推遲 3 年以上初婚

　　大陸員工的婚假待遇，一般分為初次結婚（初婚），即法定的男 22 歲、女 20 歲，配合計畫生育政策者為晚婚，晚婚可以獲得延長婚假的獎勵或者其他福利待遇，但授權給地方政府處理，如附表 7-4 的分析，各地方政府的規定千差萬別。

企業在婚假作業上可以規定，為了避免新進員工在入職前已登記結婚，卻在入職後要求婚假，可以規定員工必須在入職後登記結婚，同時要在一段時間內請假完畢。另外，有復婚、再婚者可以申請一般婚假，但不能請晚婚假，以符合計畫生育政策。

　　大陸過去在國營事業時代有路程假的規定，企業亦可參考，並在制訂婚喪假作業的處理上，必須把法律的規定寫入規章制度內，由於婚喪假視為提供正常工作的時間，因此請假期間是要支付工資的。

四、事假的操作

　　大部分地區在「工資支付規定」的地方法規中都有規定：「勞動者在事假期間，用人單位可以不支付其工資。」然而不支付的計算方式並無明確規定。企業可在規章制度中明確「事假無工資」的規定。

五、病休假與醫療期的操作

　　在假期管理操作實務中，對患病員工的管理作業是一項麻煩事。因為勞動法律對患病員工施行特別的保護，規定了具有中國特色的醫療期制度和病假工資的計算方式，同時國家和地方關於醫療期和病假工資方面的規定又不統一。企業如何依據相關法規政策規定正確處理病假員工的管理作業，以避免用工成本的不必要增加，成了人資部門緊迫需要的問題。

（一）醫療期的法律界定與計算方式

　　許多企業對大陸特有的醫療期規定不甚理解，尤其對醫療期的計算方式、醫療期滿可以解除勞動關係的規定猶如霧裡看花一樣，朦朧如朝霧。

　　勞動部《企業職工患病或非因工負傷醫療期規定》第 2 條規定，醫療期是指企業職工因患病或非因工負傷停止工作治病休息不得解除勞動合同的時限。同規定第 3 條規定，職工因患病或非因工負傷，需

要停止工作醫療時，根據本人實際參加工作年限和在本企業的工作年限，給予 3 個月到 24 個月的醫療期（附表 7-5：醫療期分析表）。

附表 7-5：醫療期分析表

實際工作年限	本單位工作年限	醫療期	醫療期計算週期
10 年以下	5 年以下	3 個月	按 6 個月內累計病休計算
	5 年以上	6 個月	按 12 個月內累計病休計算
10 年以上	5 年以下	6 個月	按 12 個月內累計病休計算
	5 年以上 10 年以下	9 個月	按 15 個月內累計病休計算
	10 年以上 15 年以下	12 個月	按 18 個月內累計病休計算
	15 年以上 20 年以下	18 個月	按 24 個月內累計病休計算
	20 年以上	24 個月	按 30 個月內累計病休計算

茲就上表名詞及其內涵解釋如下：

1. 實際工作年限：比較難以理解的是，所謂「實際工作年限」是指員工進入社會工作的年限，有點類似年休假根據「累計工作時間」為計算基礎的概念。這個概念，台商很難接受。由於涉及病假工資的支付比例，對企業而言，等於是替前幾家的用人單位支付請假的勞動成本。

2. 員工在本公司的工作年限：是指在本公司從入職的第一天算起的工作時間。

3. 醫療期：如前所述，根據本人實際參加工作年限和在本企業的工作年限為計算基礎，給予 3 個月到 24 個月的醫療期。

再者，根據《關於貫徹執行〈勞動法〉若干問題的意見》（勞部發〔1995〕309 號）的相關規定，對於某些特殊疾病（如癌症、精神病、癱瘓）的員工，24 個月的醫療期內不能痊癒的，經企業和當地勞動部門批准，可以適當延長醫療期。

值得台商注意的是，有關員工在試用期間的醫療期，按規定試用期是包含在合同期之內，因此員工在試用期內患病可以享受醫療期是 3 個月待遇。如果該員工的試用期間是 3 個月以下，那不是保障員工可以不必通過「不符合錄用條件」這一關就直接試用期滿（最長 6 個

月），等到醫療期結束再解除勞動合同，就需要另外再支付半個月的經濟補償金了。

（二）醫療期的計算方式

1.醫療期計算應從病休的第一天開始累計計算。例如應享受 3 個月醫療期的員工，如果從 2008 年 3 月 5 日起第一次病休，那麼該員工的醫療期應在 3 月 5 日至 9 月 5 日之間確定（醫療期計算週期是 6 個月）。由於醫療期是循環計算，例如醫療期 3 個月按 6 個月內累計病休計算，如果在 6 個月內累計病休不足 3 個月的，那麼從第 7 個月起醫療期重新計算。

2.醫療期的正確計算方式

（1）間斷休病假，約定時間不是以月的第一天算起的，則 1 個月為 30 日，即間斷休病假，1 個月按 30 天計算，則 3 個月為 90 天。

（2）不間斷休病假，分為以月的第一天開始和非以月的第一天開始起休病假兩種演算法。

A.自然月為計算單位：例如 3 個月的醫療期，從 5 月 1 日開始不間斷休 3 個月病假，則醫療期應計至 7 月 31 日。

B.非自然月為計算單位：例如從 5 月 11 日開始不間斷休 3 個月病假，則應按 90 日確定，即醫療期至 8 月 8 日止（並非至 8 月 10 日止）。

當累計病休時間等於醫療期時，則說明醫療期已經屆滿。

（三）病假與醫療期的關係

在實務處理上，病假與醫療期的關係困擾著人資部門，其實二者的區別是很明顯的，如下說明。

1.醫療期是法律概念，是法定期間內企業職工因患病或非因工負傷停止工作治病休息不得解除勞動合同的時限；病假是生理概念，是

事實期間內員工因為患病或非因工負傷，經醫生的病情建議，企業批准停止工作治病休息期間。

2. 醫療期是由法律根據工作的年限規定的期限，例如工作滿一年，醫療期為三個月；病假期是發生了多少生病或負傷的實際日數，就算多少病假期間（附表 7-6：病假與醫療期關係分析表）。

附表 7-6：病假與醫療期關係分析表

區別	醫療期	病假期
性質	法律概念	生理概念
期限	根據工作年限確定	根據病情確定
內涵	強調勞動關係的解除、終止	強調勞動關係的存續

（四）醫療期滿解除勞動合同的條件和程序？

《勞動合同法》第 40 條第 1 項規定，勞動者患病或者非因工負傷，在規定的醫療期滿後不能從事原工作，也不能從事由用人單位另行安排的工作的，用人單位提前 30 日以書面形式通知勞動者本人或者額外支付勞動者 1 個月工資後，可以解除勞動合同。這是指解除勞動合同的條件是以醫療期滿為依據，醫療期間的計算是重要的關鍵，台灣沒有類似規定，許多台商不清楚醫療期規定內容，產生不少困擾。

（五）醫療期病假工資的支付標準與計算方式

1. 根據職工工齡和工資，按照一定比例支付計算出病假工資，例如上海市、黑龍江等。

上海市病假工資＝計算基數（勞動合同有約定病假工資基數按約定；未約定的按員工本人所在崗位正常出勤的月工資的 70% 確定）×計發比例（病假係數）÷21.75 天 × 病假天數。但不得低於最低工資標準的 80%÷21.75 天 × 病假天數。

上海市的計發比例（病假係數）規定，詳情參照案例 7-2 之解答。

2. 根據職工工資一定比例支付，例如深圳市、山東等。

深圳市病假工資＝計算基數（本人正常工作時間工資）×60%（計

發比例）÷21.75 天 × 病假天數。但不得低於最低工資標準的 80%。

3. 按照勞動合同約定或企業規章制度約定支付，例如北京市、江蘇、浙江、安徽、遼寧、江西、吉林、廣東等。

　　病假工資＝計算基數（勞動合同或集體合同約定，或者企業規章制度約定的病假工資）÷21.75 天 × 病假天數。但不得低於最低工資標準的 80%÷21.75 天 × 病假天數。

從實務立場來講，醫療期間病假工資的支付標準與計算方式，一般規定是先約定病假工資基數，並根據以年資為基礎的計發比例算出病假工資，但有些地方則直接以工資的一定比例支付或勞動合同約定的病假工資支付。台商在計算時應該引用當地的規定。

如何支付員工的病假工資？

【案例 7-2】小王 2011 年 1 月跳槽到上海市某機械廠工作，每月工資 1800 元。 2013 年 4 月 1 日起，小王因患重病，請連續病假至 2013 年 5 月 23 日。單位應如何支付他 4 月病假期間的工資呢？

【解答】上海市的病假工資＝（病假工資計算基數 ÷21.75 天）× 計發比例（病假係數）× 病假天數。其中病假工資的計算基數、計發比例（病假係數）按以下方式確定：

1. 病假工資計算基數

《上海市企業工資支付辦法》規定，（1）勞動合同有約定的，按不低於勞動合同約定的勞動者本人所在崗位（職位）相對應的工資標準確定。集體合同（工資集體協議）確定的標準高於勞動合同約定標準的，按集體合同（工資集體協議）標準確定；（2）勞動合同、集體合同均未約定的，可由用人單位與職工代表通過工資集體協商確定，協商結果應簽訂工資集體協定；（3）用人單位與勞動者無任何約定的，假期工資的計算基數統一按勞動者本人所在崗位（職位）正常出勤的月工資的 70% 確定。

2. 計發比例（病假係數）

《上海市勞動局關於加強企業職工疾病休假管理保障職工疾病休

假期間生活的通知》規定，職工疾病或非因工負傷連續休假在 6 個月以內的，依連續工齡規定的計發比例（病假係數），支付病假工資；連續休假超過 6 個月的，支付疾病救濟費。

（1）職工疾病或非因工負傷連續休假 6 個月內的，企業應按下列標準支付疾病休假工資：連續工齡不滿 2 年的，按本人工資的 60% 計發；連續工齡滿 2 年不滿 4 年的，按本人工資 70% 計發；連續工齡滿 4 年不滿 6 年的，按本人工資的 80% 計發；連續工齡滿 6 年不滿 8 年的，按本人工資的 90% 計發；連續工齡滿 8 年及以上的，按本人工資的 100% 計發。

（2）職工疾病或非因工負傷連續休假超過 6 個月的，由企業支付疾病救濟費：連續工齡不滿 1 年的，按本人工資的 40% 計發；連續工齡滿 1 年不滿 3 年的，按本人工資的 50% 計發；連續工齡滿 3 年及以上的，按本人工資的 60% 計發。

另外，職工疾病或非因工負傷休假待遇低於當年本市企業職工最低工資標準的 80%，應補足到當年本市企業職工最低工資標準的 80%。企業職工疾病休假工資或疾病救濟費最低標準不包括應由職工繳交的養老、醫療、失業保險費和住房公積金。

以小王為例，連續病假在 6 個月以內，本單位連續工齡滿 2 年不滿 4 年，計發比例（病假係數）為 70%。其病假工資計算基數由於雙方無任何約定的，病假工資的計算基數統一按勞動者本人所在崗位（職位）正常出勤的月工資的 70% 確定。所以 1,800 元的 70%×70%，也就是 882 元，低於上海市 2013 年 4 月開始生效的最低工資 1,620 元的 80% 即 1,296 元，所以公司應再補足 414 元。

（六）醫療期內解除勞動合同之規定

《勞動合同法》第 45 條規定，勞動合同期滿，有本法第 42 條規定情形之一的，勞動合同應當續延至相應的情形消失時終止。依據《勞動合同法》第 42 條規定，勞動者患病或者非因工負傷，在規定的醫療期內的，用人單位不得依照本法第 40 條、第 41 條的規定解除勞動合同。

雖然員工的勞動合同期仍處在規定的醫療期內的，企業是不能解除或終止該員工的勞動關係，要等到相應的情形消失為止，例如等到該員工的醫療期結束，企業就可以解除或終止該員工的勞動關係。但是員工如果在醫療期之內有違反《勞動合同法》第 39 條規定的情形時，仍然在證據相當的情況下可以解除或終止該員工的勞動關係。

六、女職工三期管理的操作

（一）女職工的特殊保護與一胎化政策

大陸法律對女性職工在孕期、產期、哺乳期（三期）實施特殊保護規定，同時實施一胎化政策，對於配合一胎化政策的員工給予假期優惠，諸如晚婚假、晚育假、計畫生育假、男性陪護假等。因此企業必須從特殊保護、一胎化政策的法律立場構建員工的三期假期管理制度。

《勞動法》第 62 條規定，女職工生育假享受不少於 90 天。但根據 2012 年 4 月 18 日國務院第 200 次常務會議通過公布施行的《女職工勞動保護特別規定》第 7 條規定，女職工生育享受 98 天 假，其中產前可以休假 15 天。因此女職工生育享受 98 天產假。

《女職工勞動保護特別規定》第 7 條規定，女職工生育享受 98 天產假，其中產前可以休假 15 天；難產的，增加產假 15 天；生育多胞胎的，每多生育 1 個嬰兒，增加產假 15 天。女職工懷孕未滿 4 個月流產的，享受 15 天產假；懷孕滿 4 個月流產的，享受 42 天產假。須注意的是難產假（15 天）、多胞胎假（每多一胎，增 15 天產假），全國各地絕大多數統一，但流產假，地方規定有差異。

同規定第 9 條規定，對哺乳未滿 1 周歲嬰兒的女職工，用人單位不得延長勞動時間或者安排夜班勞動。用人單位應當在每天的勞動時間內為哺乳期女職工安排 1 小時哺乳時間；女職工生育多胞胎的，每多哺乳 1 個嬰兒每天增加 1 小時哺乳時間。

同規定第 10 條規定，女職工比較多的用人單位應當根據女職工的

需要，建立女職工衛生室、孕婦休息室、哺乳室等設施，妥善解決女職工在生理衛生、哺乳方面的困難。

《人口與計畫生育法》第23條規定，國家對實行計畫生育的夫妻，按照規定給予獎勵。同法第25條規定，公民晚婚晚育，可以獲得延長婚假、生育假的獎勵或者其他福利待遇。同法第27條規定，自願終身只生育一個子女的夫妻，國家發給「獨生子女父母光榮證」。獲得「獨生子女父母光榮證」的夫妻，按照國家和省、自治區、直轄市有關規定享受獨生子女父母獎勵。

綜合上述，為了保護女職工的特殊合法權益，同時遵守一胎化政策，使女職工享有必要的物資條件和獎勵措施，同時也為了保護下一代的身心健康，大陸的《勞動法》及《人口與計畫生育法》等相關配套法律，在女職工三期期間的合法權益方面構築了較為完善保護體系。

企業在女職工的三期假期管理上應當以前述的法律為基礎，由於特殊保護與一胎化政策，獎勵措施是地方政府（省、自治區、直轄市和較大的市）的權限，企業仍然要以所在地的地方政府所制訂的《勞動合同法條例》與《人口與計畫生育條例》規定為基礎，規範三期女職工的假期管理辦法。

懷孕員工要求請假一天以便定期產檢，可以嗎？

【案例 7-3】我們在東莞的工廠有女職工懷孕，近期需時常到醫院做產檢，她依據《廣東省女職工勞動保護實施辦法》第5條第3項規定，要求公司要給予「病假」（公司有給薪80%），請問公司可以不准嗎？另外，若是依規定需要給假，該女職工每次產檢都請一整天，產檢其實不需這麼久時間，公司可以規範只給半天嗎？

【解答】針對此問題，由於《廣東省女職工勞動保護實施辦法》第5條第3項規定沒有具體提出時間，只說「准予定期做產前檢查。在勞動時間內進行產前檢查的應算作勞動時間。」因此，給假時間要多久可由企業確定，最好列入請假管理辦法裡面。東莞市沒有提出實施細則，但可參考廣州或深圳的規定，其規定是半天，可參考之。

---

1. 《廣州市女職工勞動保護實施辦法》第9條規定,懷孕的女職工,從懷孕滿6個月開始,應進行定期產前檢查,每次檢查應給予半天脫產時間,按勞動時間計算。

2. 《深圳市女職工勞動保護辦法》第9條規定,懷孕的女職工,從懷孕滿6個月開始,應進行定期產前檢查,每次檢查應給予半天脫產時間,按勞動時間計算。

【案例7-4】上海公司有一名員工外派北京,原訂9月1日開始必須調上海,但忽然七月份向公司請婚假,又8月底開始向公司請病假,原因是先兆流產,該員工平均兩週就會mail一份診斷證明及病假證明給公司,但上週我發覺該證明的醫師是內分泌科醫師並非婦產科醫師,又在大陸拍賣網上看到可買到該醫院醫師證明(跟員工出示的小手冊及醫師診斷證明幾乎相同,且連嬰兒超音波都可買到),北京同事去醫院確認過,該醫生並非婦產科,該員工現在都避不見面,北京同事說要跟她約見面,她也推託回山西老家保胎,也無法得知她到底有沒有懷孕,請問我司可以尋求何種途逕要求解除勞動合同……

有詢問過上海社保他們回覆必須在公司章則上有提到欺詐行為為嚴重違反公司規定,且要該員工有簽章才行依39條解除勞動合同(公司雖然有該條,但員工未簽名,該員工可以說她不知情……)但她假造診斷證明應該就算欺詐行為吧!請老師指導一下公司該如何應對……

【解答】1. 在大陸這種事情屢見不鮮。她到底有沒有懷孕流產?真相不明。企業如果能夠證明該員工是持假證明,則她違反了「如實告知」的誠信原則(勞動合同法第3、8條),按照勞動合同法第26條的規定,企業與他簽的勞動合同事無效的。企業可再根據勞動合同法第39條第(五)項規定,因本法第26條第一款第一項規定的情形致使勞動合同無效的,企業可以解除勞動合同。給企業帶來損失時,可根據同法第86條規定承擔賠償責任。

2. 貴公司可要求她回來公司指定的醫院複檢。

3. 上海市社保局的答覆是制式化答覆,貴公司是否有訂定規章制

度（獎懲管理辦法）且經過公示程序（培訓並且簽名），類似此種行為當然嚴重違反了企業的規章制度。

4. 建議貴公司收集她違反規定的證據，並且以她違反勞動合同法第39條第5項規定，可以解除勞動合同為依據，要求出面說明。

（二）各地女職工產假差異分析

有關正常產假、難產假、多胞胎假等假別全國各地絕大多數統一，但流產假，地方規定有差異。

配合晚育（一胎化政策）的，另增額外的產假天數（晚育假與獨生子女假）、男性陪護假，依各地方的《人口與計畫生育條例》規定會有差異（附表 7-7：各地女職工產假〈含陪護假〉差異分析）。

附表 7-7：各地女職工產假（含陪護假）差異分析

地區		女性員工假期種類					
							單位：天數
	產假（1）	妊娠期間（X）流產，可休流產假（1）M：代表月數（）：括弧內數字代表註	難產假（1）	多胞胎假（1）	晚育假（2）	領取獨生子女優待證（2）	男性陪護假（3）
北京	98	X＜4M，5~30；X≧4M，42。	15	15	30（4）		無
上海	98	X＜3M，30；3M≦X＜7M，45。	15	15	30		3
天津	98	X＜3M，15；3M≦X＜4M，30；4M≦X＜7M，42。	15	15	30（5）		7
重慶	98	X＜4M，42。	15	15	20		7（6）
成都	98	同天津	15	15	30		15
廣州	98	X＜4M，15~30；4M≦X＜7M，42；X≧7M，75（死胎死產或早產不活）。	①30②15（7）	15	15	35（8）	10
深圳	98	同北京	30（9）		15	35（8）	10
西安	98	無規定，可參考全國性法規。	15	15	15	30	10

瀋陽	98	同北京	15	15		60（10）	15
大連	98	同北京	15	15		60（10）	15
南昌	98	X ＜ 4M，15~20； X ≧ 4M，42。	15	15	30		10
哈爾濱	98	同北京	15	15	90		5~10
蘇州	98	X ＜ 3M，20~30； 3M ≦ X ＜ 7M，42； X ≧ 7M，98。	15	15	30		15
武漢	98	同北京	15	15	15	15（11）	10
合肥	98	同蘇州	15	15	30	30	① 10 ② 20 （12）
青島	98	同北京	15	15	60		7
杭州	98	X ＜ 3M，20~30； 3M ≦ X ＜ 7M，50。	15	15	未規定		7
廈門	98	同北京	15	15	合計產假 135 至 180 天，企業決定		7~10 天，企業決定
鄭州	98	X ＜ 4M，15~30； X ≧ 4M，42。	15	15	3M		1M
南寧	98	X ＜ 4M，15~30； 4M ≦ X ＜ 7M，42； X ≧ 7M，早產按產假處理。	15	15	14	20	10
長沙	98	X ＜ 2M，15； 2M ≦ X ＜ 4M，30； X ≧ 4M，42。	15	15	30	30（13）	15
石家莊	98	X ＜ 2M，20； 2M ≦ X ＜ 4M，30； 4M ≦ X ＜ 6M，42； X ≧ 6M，98。	15	15	45		10
昆明	98	X ＜ 4M，30； X ≧ 4M，42。	15	15	15	15（14）	7
呼和浩特	98	X ＜ 3M，15； 3M ≦ X ＜ 4M，30； 4M ≦ X ＜ 7M，42； X ≧ 7M，98。	15	15	30	30	10

長春	98	① X < 4M，15~30； 4M ≦ X，42（15）。 ② X < 2M，21； 2M ≦ X < 4M，30； 4M ≦ X < 7M，42； X ≧ 7M，98（16）。	15	15	30 （17）		7

註：（1）產假、難產假、多胞胎假、流產假：按照《女職工勞動保護特別規定》
（國務院令〔2012〕第619號）規定，①女職工的產假為98天，其
中產前假15天，產前假指預產期前的15天。②難產的，增加產假
15天。③多胞胎生育的，每多生育一個嬰兒，增加產假15天。④女
職工懷孕流產的，一般規定女職工懷孕未滿4個月流產的，給予15
天的產假，懷孕滿4個月以上流產的給予42天的產假。

（2）晚育假、領取獨生子女優待證另給假、男性護理假：

　　A. 晚育假、領取獨生子女優待證另給假、男性護理假的解釋：①已
婚婦女24周歲以上生育第一個子女為晚育，享有晚育假；②在產
假期間領取「獨生子女父母光榮證」，按規定享受獨生子女父母
獎勵，其中一個就是享有獨生子女假：③晚育婦女的配偶可享受
護理假，以便照顧產婦。

　　B. 按照《人口與計畫生育法》之規定，①公民晚婚晚育，可以獲得延
長婚假、生育假的獎勵或者其他福利待遇。②自願終身只生育一個
子女的夫妻，國家發給「獨生子女父母光榮證」，獲得此證之夫妻，
按照國家和省、自治區、直轄市有關規定享受獨生子女父母獎勵。
晚育假、領取獨生子女優待證另給假、男性護理假的詳細日數規定，
見各地方人口與計畫生育之地方法規。

（3）男性護理假：見各地方人口與計畫生育之地方法規，男性護理假的
條件規定亦有出入，有的地方規定只要是有晚育假時就能享受，有
的是領取「獨生子女父母光榮證」時才有資格。

（4）北京的晚育假：晚育的女職工，除了產假外，增加獎勵假30天，獎
勵假也可由男方享受；不休獎勵假的，可按照女方1個月基本工資給
予獎勵。

（5）天津的晚育假：晚育的女職工，增加產假30天（以生育津貼的方式支
付），不能增加產假的，給予1個月的基本工資或者實得工資的獎勵。

（6）重慶的男性護理假：女方晚育的，男方所在單位給予7個工作日的
護理假。

（7）廣州的難產假：因難產而剖腹的、Ⅲ度會陰破裂者，增加產假30天；
吸引產、鉗產、臀位牽引者，增加15天（前兩項不能相加計算）。

（8）廣州、深圳的獨生子女假：晚育的女職工領取「獨生子女父母光榮證」的，增加產假 35 天。

（9）深圳難產假：生育時遇有難產的（如Ⅲ度會陰破裂者）可增加產假 30 天

（10）瀋陽、大連的獨生子女假：晚育並領有「獨生子女父母光榮證」的，增加產假 60 天。

（11）武漢的獨生子女假：晚育者除了增加 15 日的晚育假外，於生產期間領取「獨生子女父母光榮證」的，另增加產假 15 日。

（12）合肥的男性護理假：①女方晚育的，男方可享 10 天護理假；②夫妻異地生活的，護理假為 20 天。

（13）長沙的獨生子女假：晚育的女方，在產假期間領取「獨生子女父母光榮證」的，另增加產假 30 天。

（14）昆明的獨生子女假：晚育的女方，在產假期間領取「獨生子女父母光榮證」的，另增加產假 15 天。

（15）長春的流產假：依照《吉林省女職工勞動保護實施辦法》規定的天數，一般指企業應給的天數。

（16）長春的流產假：依照《吉林省城鎮職工生育保險辦法》規定的天數，指參加生育保險的企業，員工獲得生育津貼的天數。

（17）長春的晚育假：晚育的女職工，憑「生殖保健服務證」增加產假 30 天。

（三）女職工違反一胎化政策之處理

《人口與計畫生育法》第 41 條規定，不符合本法第 18 條規定生育子女的公民，應當依法繳納社會撫養費。同法第 18 條規定，國家穩定現行生育政策，鼓勵公民晚婚晚育，提倡一對夫妻生育一個子女；符合法律、法規規定條件的，可以要求安排生育第二個子女。

就《上海市人口與計畫生育條例》第 43 條的規定，對違反本條例規定生育子女的公民，除徵收社會撫養費外，給予以下處理：

分娩的住院費和醫藥費自理，不享受生育保險待遇和產假期間的工資待遇。

如果女職工違反一胎化政策（或計畫外生育）時，企業如何處理？首先企業要釐清一些觀念，所謂違反一胎化政策的員工是指沒有被允許生第二胎、未婚懷孕、非婚生育等。至於能否解除勞動合同？是否

違反《勞動合同法》第 42 條的「不得解除勞動合同」的規定？由於第 42 條規定並沒有區分計畫內生育或計畫外生育，某些員工未婚懷孕、非婚生育，確實違反了一胎化政策，但未婚懷孕、非婚生育是否違法與企業解除勞動合同是兩個法律關係，即使是違法也應當由執法機關來執法，而企業非執法機關。只有當員工違反了《勞動合同法》規定的法定條件，企業才能解除勞動關係，因此，以「違反計畫生育解除勞動合同」的處理方式是於法無據的。（**參照本書第 11 章「企業解除勞動合同的操作實務」**）

產假概念本身並沒有嚴格區分計畫生育與非計畫生育，在員工生育時，企業應當給予員工足夠的休養時間，確保其順利生育。違反一胎化生育的女職工，能否享受法定的產假待遇？即醫療檢查費、接生費、手術費、住院費和藥品費及生育津貼。按規定違反計畫生育的女員工，不享受產假期間的生育保險待遇和產假期間的生育津貼；換言之，企業雖然放產假，但其工資可以類似無薪事假或病假工資方式處理。

（四）企業不能以三期為由解除或終止勞動關係

《女職工勞動保護特別規定》第 5 條規定，用人單位不得因女職工懷孕、生育、哺乳降低其工資、予以辭退、與其解除勞動或者聘用合同。

《勞動合同法》第 42 條規定，女職工在孕期、產期、哺乳期的，用人單位不得依照本法第 40、41 條的規定解除勞動合同。同法第 45 條規定，勞動合同期滿，有本法第 42 條規定情形之一的，勞動合同應當續延至相應的情形消失時終止。

女職工在三期之內，企業不能以三期為由解除或終止該員工的勞動關係，要等到相應的情形消失為止，例如女職工三期結束，企業就可以在證據充分的情形下解除或終止該員工的勞動關係。但是女職工如果在三期之內有違反《勞動合同法》第 39 條規定的情形時，仍然在證據相當的情況下解除或終止該員工的勞動關係。

能以曠工解除懷孕女職工嗎？

【案例 7-4】我是大陸浙江嘉興台商，近日發生一件大陸員工勞動糾紛，7 月 28 日有名員工因懷孕請病假一個月到 8 月 28 日（附有醫生證明），8 月 10 日來電不想回來上班，也不願意離職（除非公司給予 24 個月的補償）。這造成公司很大的困擾。已諮詢過大陸的律師，回應是可能會走到勞動仲裁，且不利於公司的結果。有關這案例是否有法源可解決？公司是否可以在 8 月 28 日以後，以不同意請假所造成的曠工予以辭退，依勞動法補償？

【解答】按照大陸《勞動合同法》第 42 條規定：「勞動者有下列情形之一的，用人單位不得依照本法第 40 條、第 41 條的規定解除勞動合同：（四）女職工在孕期、產期、哺乳期的。」換句話說，員工在懷孕期間，企業不能因該員工懷孕了將她解除勞動合同。但是該員工如果在懷孕期間，違反了企業的規章制度、獎懲管理制度，在證據充分的情況下是可以解除勞動合同，不受到第 42 條的限制。然而要有相當的證據，例如案例中該員工「曠工」情事，到底「曠工」了幾天？有無事先以書面形式通知她回來上班（保留書面證據）？貴公司有訂立關於曠工的獎懲管理條例（規章制度）嗎？這些規章制度有經過員工公示嗎（有公示的書面證據）？

該員工只是表明「不想回來上班，也不願意離職（除非公司給予 24 個月的補償）」，如果到了 8 月 28 日仍然未回來，貴公司就可以依上述建議處理之，且不必支付經濟補償。但是如果貴公司沒有上述所講的規章制度或明確的證據，那麼以曠工為理由解除的話，顯然存在著法律風險。

由於來文談到「也不願意離職（除非公司給予 24 個月的補償）」，是否該員工想要以較高的經濟補償來迫使企業解除勞動合同。顯然她也想離職，但不願自己提出來（因為自己提出來就沒有經濟補償金），企業如果認為必須讓她離開，可以《勞動合同法》第 36 條規定，協商一致解除勞動合同，當然條件就是要雙方協商給幾個月的經濟補償金。

（五）三期期間的工資支付模式

《女職工勞動保護特別規定》第 5 條規定，用人單位不得因女職工懷孕、生育、哺乳降低其工資、予以辭退、與其解除勞動合同或者聘用合同。

同規定第 8 條，女職工產假期間的生育津貼，對已經參加生育保險的，按照用人單位上年度職工月平均工資的標準由生育保險基金支付；對未參加生育保險的，按照女職工產假前工資的標準由用人單位支付。女職工生育或者流產的醫療費用，按照生育保險規定的項目和標準，對已經參加生育保險的，由生育保險基金支付；對未參加生育保險的，由用人單位支付。

《社會保險法》第 54 條規定，用人單位已經繳納生育保險費的，其職工享受生育保險待遇，生育保險待遇包括生育醫療費用和生育津貼。

三期內女職工的工資如何計算？一般來講，女性員工產假視為提供正常勞動，不能扣工資。員工有參加生育保險的，由生育保險基金給付生育津貼，否則就是由企業支付其生育期間的工資。（附表 7-8：女性三期期間工資支付模式分析）

附表 7-8：女性三期期間工資支付模式分析

假期	享受條件	期限	工資待遇	法源依據
產前檢查	和醫療保健機構約定	妊娠期間檢查期間	工資照發	國務院法規 地方法規
保胎假	醫院證明需要休息	無規定	按照病假待遇	勞動部覆函
產前假	本人申請，單位批准	2.5 個月	工資的 75%-80%	地方法規
產假	正常產假	98 天	生育津貼（產假期間企業不必支付工資，由生育保險基金支付生育津貼，生育津貼低於工資部分由企業補足）	國務院法規
	難產	加 15 天		
	多胞胎，每多一胎	加 15 天		
	晚育	依各地規定		地方法規
流產假	未滿 4 個月	15 天		
	滿 4 個月	42 天		
哺乳期	不滿一周歲嬰兒	1 小時 /1 天	不影響工資	國務院法規

哺乳假	產後患有影響母嬰身體健康的疾病，本人申請，單位批准	6 個月	工資的 75%-80%	地方法規
註：以上各類假期，地方有規定的，依地方規定處理				

七、員工假期的風險對策

（一）假期工資如何計算？

1. 特殊情況下，企業根據工資標準支付工資：

（1）員工參加社會活動期間（諸如行使選舉權或被選舉權、當選地方人大代表出席各項會議、出任法庭證明人、出席勞模大會等）；

（2）非因勞動者原因停工期間；

（3）休假期間等視為正常勞動，如年休假、婚假、喪假、產假、陪護假等等假期期間。

2. 企業依循下列原則規定假期工資：

（1）年休假、婚假、喪假、產假、護理假期間，視為提供正常工作時間，工資照發；

（2）女員工在產假期間改由生育保險基金發給生育津貼，如有不足之處，由企業補足差額。但未參加社會保險的企業，仍應支付產假期間的工資；

（3）病假工資的發放原則：

A. 病假工資＝病假工資基數 × 計發比例（固定或不固定）÷21.75 天 × 病假天數。但不得低於最低工資標準的 80%÷21.75 天 × 病假天數；

B. 病假工資＝病假工資基數 ÷21.75 天 × 病假天數。但不得低於最低工資標準的 80%÷21.75 天 × 病假天數。

（4）事假期間，標準工資按工作日扣減，扣減事假工資＝正常出勤的月工資 ÷21.75 天 ÷8 小時 × 事假時數；

（5）企業可以約定病假、婚假、喪假、產假、護理假、事假期間，按實際出勤工作日計算獎金（效益工資）、各項補貼；

（6）企業可以約定年休假期間獎金照發。

（二）假期是否包括休假日、休息日？

一般而言，帶薪年休假、婚喪假是不包括法定休假日、休息日；符合醫療期規定的病休期間是包括法定休假日、休息日（但上海市規定不包含休假日、休息日）；另外，產假（含流產假、難產假）及晚育假、男性陪護假理論上（大連、武漢明訂含法定休假日、休息日；重慶訂產假、陪護假為工作日）是包括法定休假日、休息日。

（三）假期管理的風險問題

1. 女性員工的三期風險、一胎化政策風險；

2. 已經辦理結婚，卻在入職後申請婚假的風險；

3. 病假風險，如何防範和應對虛假病假，另外員工會計算醫療期，以對抗企業的解除勞動合同；

4. 帶薪年休假的安排與應休未休未支付加班費風險；

5. 請假審批權限與證明文件的作業風險：

（1）員工不經請假或請假未獲批准而擅自離開工作崗位以及請假期限已滿，不續假或續假未獲批准而逾期不歸造成曠工問題；

（2）員工請假日數與當地環境實況有關（跨省員工路途遠，一次請假時間較長），員工的假期日數如何規劃以滿足當地員工特殊的環境需要（附表 7-9：請假審批權限與證明文件）。

附表 7-9：請假審批權限與證明文件

1. 請假之審批權限

審批程序 / 職別		組長	課長	經理	總經理
經理級人員				提	核
課長級人員			提	3 天以下（核）	超過 3 天（核）
				超過 3 天（審）	
組長級人員		提	3 天以下（核）	超過 3 天，6 天以下（核）	超過 6 天（核）
			超過 3 天（審）	超過 6 天（審）	
組長級（不含）以下人員	提	1 天以下（核）	超過 1 天，3 天以下（核）	超過 3 天，6 天以下（核）	超過 6 天（核）
		超過 1 天（審）	超過 3 天（審）	超過 6 天（審）	

2. 請假之證明文件

所有的假別原則上都須附證明，除了公認的證件外，如有需要時應規定特別的證件：

（1）產假：請假時要提供「准生證」、醫院之病情證明（「醫院生育證明書」）、銷假時要提供小孩「出生證明」；

（2）婚假：假前或假後要提供「結婚證」；

（3）喪假：銷假時要提供「死亡證明」及當事人與死者關係證明；

（4）病假：銷假時要提供區級以上醫院之「醫院診斷證明書」、病歷本及用藥收據；

（5）事假：事假報告或相關文件證明。

八、人力資源的使用成本

本章談到的假期管理，除了事假，企業可以不支付工資外，其餘假期都屬於正常工作時間，企業不得扣減工資，屬於人力資源的使用

成本（附表 7-10：員工假期期間工資成本分析表）。

附表 7-10：員工假期期間工資成本分析表

假別	工資條件	備註
國定假日	工資照付	已經平均分配在 21.75 天內
帶薪年休假	工資照付	視為正常勞動時間
三期期間	（詳附表 7-8）	視為正常勞動時間
婚喪假	工資照付	視為正常勞動時間
工傷醫療期	工資照付（參照本書第 10 章「工傷保險事故與待遇管理的操作實務」）	視為正常勞動時間
公假	工資照付	參加社會活動期間
病假	最低不得低於最低工資標準的 80%	
事假	無工資	

九、管控要點

有關假期管理的管控要點如下：

（一）員工請假是否按照請假管理制度的內容與審批程序？（ν）

（二）假期工資的計算方式是否符合規定？（ν）

（三）是否依照特殊保護與一胎化原則處理女員工的三期權益？（ν）

（四）是否依照規定處理違反一胎化政策的員工？（ν）

（五）解除病假員工的勞動合同，醫療期是否到期？（ν）

（六）計算員工年休假的天數是否包含其他企業的年資？（ν）

（七）員工年休假的年資證明是否按照參加社保的繳費記錄？（ν）

第8章
工資與福利管理的操作實務

　　員工的工資、津貼、獎金與福利方案是企業選人與留人的基本驅動因素，而激勵方案則是企業留人的核心驅動因素。前者稱之為保健因素（Hygiene Factors），或者稱為激勵因素（Motivator Factors）。上個世紀美國行為科學家弗雷德里克‧赫茨伯格（Fredrick Herzberg）提出的雙因素理論 (Two Factors Theory)，又稱為「激勵保健理論 (Motivator-Hygiene Theory)」，認為「工資與福利」是外在的保健因素，非內在的激勵因素。本文主要描述「工資與福利」。

　　在大陸經營事業的台商最頭痛的問題除了無處不缺工外，就是年年調漲工資，不論是外銷製造業、代工廠，或是內銷行業、服務業，對經營成本可是錙銖必較，當然對年年調漲工資的勞動政策也相當敏感。

　　工資，作為企業與員工界定勞動關係的條件之一，是員工維持其本人與家庭生活的重要依靠，但另一方面也是企業的經營成本之一。企業應當本著勞資兼顧的原則，給予員工合理之工資待遇。

　　企業追求永續經營與利潤報酬，對於員工工資要制訂一套合理的制度，使企業經營效率化，明確勞資雙方共同努力的方向，在人事管理作業上確立符合時代潮流與企業需要的薪酬管理制度。

　　至於福利則是員工相當關心的項目，員工福利是企業經由舉辦福利設施和建立各種補貼制度，為員工提供生活上的方便，減輕員工經濟負擔的一種方式，理論上福利與工資或獎金不一樣，福利與員工的工作績效或對企業的貢獻無關。

一、工資管理的操作

　　員工工資的範圍按財政部《關於企業加強職工福利費財務管理的

通知》（財企[2009]242號）的規定，集中在工資（年薪、獎金或提成、津貼、納入工資總額管理的補貼），這是企業人資部門的核心業務，也是企業會計處理時的財務政策。涉及勞動法律的規範諸如最低工資標準、加班工資、所得稅的扣繳等等，可想而知是一塊容易發生勞動爭議的管理項目。

（一）最低工資標準

最低工資標準，是指勞動者在法定工作時間或依法簽訂的勞動合同約定的工作時間內提供了正常勞動的前提下，用人單位依法應支付的最低勞動報酬。最低工資標準一般採取月最低工資標準和小時最低工資標準兩種形式，前者適用於全日制就業勞動者，後者則適用於非全日制就業勞動者。

《最低工資規定》第 7 條規定，省、自治區、直轄市範圍內的不同行政區域可以有不同的最低工資標準。同規定第 10 條第 2 款規定，最低工資標準每兩年至少調整一次。同規定第 12 條第 1 款規定，在勞動者提供正常勞動的情況下，用人單位應支付給勞動者的工資在剔除下列各項以後，不得低於當地最低工資標準：

1. 延長工作時間工資；

2. 中班、夜班、高溫、低溫、井下、有毒有害等特殊工作環境、條件下的津貼；

3. 法律、法規和國家規定的勞動者福利待遇等。

上述的規定，最低工資標準不包含加班工資、特殊工作環境、條件下的津貼和法定的福利待遇等，但員工繳納的社保費用與住房公積金是否被列入不包含的項目呢？對此一問題，各地則有不同的規定。例如上海市與北京市的最低工資標準不包含員工個人依法繳納的社會保險費和住房公積金相項目。另外上海市也規定不包含伙食補貼（飯貼）、上下班交通費補貼、住房補貼。其他省市如深圳、浙江、遼寧等地則包含個人繳納的社會保險費和住房公積金，江蘇則不含員工個

人依法繳納的住房公積金，但包含員工個人依法繳納的社會保險費。
因此建議台商在規劃工資架構時，應當參閱各地方規定。

員工的工資如何算？

【案例 8-1】小薛 2013 年 4 月的工資為基本工資 900 元、職務工資 300 元、工齡津貼 50 元、夜班費 30 元、飯貼 200 元、交通費補貼 150 元、通訊費補貼 200 元、月度效益獎 300 元，應發工資共為 2,130 元。同時，小薛參加的是上海市城鎮養老保險。那麼，應發工資 2,130 元是否意味著小薛的工資已經達到了上海市當年度的最低工資標準呢？

【解答】根據上海市勞動保障學會勞動法專業委員會委員、《上海勞動保障》雜誌主編周斌的說法認為不是這樣算的，應將小薛的 2,130 元工資扣除夜班費、飯貼、交通費補貼後為 1,750 元，再扣除其個人依法繳納的社會保險費和住房公積金，尚未達到最低工資標準。用人單位還要增加小薛的工資，才能在扣除其個人依法繳納的社會保險費和住房公積金後，保證其實際到手工資不低於本市最低工資標準。
上海市最低工資規定雖未明確最低工資由哪些項目構成，但以反向列舉法剔除 1. 個人依法繳納的社會保險費和住房公積金；2. 延長法定工作時間的工資；3. 諸如中班、夜班、高溫、低溫、井下、有毒有害等特殊工作環境、條件下的津貼；4. 伙食補貼（飯貼）、上下班交通費補貼、住房補貼。

包吃包住的員工領到的工資可以低於最低工資標準嗎？

【案例 8-2】公司在東莞，包吃包住，卻在發工資時扣掉食宿費用，以致所領的工資低於最低工資標準，請問合法嗎？

【解答】用人單位通過貼補伙食、住房等支付給勞動者的非貨幣性收入可否納入企業職工最低工資標準？傳統意義的包吃包住在企業職工最低工資標準執行中如何理解？原勞動部《關於貫徹執行〈中華人民共和國勞動法〉若干問題的意見》（勞部發〔1995〕309 號）第 54 條規定，最低工資不包括延長工作時間的工資報酬，以貨幣形式支付的住房和用人單位支付的伙食補貼、中班、夜班、高溫、有毒、有害

等特殊工作環境和勞動條件下的津貼，國家法律、法規、規章規定的社會保險福利待遇。

但是對屬於非貨幣性收入的「包吃包住」，在工資內扣除掉，且低於最低工資標準，是合法嗎？對此，東莞市人力資源局於 2013 年 3 月 4 日發佈的《東莞 2013 年最低工資標準分析 十大疑問全解讀》提到如下解讀：

1. 如用人單位把「包吃包住」作為企業的一項福利制度，則勞動者不需要承擔任何費用，其最低工資標準的執行亦不受影響。如果將來企業因經營等其他原因需要勞動者承擔一定的吃住費用的，雙方可協商一致辦理。

2. 企業已明確勞動者在企業吃住需要承擔一定的費用，且雙方協商一致該費用在發工資的時候一併扣除的，那可能出現的情況是：假設勞動者領取最低工資 1,310 元／月（2013 年），吃住費用是 210 元，雙方協商一致該費用在發工資時一併扣除，那麼該勞動者領到手的工資是 1,100 元。這種情況並不違反最低工資標準。

最低工資標準是法定的項目，人資部門要掌握的是在最低工資標準規範下，有些管理作業必須考慮到最低工資標準，例如：員工每月工資不得低於最低工資標準；加班工資的計算基數不得低於最低工資標準；病假工資可低於最低工資標準，但不能低於最低工資標準的 80%。另外，非因員工原因而停工、停產、歇業之企業，超過一個工資支付週期的，應當按照不低於當地最低工資標準的 80% 支付工資（如江蘇、廣東、深圳）、不低於當地最低工資標準的 70%（如北京）、不低於當地最低工資標準（如上海、浙江、廈門）等地方的規定（附表 8-1：部分地區非因勞動者原因造成企業停工、停產的工資支付規定）。

附表 8-1：部分地區非因勞動者原因造成企業停工、停產的工資支付規定

支付週期 地區	停工、停產在一個工資支付週期（一個月）內	停工、停產超過一個工資支付週期的
上海	按約定的標準支付勞動者工資。	按雙方新約定的標準支付工資，但不得低於本市規定的最低工資標準。
江蘇	視同勞動者提供正常勞動支付其工資。	按照雙方新約定的標準支付工資；沒有安排勞動者工作的，應當按照不低於當地最低工資標準的80%支付勞動者生活費。
廣東	按照正常工作時間支付工資。	按照雙方新約定的標準支付工資；沒有安排勞動者工作的，應當按照不低於當地最低工資標準的80%支付勞動者生活費。
浙江	按照國家規定或者勞動合同約定的工資標準支付工資。	按照不低於當地人民政府確定的最低工資標準支付工資。
廈門	按照勞動者本人正常勞動的工資標準支付工資。	按照雙方新約定的工資標準支付工資；未安排勞動者工作的，按照不低於本市當年度最低工資標準支付停工津貼。
北京	按照提供正常勞動支付勞動者工資。	按照雙方新約定的標準支付工資，但不得低於本市最低工資標準；沒有安排勞動者工作的，應當按照不低於本市最低工資標準的70%支付勞動者基本生活費。
深圳	按照員工本人正常工作時間工資的80%支付。	按照不低於最低工資的80%支付。

（二）試用期工資

企業在勞資雙方所約定的試用期間，應該支付的工資可以等於或低於試用期滿以後的工資水平。

《勞動合同法實施條例》第 15 條規定，勞動者在試用期的工資不

得低於本單位相同崗位最低檔工資的 80% 或者不得低於勞動合同約定工資的 80%，並不得低於用人單位所在地的最低工資標準。

（三）特殊情況下根據工資標準支付工資

特殊情況是指法定的正常工作時間（每天工作不超過 8 小時，每週不超過 40 小時）內，某些情況必須離開工作崗位無法正常工作，或法定正常工作時間以外，某些情況必須上班工作時，企業應當按照規定支付工資，例如：員工依法參加社會活動期間，依法享受年休假、探親假、婚假、喪假期間，以及非因員工原因造成單位停工、停產期間，都是指特殊情況（參閱附表 8-1）。

《工資支付暫行規定》第 10 條規定，勞動者在法定工作時間內依法參加社會活動期間，用人單位應視同其提供了正常勞動而支付工資。社會活動包括：依法行使選舉權或被選舉權；當選代表出席鄉（鎮）、區以上政府、黨派、工會、青年團、婦女聯合會等組織召開的會議；出任人民法庭證明人；出席勞動模範、先進工作者大會；《工會法》規定的不脫產工會基層委員會委員因工會活動佔用的生產或工作時間；其他依法參加的社會活動。同規定第 11 條規定，勞動者依法享受年休假、探親假、婚假、喪假期間，用人單位應按勞動合同規定的標準支付勞動者工資。同規定第 12 條規定，非因勞動者原因造成單位停工、停產在一個工資支付週期內的，用人單位應按勞動合同規定的標準支付勞動者工資，超過一個工資支付週期的，若勞動者提供了正常勞動，則支付給勞動者的勞動報酬不得低於當地的最低工資標準（參閱附表 8-1）；若勞動者沒有提供正常勞動，應按國家有關規定辦理。

上述特殊情況下的工資支付，一般而言，依法參加社會活動期間，用人單位應視同其提供了正常勞動而支付工資；病假期間的工資不得低於最低工資標準的 80%；事假（含曠工）期間沒有工資；產假期間，有參加社會保險的企業，由生育保險基金支付生育津貼，企業不必支付產假期間的工資，沒有投保的企業，由企業支付產假期間的工資；非因員工原因造成的停工、停產在一個工資支付週期內的要支付正常

工資，超出一個週期的，雙方可以協商另訂新的工資標準，唯不得低於當地最低工資標準。

（四）工資結構

大陸國家統計局《關於工資總額組成的規定》第3條規定，工資總額是指各單位在一定時期內直接支付給本單位全部職工的勞動報酬總額。工資總額的計算應以直接支付給職工的全部勞動報酬為根據。同規定第4條規定，工資總額由計時工資、計件工資獎金津貼和補貼、加班加點工資、特殊情況下支付的工資等六個部分組成，工資總額的組成內容如下：

1. 計時工資（指按計時工資標準和工作時間支付的報酬，如結構工資制的基礎工資和職務工資）；

2. 計件工資（指在一定的技術條件下，按照勞動者生產的合格品數量，或作業量，以預先規定的單價，計算報酬的一種工資形式）；

3. 獎金（指支付給職工的達成指標之超額勞動報酬，或節約支出增加收入的勞動報酬，如生產獎、節約獎、勞動競賽獎等）；

4. 津貼（指為了補償職工特殊或額外勞動消耗，或其他特殊原因而支付的工資稱之為津貼，如高溫津貼、夜班津貼、醫療衛生津貼、工齡津貼、伙食津貼等）；

5. 補貼（指為了保障職工工資水平不受物價變動影響，而支付的工資稱為補貼，如副食品價格補貼、糧價補貼、肉類補貼等）；

6. 加班加點費（指按規定的加班加點費率支付的工資）。

以上的工資結構是官方法律的規定，實務的處理上，可整理為固定工資、津補貼、績效獎金或提成、其他工資（加班費用）等組成部分。這個「工資＋津補貼＋獎金或提成」的薪資模式既然是基於法定的條件，只是保健因素，不是激勵因素。上個世紀美國行為科學家弗雷德里克•赫茨伯格（Fredrick Herzberg）提出的雙因素理論(Two Factors Theory)，又稱為「激勵保健理論(Motivator-Hygiene Theory)」，認為「工

資」是外在的保健因素，非內在的激勵因素。換句話說被當成外部競爭優勢的工資福利結構（工資、獎金、社會保險福利）出現在人才市場的廣告看板上，尋找工作的員工會進行比較，他只能主觀的比較客觀的資料，而選擇一家滿意的企業應徵，至於進入公司以後會不會更積極的工作，則是要看企業是否有創造內在的激勵因素牽引者他積極努力工作。

但是企業沒有依照法定條件所規定的工資結構，則員工的不滿意一定表露無疑，高離職率自是無庸置疑。所以依法支付法定工資與福利是基本的用工條件而已。

（五）工資支付的時間

工資應當按月支付給勞動者本人，但法律沒有具體規定每個月支付的日期。根據《工資支付暫行規定》第 7 條規定，工資必須在用人單位與勞動者約定的日期支付。如遇節假日或休息日，則應提前在最近的工作日支付。工資至少每月支付一次，實行週、日、小時工資制的可按週、日、小時支付工資。同規定第 8、9 條規定，對完成一次性臨時勞動或某項具體工作的勞動者，用人單位應按有關協議或合同規定在其完成勞動任務後即支付工資。勞動關係雙方依法解除或終止勞動合同時，用人單位應在解除或終止勞動合同時一次付清勞動者工資。

《勞動合同法》第 38 條規定，用人單位未及時足額支付勞動報酬的，勞動者可以解除勞動合同，並可主張經濟補償金，所以為了避免不必要的人力成本，企業可以與員工約定一個合理的支付期間，例如當月的工資在下個月的 10 日之前支付，遇有星期假日則提前發放。

（六）工資的代扣、扣除與減發

工資扣發是指企業按照法律規定或勞動合同的約定，或企業規章制度的規定，可以扣發員工的工資，《工資支付暫行規定》第 15 條規定，用人單位可以代扣勞動者工資：諸如代扣代繳的個人所得稅；代扣代繳的應由勞動者個人負擔的各項社會保險費用；法院判決、裁定

中要求代扣的撫養費、贍養費；法律、法規規定可以從勞動者工資中扣除的其他費用等等。

至於法律、法規規定可以從勞動者工資中扣除的其他費用，按同規定第 16 條規定，因勞動者本人原因給用人單位造成經濟損失的，用人單位可按照勞動合同的約定要求其賠償經濟損失。經濟損失的賠償，可從勞動者本人的工資中扣除。但每月扣除的部分不得超過勞動者當月工資的 20%。若扣除後的剩餘工資部分低於當地月最低工資標準，則按最低工資標準支付。

工資減發是指企業有合法的依據不發放員工相應的工資，主要有員工缺勤情形，例如事假或曠工期間的工資可以扣減，且不受不得超當月工資 20%、最低工資標準的限制。另外員工病假期間的工資可以減發，但減發後所支付的工資不得低於最低工資標準的 80%。

至於停工、停產期間的工資，在工資支付週期內的，按照正常工作時間支付工資。超過一個工資支付週期的，原則上不能低於最低工資標準的 80%（參閱附表 8-1）。

（七）個人所得稅

納稅是國民應盡的義務。依照《個人所得稅法》第 1 條規定，在中國境內有住所，或者無住所而在境內居住滿一年的個人，從中國境內和境外取得的所得，依照本法規定繳納個人所得稅。在中國境內無住所又不居住或者無住所而在境內居住不滿一年的個人，從中國境內取得的所得，依照本法規定繳納個人所得稅。

《個人所得稅法》第 2 條規定，下列各項個人所得，應納個人所得稅：

1. 工資、薪金所得；
2. 個體工商戶的生產、經營所得；
3. 對企事業單位的承包經營、承租經營所得；
4. 勞務報酬所得；
5. 稿酬所得；

6.特許權使用費所得；

7.利息、股息、紅利所得；

8.財產租賃所得；

9.財產轉讓所得。

《個人所得稅法》第 3 條規定的個人所得稅有七個級數與稅率（附表 8-2：個人所得稅稅率表）。

附表 8-2：個人所得稅稅率表

級數	全月應納稅所得額	稅率（％）	速算扣除數
1	不超過 1,500 元的	3	0
2	超過 1,500 元至 4,500 元的部分	10	105
3	超過 4,500 元至 9,000 元的部分	20	555
4	超過 9,000 元至 35,000 元的部分	25	1,005
5	超過 35,000 元至 55,000 元的部分	30	2,755
6	超過 55,000 元至 80,000 元的部分	35	5,505
7	超過 80,000 元的部分	45	13,505

《個人所得稅法實施條例》第 8 條第 1 款第 1 項：工資、薪金所得，是指個人因任職或者受雇而取得的工資、薪金、獎金、年終加薪、勞動分紅、津貼、補貼以及與任職或者受雇有關的其他所得。同條例第 18 條規定，稅法第 6 條第 1 款第 3 項所說的每一納稅年度的收入總額，是指納稅義務人按照承包經營、承租經營合同規定分得的經營利潤和工資、薪金性質的所得；所說的減除必要費用，是指按月減除 3,500 元（2012 年 9 月起生效）。

大陸《個人所得稅法》、《個人所得稅法實施條例》所規定的個人所得包括：工資、薪金所得、獎金、年終加薪、勞動分紅、津貼以及任職的其他所得。個人應納稅所得額之形態，包括現金、實物和有價證券，所得為實物的，應當按照取得的憑證上所註明的價格計算應納稅所得額，或參照當地的市場價格核定應納稅所得額，有些國有企業以實物支付職工作為工資或獎金，應以市場價格折算所得額繳納所得稅。

大陸居民的應納稅額＝（工資、薪金全月收入額－ 3,500 元〔減

除費用〕）× 適用稅率－速算扣除數。

外籍人士的應納稅額＝（工資、薪金全月收入額－3,500元〔減除費用〕－1,300元〔附加減除費用〕）× 適用稅率－速算扣除數。

根據《個人所得稅法實施條例》第25條規定，計算個人所得稅時，被納入費用減除範圍的內容將包括3,500元（外籍人士為4,800元）加上按照國家規定，單位為個人繳付或個人繳付的基本養老保險費、基本醫療保險費、失業保險費、住房公積金，從納稅義務人的應納稅所得額中扣除。納稅人除此之外取得的其他補貼將照章徵稅。

另外，根據《個人所得稅實施條例》規定，納稅義務人如果年所得超過12萬元人民幣，在年度終了3個月內到主管稅務機關辦理納稅申報。

這表示大陸擴大了納稅人自行申報範圍，加強對高收入者的徵管。法律明確個人所得超過一定數額（12萬元人民幣）的高收入者必須依法自行申報，包括：從大陸境內兩處或者兩處以上取得一項或多項薪資所得，除扣繳義務人應向主管稅務機關報送其支付所得個人的基本資訊、支付所得數額、扣繳稅款的具體數額和總額、以及其他相關涉稅資訊外，對高收入者平時採全員扣繳申報，每年初自行申報納稅。建立支付所得的單位與取得所得的個人雙向申報，交叉稽核納稅制度等，以杜絕逃漏稅。

二、福利管理的操作

實務處理上，除了法定的福利項目，例如職工的工傷待遇與工傷保險待遇是強制性要求必須提供外，沒有一家企業能夠提供所有貨幣或實物形式的福利待遇給員工，只能依照自身需要制訂一些適合企業特色的福利項目，亦可依照不同性質的員工（合同工、臨時工）提供不同形式的福利待遇。

員工的福利待遇是企業對員工勞動補償的輔助形式，它與工資的相互關係集中兩大塊，按財政部《關於企業加強職工福利費財務管理的通知》（財企[2009]242號）的規定，一是按工資一定比例提取或

繳納的費用，諸如職工教育經費、社會保險費和補充養老保險費（年金）、補充醫療保險費及住房公積金等費用；二是與工資沒有一定比例的費用，即上述242號通知所規定的職工福利費，包含發放給職工或為職工支付的以下各項現金補貼和非貨幣性集體福利：

（一）為職工衛生保健、生活等發放或支付的各項現金補貼和非貨幣性福利，包括職工因公外地就醫費用、暫未實行醫療統籌企業職工醫療費用、職工供養直系親屬醫療補貼、職工療養費用、自辦職工食堂經費補貼或未辦職工食堂統一供應午餐支出、符合國家有關財務規定的供暖費補貼、防暑降溫費等；

（二）企業尚未分離的內設集體福利部門所發生的設備、設施和人員費用，包括職工食堂、職工浴室、理髮室、醫務所、托兒所、療養院、集體宿舍等集體福利部門設備、設施的折舊、維修保養費用以及集體福利部門工作人員的工資薪金、社會保險費、住房公積金、勞務費等人工費用；

（三）職工困難補助，或者企業統籌建立和管理的專門用於幫助、救濟困難職工的基金支出；

（四）離退休人員統籌外費用，包括離休人員的醫療費及離退休人員其他統籌外費用。企業重組涉及的離退休人員統籌外費用，按照《財政部關於企業重組有關職工安置費用財務管理問題的通知》（財企[2009]117號）執行。國家另有規定的，從其規定；

（五）按規定發生的其他職工福利費，包括喪葬補助費、撫恤費、職工異地安家費、獨生子女費、探親假路費，以及符合企業職工福利費定義但沒有包括在本通知各條款專案中的其他支出。

本文所講的福利形式，主要集中在社會保險費及職工待遇、住房公積金、各種形式的帶薪休假、其他集體福利費用等：

（一）社會保險費及職工待遇，詳見本書第9章「社會保險與住房公積金管理的操作實務」、第10章「工傷保險事故與待遇管理的操作實務」；

（二）住房公積金，詳見本書第 9 章「社會保險與住房公積金管理的操作實務」、第 10 章「工傷保險事故與待遇管理的操作實務」；

（三）各種形式的帶薪休假，詳見本書第 7 章「假期管理的操作實務」；

（四）其他集體福利費用。

員工工資不包含福利和社保，合同約定無效

【案例 8-3】高先生從 7 月起應聘在某企業從事銷售員工作，在簽訂勞動合同時，人事部門解釋說，在試用期間，你的工資是每月 2,000 元，包括社會保險 300 元、出差補貼 150 元、高溫清涼飲料費 50 元。獎金按銷售提成另行結算。高先生來電詢問，在勞動合同中可以這樣約定嗎？在勞動合同中約定工資中包括員工的社會保險及福利是否違反國家有關規定的？

《關於實施〈上海市勞動合同條例〉若干問題的通知》第四條規定：「勞動合同當事人可以按國家和本市的有關規定，在勞動合同中約定參加社會保險的具體事項。」這是不是說用人單位可以在勞動合同中約定工資中包括社會保險及福利呢？

【解答】按國家統計局《關於工資總額組成的規定》第四條規定，工資總額由計時工資、計件工資、獎金、津貼和補貼、加班加點工資、特殊情況下支付的工資等六部分組成。在這六部分中並未包括福利。原勞動部《關於貫徹執行〈勞動法〉若干問題的意見》明確規定，單位支付給勞動者個人的社會保險福利費用，如喪葬撫恤救濟費、生活困難補助費、計劃生育補貼等不屬於工資範圍。因此，用人單位不可以將福利約定在工資中，即使作出了這一約定也是無效的。企業為員工發放清涼飲料費這屬於福利，不能列入工資項目中。

對於社會保險費來說，用人單位應當以員工的工資基數為員工繳納社會保險費，不論該事項是否約定在勞動合同中。用人單位不得將應為員工繳納及代扣代繳的社會保險費作為工資的一部分以現金形式發給員工。但小時工除外。《上海市醫療保險局關於實行小時用工形式的若干規定（試行）的通知》規定：「小時工的工資包括小時工個人應繳納的社會保險費。」

又如用人單位給員工發放高溫清涼飲料費、服裝費等福利是一件好事，但不應計算在職工的工資性收入中。員工在簽訂勞動合同時，對這一類收入應提出異議，可以要求在合同中另行約定，或者不列入勞動合同的內容。（《職場指南》）

三、人力資源的使用成本

本章談到的工資與福利管理，包含最低工資標準、試用期工資、特殊情況下工資、加班工資（**參照本書第6章「工時制度管理的操作實務」**）、工資、津貼、補貼、獎金或提成等等，屬於人力資源的使用成本。社會保險費與住房公基金，所涉及的人力成本是屬於人力資源的使用成本。（**參照本書第9章「社會保險與住房公積金管理的操作實務」、第10章「工傷保險事故與待遇管理的操作實務」**）

四、管控要點

有關工資與福利管理的管控要點如下：

（一）員工實領薪資（含依法代除代繳的部分）是否都高於或等於當地法定及實質的最低工資標準？（ν）

（二）加班工資的計算基數與費率是否符合規定？（ν）

（三）假期工資的計算方式是否符合規定？（ν）

（四）加班工資的計算基數是否有約定在勞動合同中？（ν）

（五）是否在勞動合同中約定病假工資（基數）？（ν）

（六）是否依法代扣各項工資？（ν）

（七）是否依法對造成企業經濟損失的員工扣除工資作為賠償，但每月扣除的比例不超過應付工資20%？（ν）

（八）是否依法代扣辦理員工的個人所得稅？（ν）

（九）是否有規劃員工的福利方案（ν）

第 9 章
社會保險與住房公積金管理的操作實務

　　《社會保險法》是經由政府舉辦，強制某一群體將其收入的一部分作為社會保險費，形成社會保險基金，在滿足某一條件的情況下，被保險人可以從基金中獲得固定的收入或是損失的補償，是一種再分配功能的社會保障制度。

　　在《社會保險法》正式實施之前，大陸社保體系已經初步建立，有五大險種，但各項險種分別通過單向法規或政策進行規範，缺乏綜合性的統一法律；再者，社會保險強制性偏弱，企業拒不參加社會保險或長期拖欠保費，員工也表態不願參保等等情形屢見不鮮。城鄉、企業、地域之間社保制度缺乏銜接機制，造成社會保險問題重重。

　　大陸自 1994 年《社會保險法》列入國家立法規劃算起，這一關乎每一公民福祉保障的「民生基本大法」在立法路上蹣跚躊躇了 16 年才誕生。《社會保險法》在立法層面上確立了國家建立基本養老保險、基本醫療保險、工傷保險、失業保險、生育保險等社會保險制度。它以法律規範化的形式建立起覆蓋城鄉全體居民的社會保險制度，《社會保險法》以政策法律化、規範化的形式宣告了過去以政策為支柱的社會保險時期的結束，以及以法律為支柱的社會保險時期的到來。

　　因此《社會保險法》針對現有的弊端，遵循「廣覆蓋、保基本、多層次、可持續」的方針，有系統的從法律的角度，規定了五大保險制度。保障公民在年老、疾病、工傷、失業、生育等情況下，依法從國家和社會獲得物質幫助的權利。用人單位與勞動者必須依法參加社會保險，繳納保險費。

　　另外，大陸政府為解決職工住房問題，按國家有關政策、法規所建立的長期住房保障制度，稱為住房公積金。並於 1999 年 3 月 17 日頒佈實施《住房公積金條例》。

一、社會保險管理的操作

（一）社會保險的繳費比例及基數

社會保險費的繳費比例與基數，法律在原則上有規定（附表 9-1：社會保險費的繳費比例與基數一覽表）。

附表 9-1：社會保險費的繳費比例與基數一覽表

基本養老保險	1. 繳費比例：企業 20%；職工 8% 2. 繳費基數： （1）企業繳納的為本企業職工工資總額（上個月全部職工繳費基數之和）。 （2）職工繳納的基數為本人繳費工資，即本人上年度的月平均工資（包含工資、獎金、津貼、補貼等收入），無法確定本人去年度工資的（如新員工），以起薪當月的工資收入為基數。具體實施中，職工工資高於去年本市職工月平均工資 300% 的，以 300% 為基數；低於 60% 的，以 60% 為基數
基本醫療保險	1. 繳費比例：企業 6%；職工 2% 2. 繳費基數： （1）企業繳納的基數為本企業職工工資總額 （2）職工繳納的基數為本人工資收入
失業保險	1. 繳費比例：企業 2%；職工 1% 2. 繳費基數： （1）城鎮企業繳納的基數為本企業職工工資總額 （2）職工繳納的基數為本人工資收入
生育保險	1. 繳費比例：企業一般控制在職工工資總額的 1% 以下 2. 繳費基數：企業繳費基數控制在職工工資總額的 0.4%~0.8% 之間。職工不繳納生育保險費
工傷保險	1. 繳費比例：企業 0.5%~2%（依照行業風險分為三類，一類為風險較小行業，二類為風險中等行業，三類為風險較大行業，實施不同的工傷保險費率。分別控制在企業工資總額的 0.5%、1%、2%） 2. 繳費基數：通常為本企業職工工資總額。職工不繳工傷保險費

前述社會保險費用的繳費比例是法律規定的全國性標準，但實務上不同地區繳納比例略有不同，而且也會隨著年度調整，直到法律規定的最高標準（封頂）為止，企業引用時要參照當地規定的標準實施（附表 9-2：部分地區繳納社會保險費率差異一欄表）。

附表 9-2：部分地區繳納社會保險費率差異一欄表

省市別		北京	上海	天津	重慶	深圳	廣州	東莞	珠海	中山	佛山
養老保險	企業	20%	22%	20%	15%	22%	12%	11%	10%	10%	13%
	員工	8%	8%	8%	8%	8%	8%	8%	8%	8%	10%
醫療保險（＋大病醫療％或元）	企業	10%	12%	10%	9%	12%	8%	7.5%	6%	8%	8%
	員工	2%+3	2%	2%+10	2%+2	2%	2%	2%	2%	3%	2.7%
失業保險	企業	1%	2%	2%	2%	2%	2%	0.5%	1%	1%	2.5%
	員工	0.2%	1%	1%	1%	1%	1%	0.5%	1%	1%	1.5%
工傷保險	企業	0.48%	0.5%	0.5%	0.5%	0.4-0.5%	0.5-1.5%	0.5%	0.2-0.8%	1%	1.2%
生育保險	企業	0.8%	0.5%	0.8%	0.8%	0.8%	0.85%	0.85%	0.7%	1%	0.67%
合計		42.48%	48%	44.3%	38.3%	48.3%	35.35%	30.85%	29.5%	33%	38.07%

省市別		廈門	福州	杭州	寧波	紹興	南京	蘇州	無錫	南通	昆山
養老保險	企業	14%	18%	14%	12%	14	21%	20%	20%	20%	20%
	員工	8%	8%	8%	8%	8	8%	8%	8%	8%	8%
醫療保險（＋大病醫療％或元）	企業	8%	8%	11.5%	13%	5%+0.5%	9%	9%	8%	8%	8%
	員工	2%	2%	2%+4	2%	2%	2%+10	2%+5	2%	2%	2%
失業保險	企業	2%	2%	2%	2%	2%	2%	2%	1%	2%	2%
	員工	1%	1%	1%	1%	1%	1%	1%	1%	1%	1%
工傷保險	企業	0.5%	0.5-2%	0.5%	0.4%	0.5%	0.5%	1%	0.3%	1%	1%
生育保險	企業	0.5%	0.7%	0.8%	0.7%	0.8%	0.8%	1%	0.9%	0.8%	1%
合計		36%	41.7%	39.8%	39.1%	33.3%	44.3%	44%	41.2%	42.8%	43%

省市別		徐州	濟南	青島	大連	瀋陽	武漢	南昌	長沙	南寧	成都
養老保險	企業	22%	20%	20%	19%	19%	20%	19%	20%	20%	20%
	員工	8%	8%	8%	8%	8%	8%	8%	8%	8%	8%
醫療保險（＋大病醫療％或元）	企業	7%	10%	9%	8%	8%	8%	8%	8%	8%	7.5%
	員工	2%	2%+10	2%	2%	2%	2%+7	2%	2%	2%	2%
失業保險	企業	2%	1.5%	1%	2%	2%	2%	2%	2%	2%	2%
	員工	1%	0.5%	1%	1%	1%	1%	1%	1%	1%	1%
工傷保險	企業	2%	0.5-2%	0.3%	2%	2%	0.5%	2%	0.5-2%	0.5-1.3%	0.6%
生育保險	企業	0.6%	0.5-1%	0.7%	0.5%	0.8%	0.7%	0.8%	0.7%	0.6%	0.6%
合計		44.6%	43%	42%	42.5%	42.8%	42.2%	42.8%	43.7%	42.9%	41.7%

　　大陸社會保險費用占薪資收入的一定比例，以上海市而言，為48%，其中企業佔37%，員工佔11%。有的地區甚至達到50%，這一比例超過了世界上絕大多數國家。

　　根據2012年4月17日《21世紀經濟報導》的刊載，大陸清華大學教授白重恩教授認為，中國五險（養老、醫療、失業、工傷、生育保險）繳納社保費一般占到工資的40%，高的達到50%。全世界沒有其他國家比中國更高，社保繳費負擔非常重。

（二）《社會保險法》規範下勞資風險

1. 企業未為員工繳納社會保險費導致的風險

　　依據《勞動合同法》第38條第1款第3項規定，用人單位未依法為勞動者繳納社會保險費的，勞動者可以解除勞動合同，並按同法第46條規定，勞動者依照本法第38條規定解除勞動合同的，用人單位應當向勞動者支付經濟補償。另外依據《最高人民法院關於審理勞動

爭議案件適用法律若干問題的解釋（三）》第 1 條規定，勞動者以用人單位未為其辦理社會保險手續，且社會保險經辦機構不能補辦導致其無法享受社會保險待遇為由，要求用人單位賠償損失而發生爭議的，人民法院應予受理。

2. 社會保險費強制徵收導致的風險

《社會保險法》第 63 條規定，用人單位逾期仍未繳納或者補足社會保險費的，社會保險費徵收機構可以向銀行和其他金融機構查詢其存款帳戶；並可以申請縣級以上有關行政部門作出劃撥社會保險費的決定，書面通知其開戶銀行或者其他金融機構劃撥社會保險費。用人單位帳戶餘額少於應當繳納的社會保險費的，社會保險費徵收機構可以要求該用人單位提供擔保，簽訂延期繳費協議。用人單位未足額繳納社會保險費且未提供擔保的，社會保險費徵收機構可以申請人民法院扣押、查封、拍賣其價值相當於應當繳納社會保險費的財產，以拍賣所得抵繳社會保險費。

再者，依據《社會保險法》第 41 條規定，職工所在用人單位未依法繳納工傷保險費，發生工傷事故的，由用人單位支付工傷保險待遇。用人單位不支付的，從工傷保險基金中先行支付。從工傷保險基金中先行支付的工傷保險待遇應當由用人單位償還。用人單位不償還的，社會保險經辦機構可以依照本法第 63 條的規定追償。

綜合上述，《社會保險法》是強制性法律，對企業與員工而言，最大的風險就是強制性徵收，企業與員工執行社會保險，其法源依據就在依法強制徵收，目的在給員工福利保障。如果企業沒有為員工辦理投保，員工就可依照法律規定，解除勞動合同，同時依法要求企業支付經濟補償金，以及員工無法享受社會保險待遇，轉由企業負擔的風險。

3. 員工自願放棄社保權利企業能免責嗎？

在台商企業裡，經常碰到這樣的案例，有些員工聲稱家裡經濟困難等原因，希望不要參加社保，要求公司將社保費用直接發給他們，

同時自願寫承諾書，保證以後不會因社保的問題找公司的麻煩，因未參加社保的責任由員工自行承擔，與公司無關。另外也有一些公司在勞動合同中約定繳納社保的費用作為員工工資的一部分。這樣做涉及到一個問題，即社會保險是否可以由企業和員工雙方協商約定的問題。另外員工的承諾書有法律效力嗎？

雖然意思自治、平等協商是《合同法》的一大基本原則，但這種「自治」必須是在法律允許的範圍之內。不管是簽入勞動合同還是書面承諾書，雙方雖然在自願、協商一致的基礎上，但有關社會保險的內容如果違反了現行法律、法規的強制性規定，可能導致雙方約定的條款無效。大陸《勞動法》規定，用人單位和勞動者必須依法參加社會保險，繳納社會保險費。可知社會保險是國家強制保險，為員工辦理社會保險是企業的法定義務，即使員工主動提出要求不投保也不能免除企業為員工參加社會保險的法定義務。即使作出書面承諾，還是會有被認定為無效的風險，大陸《民法通則》也明確規定違反法律或者社會公共利益的民事行為無效。

企業應如何防範其中的風險？由於員工對社會保險的誤解是導致員工不願投保的重要原因之一。有些應徵員工常常問公司：「你們單位要不要扣保險？」很多人都用「扣」字來形容社會保險，是因為每月發工資時，員工直觀地感覺到，工資中被扣除了社保費用。所以人資部門應該跟員工宣傳社保費用不是公司扣掉了，而是把這些錢從工資帳戶轉移到了社保帳戶，一樣多的錢，只是放在了員工名下的社保帳戶裡。如果繳滿了 15 年，等到退休時就可以享受養老金，讓員工明白繳納社保費用是法律賦予的一種福利。

另外，如果員工不願意參加社會保險，則該員工違反了法律與規章制度的強制性規定，企業依法可以不錄用或解除勞動關係。亦即員工必須承擔不願意參加社會保險，企業可以解除勞動合同或不予聘僱的風險。

4. 社會保險機構對企業的行政處罰

《社會保險法》第 84 條規定，用人單位不辦理社會保險登記的，由社會保險行政部門責令限期改正；逾期不改正的，對用人單位處應繳社會保險費數額 1 倍以上 3 倍以下的罰款，對其直接負責的主管人員和其他直接責任人員處 500 元以上 3,000 元以下的罰款。同法第 85 條規定，用人單位拒不出具終止或者解除勞動關係證明的，依照《勞動合同法》的第 89 條規定處理，即用人單位違反本法規定未向勞動者出具解除或者終止勞動合同的書面證明，由勞動行政部門責令改正；給勞動者造成損害的，應當承擔賠償責任。

隨著《社會保險法》的正式頒布，大陸的社會保險終於以法律的形式確立起來。《社會保險法》和以往國務院制訂的一系列社保行政法規構成了比較完整的社保法律體系。社會保險有別於商業保險的自願性，屬於強制保險。員工和企業均無權對社會保險費用是否繳納以及如何繳納予以協商或單方變更，任何違背社保法律規定的協商都是沒有法律效力的。企業不辦理社會保險登記的，社保機構對用人單位的行政處罰（包含責令限期改正、對企業與直接負責的責任人員罰款），亦不容小覷。

（三）《社會保險法》五個險種的操作實務

社會保障體系包含社會保險、社會救濟、社會福利等方面，其中社會保險包含基本養老保險、基本醫療保險、失業保險、工傷保險和生育保險等五大項。

1. 基本養老保險

養老保險可分為基本養老保險、補充養老保險、個人儲蓄性養老保險、商業人壽保險等多層次的養老保險體系。基本養老保險是按國家統一政策強制實施的保障退休職工基本生活需要的一種養老保險制度。它是實行的基本養老保險與補充養老保險和職工個人儲蓄性養老保險相結合的多層次養老保險制度中的第一層次，也是最基本的部分。

基本養老保險是由國家各級社會保險行政主管部門負責組織和管理，由企業和職工個人共同繳費，基金統一籌集使用，退休待遇計發辦法由國家統一規定的養老保險制度。當勞動者達到法定退休年齡退出職場，或因病、因工傷（職業災害）而喪失勞動能力的勞動者在離開工作崗位後，由政府或社會依據法律規定，為其基本生活提供經濟和物質保障的一種社會保險制度。

（1）基本養老保險的種類

基本養老保險制度包含職工基本養老保險、新型農村社會養老保險、城鎮居民社會養老保險等三種制度。企業要關心的是職工基本養老保險。這是對員工因年老、喪失勞動能力後，定期從國家和社會領取一定數額生活費用的制度。

（2）基本養老保險基金帳戶與繳費方式

《社會保險法》第 12 條規定，用人單位應當按照國家規定的本單位職工工資總額的比例繳納基本養老保險費，記入基本養老保險統籌基金。職工應當按照國家規定的本人工資的比例繳納基本養老保險費，記入個人帳戶。同法第 15 條規定，基本養老金由統籌養老金和個人帳戶養老金組成。基本養老金根據個人累計繳費年限、繳費工資、當地職工平均工資、個人帳戶金額、城鎮人口平均預期壽命等因素確定。

（3）基本養老保險關係可跨統籌地區轉移

《社會保險法》第 19 條規定，個人跨統籌地區就業的，其基本養老保險關係隨本人轉移，繳費年限累計計算。個人達到法定退休年齡時，基本養老金分段計算、統一支付。具體辦法由國務院規定。

如何辦理社會保險的轉移手續？

【案例 9-1】如何辦理社保轉移？現在社保能跨省或者跨市轉移嗎？是不是社保 5 種保險都可以轉移？辦理社保轉移要準備什麼資料？是不是每一個城市都是不一樣的？

【解答】除了基本養老保險、基本醫療保險、失業保險可以跨統籌地

區（跨省或跨市）轉移外其他都暫時還不能轉移。但是依據《社會保險法》第 64 條第 3 款規定，基本養老保險基金逐步實行全國統籌，其他社會保險基金逐步實行省級統籌，具體時間、步驟由國務院規定。

社會保險關係轉移包括社會保險關係轉入以及轉出。參保職工因工作調動等原因需要將社會保險關係轉移到調入地社會保險經辦機構的，參保職工所在單位應及時以《社會保險關係轉出申請表》一式兩份，向社會保險經辦機構申請辦理社會保險關係轉出手續：

1. 參保人員在新就業地按規定建立基本養老保險關係和繳費後，由用人單位或參保人員向新參保地社保經辦機構提出基本養老保險關係轉移接續的書面（《社會保險關係轉出申請表》）申請；

2. 新參保地社保經辦機構在 15 個工作日內，審核轉移接續申請，對符合規定條件的，向參保人員原基本養老保險關係所在地的社保經辦機構發出同意接收函，並提供相關資訊；對不符合轉移接續條件的，向申請單位或參保人員作出書面說明；

3. 原基本養老保險關係所在地社保經辦機構在接到同意接收函的 15 個工作日內，辦理好轉移接續的各項手續；

4. 新參保地社保經辦機構在收到參保人員原基本養老保險關係所在地社保經辦機構轉移的基本養老保險關係和資金後，應在 15 個工作日內辦結有關手續，並將確認情況及時通知用人單位或參保人員。

再者，《社會保險關係轉出申請表》必須由社會保險關係轉入地的社會保險經辦機構加具是否同意轉入意見，並加蓋公章。填表時，必須要確保轉入地社會保險經辦機構的開戶行、戶名、帳號等資訊的準確性。

（4）基本養老保險待遇

達到法定退休年齡時累計繳費滿 15 年的，按月領取基本養老金。綜合《社會保險法》第 16 條、《實施〈社會保險法〉若干規定》第 2 條、第 3 條第 2 款等規定，參加基本養老保險的個人，達到法定退休年齡時累計繳費不足 15 年的，可以繳費至滿 15 年，按月領取基本養老金。

社會保險法實施前參保、延長繳費5年後仍不足15年的，可以一次性繳費至滿15年，也可以轉入新型農村社會養老保險或者城鎮居民社會養老保險，按照國務院規定享受相應的養老保險待遇。如未轉入新型農村社會養老保險或者城鎮居民社會養老保險的，個人可以書面申請終止職工基本養老保險關係。社會保險經辦機構收到申請後，應當書面告知其轉入新型農村社會養老保險或者城鎮居民社會養老保險的權利以及終止職工基本養老保險關係的後果，經本人書面確認後，終止其職工基本養老保險關係，並將個人帳戶儲存額一次性支付給本人。

（附圖9-1：員工領取基本養老金的條件流程圖）

另外，《社會保險法》第17條規定，參加基本養老保險的個人，因病或者非因工死亡的，其遺屬可以領取喪葬補助金和撫恤金；在未達到法定退休年齡時因病或者非因工致殘完全喪失勞動能力的，可以領取病殘津貼。

綜合上述，人資部門應當掌握的是員工達到法定的退休年齡條件者，應辦理退休，享受養老保險待遇。即男職工年滿60歲、女職工（管理、專業技術崗位的員工）年滿55歲、女工人年滿50歲者，且養老保險的繳費年限達15年者，可以退休享受養老保險待遇。

另外，根據《勞動合同法實施條例》第21條規定，員工達到法定的退休年齡者，勞動合同終止。換言之，不管該員工是否養老保險的繳費年限達15年，只要到達上述的退休年齡，勞動合同就要終止。

當員工個人繳費年限累計滿15年的且到達退休年齡的，退休以後按月領取的養老金。不滿15年的，可以繼續繳費至滿15年或依法一次性繳費至滿15年為止，再請領養老金；或者轉入新型農村社會養老保險或者城鎮居民社會養老保險，按照國務院規定享受相應的養老保險待遇。

員工達到退休年齡後，由於累計繳費不足15年，且未轉入新型農村社會養老保險或者城鎮居民社會養老保險的，個人可以書面申請終止職工基本養老保險關係。其個人帳戶儲存額一次支付其本人。

附圖 9-1：員工領取基本養老金的條件流程圖

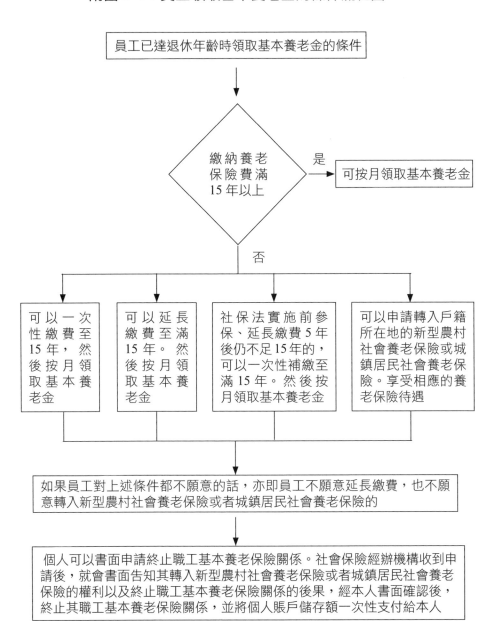

員工已達退休年齡時領取基本養老金的條件

繳納養老保險費滿15年以上 ──是── 可按月領取基本養老金

否

可以一次性繳費至15年，然後按月領取基本養老金

可以延長繳費至滿15年。然後按月領取基本養老金

社保法實施前參保、延長繳費5年後仍不足15年的，可以一次性補繳至滿15年。然後按月領取基本養老金

可以申請轉入戶籍所在地的新型農村社會養老保險或城鎮居民社會養老保險。享受相應的養老保險待遇

如果員工對上述條件都不願意的話，亦即員工不願意延長繳費，也不願意轉入新型農村社會養老保險或者城鎮居民社會養老保險的

個人可以書面申請終止職工基本養老保險關係。社會保險經辦機構收到申請後，就會書面告知其轉入新型農村社會養老保險或者城鎮居民社會養老保險的權利以及終止職工基本養老保險關係的後果，經本人書面確認後，終止其職工基本養老保險關係，並將個人賬戶儲存額一次性支付給本人

有關員工退休之問題

【案例 9-2】1. 職工已達退休年齡（男 60 歲，女 50 歲）但尚未能享受養老待遇者（投保年資未達 15 年），勞動合同是否可終止？若可終止，用人單位需要支付經濟補償金嗎？

2. 續上題，勞動合同終止後若職工繼續工作，可另外簽訂工作協議取代勞動合同嗎？新簽訂之協議內容是否不受勞動合同法之規範？薪資仍須依照法定最低工資標準嗎？

【解答】1. 可以終止，根據《勞動合同法實施條例》第 21 條規定，員工達到法定的退休年齡者，勞動合同終止。依照《勞動合同法》第 46 條的規定，勞動者開始依法享受基本養老保險待遇的（同法 44 條第 2 項），不必支付經濟補償金，如果投保年資未達 15 年但已達到退休年齡，按規定可以一次繳費至滿 15 年或延長繳費至滿 15 年，然後按月領取基本養老金。

2. 根據《勞動合同法》、《勞動合同法實施條例》等規定，勞動者退休以後即喪失了勞動關係的主體資格，退休的員工再被聘繼續工作，與公司係屬於民事上的勞務關係而非勞動關係，雙方合意可另簽工作協議或勞務合同。

2. 基本醫療保險

根據 1998 年 12 月發布的《國務院關於建立城鎮職工基本醫療保險的決定》是處理有關醫療保險問題的重要依據。基本醫療保險是指職工由於患病，非因工負傷而暫時喪失勞動能力時，從社會得到物質幫助的一種社會保險制度。

（1）基本醫療保險的種類

基本醫療保險制度包含城鎮職工基本醫療保險、城鎮居民基本醫療保險、新型農村合作醫療保險為主體的全民基本醫療保險制度體系。

（2）基本醫療保險基金帳戶與繳費方式

《社會保險法》第 23 條第 1 款規定，職工應當參加職工基本醫療保險，由用人單位和職工按照國家規定共同繳納基本醫療保險費。同

法第 27 條規定，參加職工基本醫療保險的個人，達到法定退休年齡時累計繳費達到國家規定年限的，退休後不再繳納基本醫療保險費，按照國家規定享受基本醫療保險待遇；未達到國家規定年限的，可以繳費至國家規定年限。而《實施〈社會保險法〉若干規定》第 7 條第 1 款則規定繳費年限按照各地規定執行。

基本醫療保險基金由統籌基金和個人帳戶構成，個人繳納的基本醫療保險費全部記入個人帳戶。企業繳納的基本醫療保險費分為兩部分，一部分用於建設統籌基金，一部分劃入個人帳戶，劃入個人帳戶的比例約為企業繳費的 30% 左右。確定單位繳費劃入個人帳戶的具體比例，由統籌地區根據個人帳戶的支付範圍和職工年齡等因素確定。

（3）基本醫療保險關係可跨統籌地區轉移

《社會保險法》第 32 條規定，個人跨統籌地區就業的，其基本醫療保險關係隨本人轉移，繳費年限累計計算。而《實施〈社會保險法〉若干規定》第 7 條第 2 款則規定基本醫療保險關係轉移接續時，基本醫療保險繳費年限累計計算。

（4）基本醫療保險待遇

《實施〈社會保險法〉若干規定》第 8 條規定，參保人員在協議醫療機構發生的醫療費用，符合基本醫療保險藥品目錄、診療項目、醫療服務設施標準的，按照國家規定從基本醫療保險基金中支付。參保人員確需急診、搶救的，可以在非協議醫療機構就醫；因搶救必須使用的藥品可以適當放寬範圍。參保人員急診、搶救的醫療服務具體管理辦法由統籌地區根據當地實際情況制訂。

至於員工如何使用統籌基金和個人帳戶的資金於醫療支出呢？按規定統籌基金和個人帳戶有各自劃定支付的範圍，分別核算。《社會保險法》第 28 條規定，符合基本醫療保險藥品目錄、診療專案、醫療服務設施標準以及急診、搶救的醫療費用，按照國家規定從基本醫療保險基金中支付。可以說職工能夠獲得的醫療保險待遇是基本醫療服務，非全部的醫療服務。

A. 統籌基金的起付線標準是指統籌基金在支付參保員工住院醫療費用前，必須先由個人使用個人帳戶的基金負擔醫療費用的一定額度，只有超過起付線標準以上的，才動用統籌基金的一定比例支付。起付標準原則上控制在當地職工年平均工資的 10% 左右，起付標準以下的醫療費用，從個人帳戶中支付或由個人自付。

B. 起付線標準以上，最高支付限額（當地職工年均工資的 4 倍）以下的醫療費用支付由醫療統籌基金按照一定比例支付。亦即主要從統籌基金中支付，個人也要負擔一定比例。最高支付限額原則上控制在當地職工年均工資的 4 倍左右。

3. 失業保險

失業保險指國家通過立法等強制性手段，由社會集中建立基金，對非因本人原因而失業，暫時中斷生活來源的勞動者提供物質幫助的一種生活保障制度。

《社會保險法》第 44 條規定，職工應當參加失業保險，由用人單位和職工按照國家規定共同繳納失業保險費。同法第 45 條規定，失業人員符合下列條件的，從失業保險基金中領取失業保險金：

（1）失業前用人單位和本人已經繳納失業保險費滿 1 年的；

（2）非因本人意願中斷就業的；

（3）已經進行失業登記，並有求職要求的。

《社會保險法》第 46 條規定，領取失業保險金的年限（附表 9-3：領取失業保險金的年限分析表）

附表 9-3：領取失業保險金的年限分析表

累計繳費年限 (X)	失業保險金的期限	備註
$1 \leqq X < 5$	最長為 12 個月	重新就業後，再次失業的，繳費時間重新計算，領取失業保險金的期限與前次失業應當領取而尚未領取的失業保險金的期限合併計算，最長不超過 24 個月。
$5 \leqq X < 10$	最長為 18 個月	
$X \geqq 10$	最長為 24 個月	

同法第 48 條規定，失業人員在領取失業保險金期間，參加職工基本醫療保險，享受基本醫療保險待遇。失業人員應當繳納的基本醫療保險費從失業保險基金中支付，個人不繳納基本醫療保險費。

同法第 49 條第 1 款規定，失業人員在領取失業保險金期間死亡的，參照當地對在職職工死亡的規定，向其遺屬發給一次性喪葬補助金和撫恤金。所需資金從失業保險基金中支付。

同法第 50 條規定，用人單位應當及時為失業人員出具終止或者解除勞動關係的證明，並將失業人員的名單自終止或者解除勞動關係之日起 15 日內告知社會保險經辦機構。失業人員應當持本單位為其出具的終止或者解除勞動關係的證明，及時到指定的公共就業服務機構辦理失業登記。失業人員憑失業登記證明和個人身分證明，到社會保險經辦機構辦理領取失業保險金的手續。失業保險金領取期限自辦理失業登記之日起計算。

同法第 52 條規定，職工跨統籌地區就業的，其失業保險關係隨本人轉移，繳費年限累計計算。

失業保險制度是指職工在一定的失業期間內，由社會提供一定的金額使其維持基本生活的一種保障制度。失業保險待遇包括失業救濟金以及失業職工在領取失業救濟金期間的醫療費、喪葬補助費；其供養直系親屬之撫恤費、救濟費等。

綜合上述，失業人員從失業保險基金中領取失業保險金有一定的條件，例如失業前企業和本人已經繳納失業保險費滿 1 年的；非因本人意願中斷就業的；已經進行失業登記，並有求職要求的。同時領取失業保險金有一定的期限限制。

4. 生育保險

生育保險制度是為了保障女職工在生育期間的合法權益，給予經濟補償與醫療保健的一種社會保險制度。

《社會保險法》第 53 條規定，職工應當參加生育保險，由用人單位按照國家規定繳納生育保險費，職工不繳納生育保險費。

同法第 54、55、56 條規定，用人單位已經繳納生育保險費的，其職工享受生育保險待遇；職工未就業配偶按照國家規定享受生育醫療費用待遇。所需資金從生育保險基金中支付。

生育保險待遇包括生育醫療費用和生育津貼。其中生育醫療費用包括生育的醫療費用、計畫生育的醫療費用、法律、法規規定的其他項目費用。生育津貼按照職工所在用人單位上年度職工月平均工資計發，包括女職工生育享受產假、享受計畫生育手術休假、法律、法規規定的其他情形。

《社會保險法》第 56 條第 2 款規定，女職工可享受的生育保險待遇有生產期間的生育醫療費用，以及由生育保險基金支付的生育津貼，因此企業於員工產假期間不必支付工資。未參加生育保險社會統籌的企業，應負擔員工生育期間的生育津貼與生育醫療費用。

女職工妊娠結束後，應將相關證明材料和醫療費用交企業人資部門或用人單位匯總，向社會保險經辦機構申報，申報時要備好產前檢查費、住院醫療費、生育津貼、計畫生育手術門診醫療費等相應的申報材料，生育保險的具體待遇標準與申報程序，可向當地社會保險經辦機構的網站或窗口查詢。

5. 工傷保險

工傷包含傷、殘、亡三種情況，傷是指勞動者在生產、工作過程中因工傷事故或患職業病，致使身體器官或生理功能受到損傷，引起暫時的勞動能力喪失；殘是指勞動者在遭遇工傷事故和職業病傷害後，經治療和休養仍然不能完全康復，以致身體器官喪失或功能出現障礙，引起永久性的部分或完全勞動能力喪失；亡是指因工傷事故或職業病導致死亡。

對於勞動者因為傷、殘、亡三種情況，國家建立工傷保險制度給於保障與協助，因此工傷保險制度是指國家和社會為在生產、工作中遭受工傷事故和職業病傷害的勞動者及其家屬提供醫療服務、生活保障、經濟補償、醫療和職業康復等物質幫助的一種社會保險制度。

（1）工傷保險基金與繳費方式

《社會保險法》第 33 條規定，職工應當參加工傷保險，由用人單位繳納工傷保險費，職工不繳納工傷保險費。同法第 36 條規定，職工因工作原因受到事故傷害或者患職業病，且經工傷認定的，享受工傷保險待遇；其中經勞動能力鑑定喪失勞動能力的，享受傷殘待遇。

（2）工傷認定、勞動能力鑑定、工傷保險待遇、傷殘待遇

工傷事故的事實認定分為兩部分，即工傷認定與勞動能力鑑定。因此，《社會保險法》第 36 條規定，職工因工作原因受到事故傷害或者患職業病，且經工傷認定的，享受工傷保險待遇；其中經勞動能力鑑定喪失勞動能力的，享受傷殘待遇。有關工傷認定、勞動能力鑑定、工傷保險待遇、傷殘待遇之規定，詳見本書第 10 章「工傷保險事故與待遇管理的操作實務」。

二、住房公積金管理的操作

（一）住房公積金的繳費比例及基數

依據建設部、財政部、中國人民銀行《關於住房公積金管理若干問題指導意見》規定，住房公積金的繳費比例，在設區的城市，單位和職工繳存比例不應低於 5%，原則上不高於 12%（合計繳存比例為 10% 至 24%）。

依據《住房公積金管理條例》規定，住房公積金的月繳存基數為職工本人上一年度月平均工資。新參加工作的職工從參加工作的第二個月開始繳存住房公積金，月繳存基數為職工本人當月工資。單位新調入的職工從調入單位發放工資之日起繳存住房公積金，月繳存基數為職工本人當月工資。

（二）住房公積金的操作實務

依據《住房公積金管理條例》第 2 條規定，住房公積金為職工福

利，指國家機關、國有企業、城鎮集體企業、外商投資企業、城鎮私營企業及其他城鎮企業、事業單位、民辦非企業單位、社會團體及其在職職工繳存的長期住房儲金。

同條例第 5 條規定，住房公積金用於職工購買、建造、翻建、大修以及裝修自住住房。換句話說，住房公積金是職工按規定存儲起來的專項用於住房消費支出的個人住房儲金。它具有兩個特徵，一是積累性。即住房公積金雖然是職工工資的組成部分，但不以現金形式發放，並且必須存入住房公積金管理中心在受委託銀行開設的專戶內，實行專戶管理；二是專用性。住房公積金實行專款專用，存儲期間只能按規定用於購買、建造、大修自住住房，或交納房租。

住房公積金分為兩部分，即職工個人繳存部分和用人單位繳存部分，兩部分數額均匯入個人帳戶，繳存之後全部歸屬於職工個人所有，並設有個人住房公積金專門個人帳戶。個人繳存比例不低於職工本人上一年度月平均工資的 5%。繳存公積金的職工可以向公積金中心申請公積金貸款，公積金貸款利率較商業貸款利率較低。

職工只有在退休、死亡、完全喪失勞動能力並與用人單位終止勞動關係或戶口遷出原居住城市時，才可提取本人帳戶內的住房公積金。

三、補充社會保險與補充住房公積金

補充養老保險是指企業與職工在基本養老保險的基礎上，自願建立的補充養老保險制度，又稱為企業年金。企業年金所需費用由企業和職工共同繳納。企業年金是對基本養老保險的補充，但不能取代具有強制性質的基本養老保險。企業繳納的企業年金費用，計入職工企業年金個人帳戶。職工變更工作單位時，企業年金個人帳戶資金可以隨同轉移。職工在到達退休年齡時可以從本人企業年金各帳戶裡頭一次或定期領取企業年金。職工在未達到退休之前，不得從個人帳戶中提前提取資金。

補充住房公積金是企業自願性建立的一種對強制性住房公積金的

補充形式，二者都是一種長期的住房儲金，用於職工住房消費，但法律規定只有足額繳納稅款的企業及其員工，可以參加補充住房公積金。

四、《社會保險法》對企業的影響與因應對策

《社會保險法》的實施對企業確實是一大經營管理問題，這是繼實施《勞動合同法》的另一個重大影響。目前正值全世界經濟不景氣的時段，大陸缺工與工資年年調漲的陰影下，企業對《社會保險法》的實施應有對應的對策，茲說明如下：

（一）人資部門加強學習社保法令才能解決來自員工的疑義

《社會保險法》實施以後，員工對本身的社保待遇等相關知識非常在意，影響到人資部門的專業知識能否滿足員工的需要。人資部門作為員工福利的協助者角色，給予正面與正確的建議是必要的措施，例如員工不願參加社保，自願承諾放棄等要求，則要從法律強制性、保障福利立場給予正確答案，另外員工社保待遇如何申請等等日常作業的職責都落在人資部門。

所以先決條件是人資部門要注意到法律的規範，做到法制化管理，深入研究社會保險的各項具體事項，台商認真研究員工參保與保障待遇等具體細節，不僅對法令瞭然於胸，有助成本節約與效率提升，更能妥善為員工爭取社保權益。

（二）企業必須規劃正確的福利激勵方案才能留住人才

《社會保險法》實施以後，以全國統一的公民身分號碼作為個人社會保障號碼，基本養老保險基金實行全國統籌，其他社會保險基金逐步實行省級統籌，促進了員工合理有序的全國勞動力自由流動。企業更加要瞭解人力需求與動向，才能留住人才。而法定薪資與社會保險待遇只是基本驅動因素，未來的留才策略應在這個基礎上更加強化職位晉升與福利激勵方案。

（三）人力成本的不斷攀升促使台商思考轉型升級方向

最近幾年以來，大陸工資的逐年調漲，同時有著世界數一數二的高社保費率，再加上全國性的缺工現象，使人力成本占營銷金額的比例已經壓縮了合理的利潤空間，毛三到四的微利現象逼使企業必須考慮到轉型升級的迫切性。而轉型升級的核心在於人才，人才策略的焦點在創造員工價值，讓員工的真正潛能在職場環境中得以有效率、效能地展開。企業應以創造價值思維來看待員工而不是忽略工資與福利，所以要從企業行銷的角度出發，發展人力資源服務，提供滿意的服務流程，贏得員工的滿意度和忠誠度，才能贏得客戶的滿意度，這樣才能保證內銷轉型與管理升級的成功。

五、人力資源的使用成本

本章談到的是企業所繳納的社會保險費與住房公積金，所涉及的人力成本是屬於人力資源的使用成本。員工享受的社會保險待遇，如果是由企業支付的費用，例如企業未參保，致使員工因工傷致殘，則由工傷保險基金先行支付費用，再向企業求償，這筆費用所涉及的人力成本是屬於人力資源的保障成本。

按照《企業所得稅法實施條例》第 35 條規定，企業依照國務院有關主管部門或者省級人民政府規定的範圍和標準為職工繳納的基本養老保險費、基本醫療保險費、失業保險費、工傷保險費、生育保險費等基本社會保險費和住房公積金，准予從企業所得稅中扣除。企業為投資者或者職工支付的補充養老保險費、補充醫療保險費，在國務院財政、稅務主管部門規定的範圍和標準內，准予從企業應納所得額中扣除。

按照財稅 [2009]27 號《關於補充養老保險費補充醫療保險費有關企業所得稅政策問題的通知》規定，自 2008 年 1 月 1 日起，企業根據國家有關政策規定，為在本企業任職或者受雇的全體員工支付的補充養老保險費、補充醫療保險費，分別在不超過職工工資總額 5% 標準

內的部分，在計算應納稅所得額時准予從企業應納所得額中扣除，但超過的部分，不予扣除。

六、管控要點

有關社會保險與住房公積金管理的管控要點如下：

（一）是否依規定的繳費基數與標準為每一位員工，辦理社會保險？（ν）

（二）是否妥善解決了員工的醫療保險待遇？（ν）

（三）是否及時為失業員工辦理有關失業的證明？（ν）

（四）員工退休時，是否為他們辦理退休與領取退休金的作業手續？（ν）

（五）是否依規定的繳費基數與標準為每一位員工，辦理社會保險？（ν）

第 10 章
工傷保險事故與待遇管理的操作實務

工傷事故處理中，勞動者是否屬於工傷或職業病，是很重要的核心問題。只要認定工傷，並且鑑定出勞動能力的等級，員工才能以照規定享受工傷保險待遇。首先要瞭解的是定性，根據定性原則進行工傷認定與勞動能力鑑定程序。

一、工傷定性

企業員工受傷或患病是否屬於工傷，涉及定性問題。因此企業在進行工傷定性時，必須注意到下列的幾個要點：

（一）工傷職工存在著勞動關係

職工與企業或雇主之間存在著勞動關係或事實勞動關係是進行工傷認定的前提條件。在認定工傷的過程中，企業或受傷害的職工必須向工傷認定機構出具證據證明自己與用人單位存在著勞動關係或事實勞動關係，還要提供在勞動過程中發生事故的證明和醫療診斷證明。

（二）三工因素

《工傷保險條例》第 14 條規定，因為三工因素（工作時間、工作場所、工作原因）而受到事故傷害的，都可認定為工傷。

所謂三工因素，從《工傷保險條例》的立法宗旨來看，工作時間，除了正常工作時間、從事與工作有關的預備性及收尾性工作的時間以外，還應包含加班時間、因公出差的時間、臨時接受工作任務的時間、上下班途中時間；工作場所，除了在正常工作時間內的勞動場所外，還應包括指派外出或出差的工作場所；工作原因，除了前述的工作時

間、工作場所內從事與工作相關的任務外，還包含工作過程中臨時解決合理的生理需要如就餐、如廁等應屬於工作原因的延伸因素。

（三）無過錯賠償原則

無過錯賠償原則是指工傷性質的認定不受是否存在主觀責任的影響，當員工因工發生傷殘、死亡事故，無論責任在哪一方，企業都應該給工傷職工經濟補償。因此，即使員工是因違反操作規程而引發事故造成其人身傷害，也仍應認定為工傷。實踐中常有企業詢問員工無上崗證操作叉車（堆高機）或未經允許擅入操作區域而發生身體傷害，算不算工傷？此種因員工過錯所發生的身體傷害，仍然會被認定為工傷。

（四）舉證責任倒置

《工傷認定辦法》第 17 條的規定指出，員工或者其近親屬認為是工傷，企業不認為是工傷的，由該企業承擔舉證責任。企業拒不舉證的，社會保險行政部門可以根據受傷害職工提供的證據或者調查取得的證據，依法作出工傷認定決定。

在工作場所喝摻有瀉藥的水而肚子疼痛上醫院治療能否申請工傷？

【案例 10-1】小李和小趙是某紡織廠的員工，住在同一宿舍內。由於兩人生活習慣不一樣，產生了矛盾。一天，在工作崗位內，小李趁小趙不在，在小趙的水壺裡放進了瀉藥，小趙喝了水以後感到肚子疼痛難忍，頻上廁所，最後上醫院，小趙花費了大約 1 萬元的醫療費。在查明事實原因後，小趙就找小李賠償醫藥費，但小李家中一貧如洗，無法支付。於是小趙找工廠領導，要求享受工傷保險待遇。

請問，小趙的傷害能否認訂為工傷？

【分析】雖然小趙受傷是發生在工作時間和工作場合內，但其純屬由於與小李之間的矛盾所引起，不符合「三工因素」中的因工受傷，顯然不屬於工傷。

二、工傷認定的法律規定

（一）七種認定工傷的情形

《工傷保險條例》第 14 條規定，職工有下列情形之一的，應當認定為工傷：

1. 在工作時間和工作場所內，因工作原因受到事故傷害的；

這是典型的認定工傷事故的全部要素，即指工作時間、工作場所、工作原因三要素，廣義的解釋應當包含下述的第 2、3、4 項。幾乎所有的工傷認定都以本項為基礎。例如在車間工廠上班或加班時的機器操作作業、搬運作業因而發生的傷害事故。

2. 工作時間前後在工作場所內，從事與工作有關的預備性或者收尾性工作受到事故傷害的；

這是指在工作場所內，將工作時間的前後延長時間認為工作時間，在這段期間工作必須是與正式工作有關的預備性或收尾性工作。例如上班或開機前的檢查作業、下班或關機後的清洗作業，因而發生的傷害事故。

3. 在工作時間和工作場所內，因履行工作職責受到暴力等意外傷害的；

這是指工作原因要素的變化，員工遭受到暴力等意外傷害並非是工作原因，而是與履行崗位工作職責有關的作業。例如人事人員拿工資條給員工簽收，卻遭到該員工因不滿意工資計算方式而揮拳揍人的暴力行為。

4. 患職業病的；

這是指凡是患職業病均與工作有關。根據《職業病防治法》，職業病是指企業的員工在職業活動中，因接觸粉塵、放射性物質和其他有毒、有害物質等因素而引起的疾病。依據（《職業病目錄》（衛法監發【2002】108 號）的規定，職業病包含 10 類，依序為塵肺、職業性放射性疾病、職業中毒、物理因素所致職業病、生物因素所致職

業病、職業性皮膚病、職業性眼病、職業性耳鼻喉口腔疾病、職業性腫瘤、其他職業病（附表 10-1：職業病目錄表）。

附表 10-1：職業病目錄表

一、塵肺
1. 矽肺；2. 煤工塵肺；3. 石墨塵肺；4. 碳黑塵肺；5. 石棉肺；6. 滑石塵肺；7. 水泥塵肺；8. 雲母塵肺；9. 陶工塵肺；10. 鋁塵肺；11. 電焊工塵肺；12. 鑄工塵肺；13. 根據《塵肺病診斷標準》和《塵肺病理診斷標準》可以診斷的其他塵肺。
二、職業性放射性疾病
1. 外照射急性放射病；2. 外照射亞急性放射病；3. 外照射慢性放射病；4. 內照射放射病；5. 放射性皮膚疾病；6. 放射性腫瘤；7. 放射性骨損傷；8. 放射性甲狀腺腫；9. 放射性性腺疾病；10. 放射複合傷；11. 根據《職業性放射性疾病診斷標準（總則）》可以診斷的其他放射性損傷。
三、職業中毒
1. 鉛及其化合物中毒（不包括四乙基鉛）；2. 汞及其化合物中毒；3. 錳及其化合物中毒；4. 鎘及其化合物中毒；5. 鈹病；6. 鉈及其化合物中毒；7. 鋇及其化合物中毒；8. 釩及其化合物中毒；9. 磷及其化合物中毒；10. 砷及其化合物中毒；11. 鈾中毒；12. 砷化氫中毒；13. 氯氣中毒；14. 二氧化硫中毒；15. 光氣中毒；16. 氨中毒；17. 偏二甲基 中毒；18. 一氧化碳中毒；19. 二硫化碳中毒；20. 氮氧化合物中毒；21. 硫化氫中毒；22. 磷化氫、磷化鋅、磷化鋁中毒；23. 工業性氟病；24. 氰及 類化合物中毒；25. 四乙基鉛中毒；26. 有機錫中毒；27. 羰基鎳中毒；28. 苯中毒；29. 甲苯中毒；30. 二甲苯中毒；31. 正己烷中毒；32. 汽油中毒；33. 一甲胺中毒；34. 有機氟聚合物單體及其熱烈解物中毒；35. 二氯乙烷中毒；36. 四氯化碳中毒；37. 氯乙烯中毒；38. 三氯乙烯中毒；39. 氯丙烯中毒；40. 氯丁二烯中毒；41. 苯的氨基及硝基化合物（不包括三硝基甲苯）中毒；42. 三硝基甲苯中毒；43. 甲醇中毒；44. 酚中毒；45. 五氯酚（鈉）中毒；46. 甲醛中毒；47. 硫酸二甲酯中毒；48. 丙烯醯胺中毒；49. 二甲基甲醯胺中毒；50. 有機磷農藥中毒；51. 氨基甲酸酯類農藥中毒；52. 殺蟲 中毒；53. 溴甲烷中毒；54. 擬除蟲菊酯類農藥中毒；55. 根據《職業性中毒性肝病診斷標準》可以診斷的職業性中毒性肝病；56. 根據《職業性急性化學物中毒診斷標準（總則）》可以診斷的其他職業性急性中毒。
四、物理因素所致職業病
1. 中暑；2. 減壓病；3. 高原病；4. 航空病；5. 手臂振動病。
五、生物因素所致職業病
1. 炭疽；2. 森林腦炎；3. 布氏桿菌病。
六、職業性皮膚病
1. 接觸性皮炎；2. 光敏性皮炎；3. 電光性皮炎；4. 黑變病；5. 痤瘡；6. 潰瘍；7. 化學性皮膚灼傷；8. 根據《職業性皮膚病診斷標準（總則）》可以診斷的其他職業性皮膚病。

七、職業性眼病
1. 化學性眼部灼傷；2. 電光性眼炎；3. 職業性白內障（含放射性白內障、三硝基甲苯白內障）。

八、職業性耳鼻喉口腔疾病
1. 雜訊聾；2. 鉻鼻病；3. 牙酸蝕病。

九、職業性腫瘤
1. 石棉所致肺癌、間皮瘤；2. 聯苯胺所致膀胱癌；3. 苯所致白雪病；4. 氯甲醚所致肺癌；5. 砷所致肺癌；6. 氯乙烯所致肝血管肉瘤；7. 焦爐工人肺癌；8. 鉻酸鹽製造業工人肺癌。

十、其他職業病
1. 金屬煙熱；2. 職業性哮喘；3. 職業性變態反應性肺泡炎；4. 棉塵病；5. 煤礦井下工人滑囊炎。

員工於工作場所內因中暑而導致死亡是否屬於工傷呢？

【案例 10-2】胡先生是一家金屬冶煉廠的工人，負責流水線上的工作。一次在高溫環境中工作時，由於加班時間過長，突然感到身體不適，站立不穩昏厥在地，神志不清。經診斷為中暑導致腎衰竭，搶救無效後去世。胡先生的家屬和單位，對因中暑而導致死亡是否屬於工傷各執一詞，無法達成一致意見。因中暑而導致的死亡是否屬於工傷呢？

【分析】2002 年 4 月衛生部和勞保部聯合印行的《職業病目錄中，已明確將中暑列入因物理因素所致的職業病。依據《工傷保險条例》第 15 條的規定，「在工作時間和工作崗位，突發疾病死亡或者在 48 小時之內經搶救無效死亡的，視為工傷。」只要經過職業病防治機構的診斷，認定為工傷的，就可以根據《工傷保險條例》得到相應賠付。

---

5. 因工外出期間，由於工作原因受到傷害或者發生事故下落不明的；

這是指員工因工、因公外出辦事，其外出的全部時間都認定是工作時間，外出的地點、場所，以及沿途也都認為是工作場所，因而受到的傷害，以及因工外出期間發生事故下落不明的，就被認為是工傷。例如業務員出差拜訪客戶、因業務需要請客，因而發生的傷害事故。

6. 在上下班途中，受到非本人主要責任的交通事故或者城市軌道交通、客運輪渡、火車事故傷害的；

有關上下班途中遭致事故傷害的工傷認定問題，2011 年 6 月 23 日人力資源和社會保障部辦公廳發布的《關於工傷保險有關規定處理意見的函》，確定了以下幾點意見：

第一、該條規定的上下班途中是指合理的上下班時間和合理的上下班路途。

第二、該條規定的非本人主要責任事故包括非本人主要責任的交通事故和非本人主要責任的城市軌道交通、客運輪渡和火車事故。其中，交通事故是指《道路交通安全法》第 119 條規定的車輛在道路上因過錯或者意外造成的人身傷亡或者財產損失事件。車輛是指機動車和非機動車；道路是指公路、城市道路和雖在單位管轄範圍但允許社會機動車通行的地方，包括廣場、公共停車場等用於公眾通行的場所。

第三、非本人主要責任事故認定應以公安機關交通管理、交通運輸、鐵道等部門或司法機關，以及法律、行政法規授權組織出具的相關法律文書為依據。

7. 法律、行政法規規定應當認定為工傷的其他情形。

這是指除了《工傷保險條例》以外符合國家及本地區法律、行政法規有關因工傷亡事故規定的情況下發生的傷亡事故。例如各省、自治區、直轄市人民政府的工傷保險立法，如果規定某種情形下發生的傷亡事故工傷，應從其規定。主要是在解決國家法律原則下的特殊情形。

（二）三種視同工傷的情形

《工傷保險條例》第 15 條規定，職工有下列情形之一的，視同工傷：

1. 在工作時間和工作崗位，突發疾病死亡或者在 48 小時之內經搶救無效死亡的；

2. 在搶險救災等維護國家利益、公共利益活動中受到傷害的；

3. 職工原在軍隊服役，因戰、因公負傷致殘，已取得革命傷殘軍人證，到用人單位後舊傷復發的。

嚴格而言，視同工傷實際上不是工傷，但由於上述情形，員工的行為與履行工作職責有關，所以《工傷保險條例》將其視為工傷，可以按照有關規定享受工傷保險待遇。

職工有前述第 1、2 項情形的，按照《工傷保險條例》的有關規定享受工傷保險待遇；職工有前款第 3 項情形的，按照本條例的有關規定享受除一次性傷殘補助金以外的其他工傷保險待遇。

（三）四種不認定為工傷的情形

《社會保險法》第 37 條規定，職工因下列情形之一所導致本人在工作中傷亡的，不認定為工傷：

1. 故意犯罪；

犯罪分成故意犯罪和過失犯罪。員工因故意犯罪傷亡，與執行工作職責無關，不得認定為工傷，亦即實施犯罪行為的人故意給自己造成的傷害，不應認定為工傷。另外，故意犯罪的認定需以人民法院的裁判文書為準。

2. 醉酒或者吸毒；

員工因醉酒而傷亡，即便是在工作時間、工作場所，也不得認定為工傷。例如員工出差，受客戶招待後，酒後駕車發生事故因而受傷，醉酒的認定應按有關規定檢測行為人體內的酒精含量，達到一定的標準，就應認定為醉酒。如果是一般意義上的喝酒行為，就不屬於排除認定工傷的條件，仍然可以認定為工傷。

至於醉酒的標準，人力資源和社會保障部於 2011 年 7 月 1 日起施行的《實施〈社會保險法〉若干規定》第 10 條規定，《社會保險法》第 37 條第 2 項中的醉酒標準，按照《車輛駕駛人員血液、呼氣酒精含量閾值與檢驗》（GB19522-2004）執行。公安機關交通管理部門、醫療機構等有關單位依法出具的檢測結論、診斷證明等材料，可以作為

認定醉酒的依據。而吸毒不僅導致吸毒者對毒品產生依賴,還將嚴重損害其身心健康。法律抑制吸毒行為的產生,所以不將吸毒者認定為工傷。

3. 自殘或者自殺;

這種人身傷害是行為人自己的責任,不能認定為工傷。然企業要證明員工在工作場所自殘,必須提供證據,工傷認定實施舉證責任倒置,亦即由企業證明員工的受傷不符合工傷認定的有關標準。

4. 法律、行政法規規定的其他情形。

這是對不認定工傷情形的兜底性規定,《社會保險法》將規定排除工傷認定範圍的權力限於法律和行政法規,地方性法規無權作此規定。

三、工傷認定的程序

有關工傷認定的程序,按照人力資源和社會保障部於 2011 年 1 月 1 日頒發布施行的《工傷認定辦法》規定,是指從員工發生傷害事故開始,申請人(企業或員工)向當地社會保險行政部門提出工傷認定申請到作出工傷認定決定,甚或對工傷認定決定不服的,不服的一方可依法申請複議或提起行政訴訟為止的一段法律程序,又稱為工傷認定流程圖。(附圖 1:工傷認定流程圖)

《工傷保險條例》第 17 條、《工傷認定辦法》第 4、5 條規定,職工發生事故傷害或者按照職業病防治法規定被診斷、鑒定為職業病,所在單位應當自事故傷害發生之日或者被診斷、鑒定為職業病之日起 30 日內,向統籌地區社會保險行政部門提出工傷認定申請。遇有特殊情況,經報社會保險行政部門同意,申請時限可以適當延長。用人單位未按前款規定提出工傷認定申請的,工傷職工或者其近親屬、工會組織在事故傷害發生之日或者被診斷、鑒定為職業病之日起 1 年內,可以直接向用人單位所在地統籌地區社會保險行政部門提出工傷認定申請。

《工傷認定辦法》第 6 條規定,提出工傷認定申請應當填寫《工

傷認定申請表》，並提交下列材料：

　　（一）勞動、聘用合同文本影本或者與用人單位存在勞動關係（包括事實勞動關係）、人事關係的其他證明材料；

　　（二）醫療機構出具的受傷後診斷證明書或者職業病診斷證明書或職業病診斷鑑定書。

　　同辦法第 8 條規定，社會保險行政部門收到工傷認定申請後，應當在 15 日內對申請人提交的材料進行審核，材料完整的，作出受理或者不予受理的決定；材料不完整的，應當以書面形式一次性告知申請人需要補正的全部材料。社會保險行政部門收到申請人提交的全部補正材料後，應當在 15 日內作出受理或者不予受理的決定。社會保險行政部門決定受理的，應當出具《工傷認定申請受理決定書》；決定不予受理的，應當出具《工傷認定申請不予受理決定書》。

　　同辦法第 9 條規定，社會保險行政部門受理工傷認定申請後，可以根據需要對申請人提供的證據進行調查核實。同辦法第 12 條規定，有關單位和個人應當予以協助。用人單位、工會組織、醫療機構以及有關部門應當負責安排相關人員配合工作，據實提供情況和證明材料。

　　同辦法第 18 條規定，社會保險行政部門應當在受理工傷認定申請之日起 60 個工作日內作出認定決定，出具《認定工傷決定書》或者《不予認定工傷決定書》。同辦法第 21 條規定，社會保險行政部門對於事實清楚、權利義務明確的工傷認定申請，應當自受理工傷認定申請之日起 15 日內作出工傷認定決定。

　　同辦法第 22 條規定，勞動行政部門自認定決定作出之日起 20 個工作日內，將《認定工傷決定書》或者《不予認定工傷決定書》送達受傷害職工（或者其近親屬）和用人單位，並抄送社會保險經辦機構。

　　《工傷保險條例》第 19 條第 2 款規定，職工或者其近親屬認為是工傷，用人單位不認為是工傷的，由用人單位承擔舉證責任。另外，《工傷認定辦法》第 23 條規定，職工或者其近親屬、企業對不予受理決定不服或者對工傷認定決定不服的，可以依法申請行政復議或者提起行政訴訟。

綜合上述，當事故傷害發生或依法診斷（鑒定）為職業病後，企業應於 30 日或員工應於 1 年的時效內提出工傷認定申請。申請時材料完整的，社保行政部門要在 15 日內作出受理或不受理通知；申請時材料不完整的，經書面通知補正的，在申請人補正材料後 15 日內作出受理或者不予受理的決定。符合受理條件和時效的，出具《工傷認定申請受理決定書》，不符合受理條件或時效的，出具《工傷認定申請不予受理決定書》，同時書面告知申請人理由。社保行政部門受理案件後應就案件進行調查核實。按規定，工傷案件應自受理工傷認定申請之日起 60 日內作出工傷認定決定，但如果是受理的案件事實清楚、權利義務明確的工傷認定申請，應當在 15 日內作出工傷認定的決定。而在工傷認定決定作出之日起 20 日內，社保行政部門將《認定工傷決定書》或者《不予認定工傷決定書》送達受傷害職工（或者其近親屬）和用人單位，並抄送社會保險經辦機構（附圖 10-1：工傷認定流程圖）。

附圖 10-1：工傷認定流程圖

```
┌──────────────────────────────────────────┐
│   事故傷害發生或依法診斷（鑒定）為職業病後   │
└──────────────────────────────────────────┘
        │                          │
        ▼                          ▼
┌────────────────────┐  ┌────────────────────────┐
│ 企業：應於事故發生之日起│  │ 員工、近親屬、工會：應於事故發生│
│ 30 日內            │  │ 之日起 1 年內          │
└────────────────────┘  └────────────────────────┘
        │                          │
        └──────────┬───────────────┘
                   ▼
┌──────────────────────────────────────────┐
│   工傷認定受理部門（社會保險行政部門）         │
└──────────────────────────────────────────┘
                   │
                   ▼
┌──────────────────────────────────────────────────┐
│ **申請人（單位）申請：填寫《工傷認定申請表》並提交：**      │
│ 1. 與企業存在勞動關係的有效證明；2. 醫療機構出具的受傷後初次診斷證明或者│
│ 職業病診斷（鑒定）證明書；3. 員工身份證影本；4. 如委託申請應提交雙方關係│
│ 證明 5. 貼好照片。                                   │
└──────────────────────────────────────────────────┘
                   │
                   ▼
```

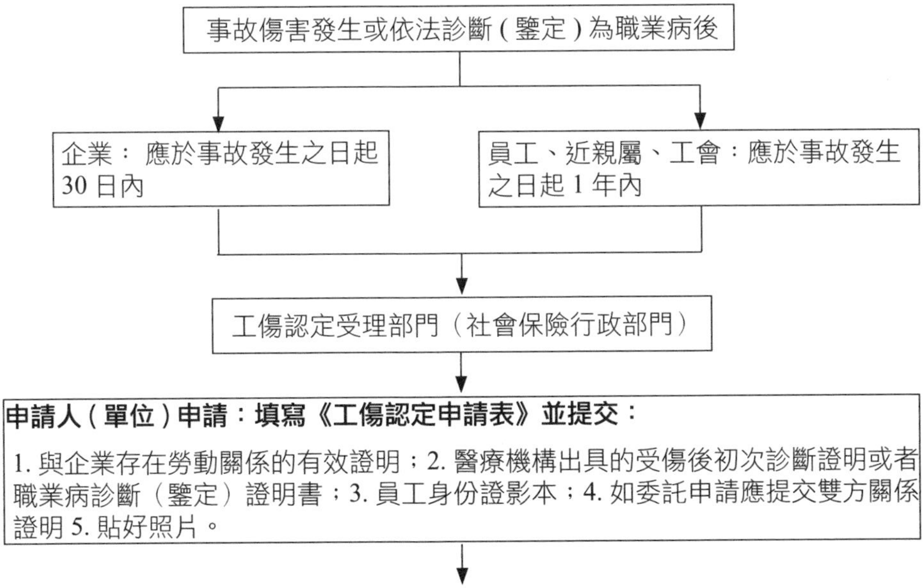

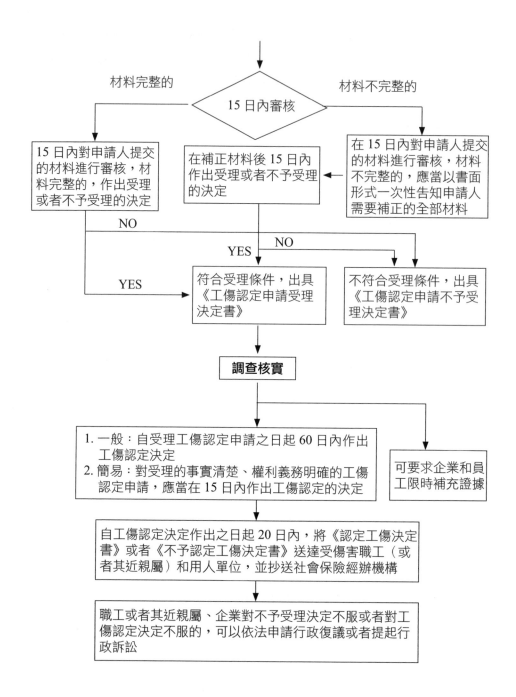

材料完整的　　　　　　　15 日內審核　　　　　　材料不完整的

15 日內對申請人提交的材料進行審核，材料完整的，作出受理或者不予受理的決定

在補正材料後 15 日內作出受理或者不予受理的決定

在 15 日內對申請人提交的材料進行審核，材料不完整的，應當以書面形式一次性告知申請人需要補正的全部材料

NO

NO

YES

YES

符合受理條件，出具《工傷認定申請受理決定書》

不符合受理條件，出具《工傷認定申請不予受理決定書》

調查核實

1. 一般：自受理工傷認定申請之日起 60 日內作出工傷認定決定
2. 簡易：對受理的事實清楚、權利義務明確的工傷認定申請，應當在 15 日內作出工傷認定的決定

可要求企業和員工限時補充證據

自工傷認定決定作出之日起 20 日內，將《認定工傷決定書》或者《不予認定工傷決定書》送達受傷害職工（或者其近親屬）和用人單位，並抄送社會保險經辦機構

職工或者其近親屬、企業對不予受理決定不服或者對工傷認定決定不服的，可以依法申請行政復議或者提起行政訴訟

四、勞動能力鑑定

《工傷保險條例》第 21 條規定，職工發生工傷，經治療傷情相對穩定後存在殘疾、影響勞動能力的，應當進行勞動能力鑑定。同條例第 22 條規定，勞動能力鑑定是指勞動功能障礙程度和生活自理障礙程度的等級鑑定。勞動功能障礙分為十個傷殘等級，最重的為一級，最輕的為十級。生活自理障礙分為三個等級，即生活完全不能自理、生活大部分不能自理和生活部分不能自理。

同條例第 23 條規定，勞動能力鑑定由用人單位、工傷職工或者其近親屬向設區的市級勞動能力鑑定委員會提出申請，並提供工傷認定決定和職工工傷醫療的有關資料。

勞動能力鑑定委員會組織醫療專家組成專家組，對工傷職工的傷情做出鑑定意見，勞動能力鑑定委員會根據專家組的鑑定意見，對工傷職工的勞動能力做出鑑定結論，這個鑑定的結論，是職工享受何種工傷保險待遇的根據，即支付工傷保險待遇的基礎和前提條件，也是工傷保險管理的基礎工作和重要環節。

同條例第 25 條第 2 款規定，設區的市級勞動能力鑑定委員會應當自收到勞動能力鑑定申請之日起 60 日內作出勞動能力鑑定結論，必要時，作出勞動能力鑑定結論的期限可以延長 30 日。勞動能力鑑定結論應當及時送達申請鑑定的單位和個人。

同條例第 26 條規定，申請鑑定的單位或者個人對勞動能力鑑定委員會作出的鑑定結論不服的，可以在收到該鑑定結論之日起 15 日內向省、自治區、直轄市勞動能力鑑定委員會提出再次鑑定申請。省、自治區、直轄市勞動能力鑑定委員會作出的勞動能力鑑定結論為最終結論。該鑑定結論作出之日起 1 年後，工傷職工或者其近親屬、所在單位或者經辦機構認為傷殘情況發生變化的，可以申請勞動能力復查鑑定。

綜合上述，勞動能力鑑定的等級有十級，勞動功能障礙程度分為完全喪失勞動能力（一～四級）、大部分喪失勞動能力（五～六級）、

部分喪失勞動能力（七～十級）最重的為一級，最輕的為十級；另有生活自理障礙程度分為生活完全不能自理、生活大部分不能自理和生活部分不能自理三級。

　　勞動能力鑒定由設區的市級勞動能力鑒定委員會，在收到勞動能力鑒定申請之日起 60 日內作出勞動能力鑒定結論，必要時可以延長 30 日。另外不服鑑定結果的，可以在收到該鑒定結論之日起 15 日內提出再次鑒定申請，該鑒定結論作出之日起 1 年後，如果認為傷殘情況發生變化的，可以申請勞動能力復查鑒定。

　　勞動能力鑒定可為補償職業傷害、合理調換工作崗位和復工等行為提供科學依據。勞動能力不同程度的喪失，使職工可能因此不能再從事原本適合他的正常職業或工作，也可能造成不能再從事任何工作的結果，從而對工資收入者帶來職業風險。勞動能力鑒定可為遭受職業傷害的職工維護其合法權益提供法律依據，為保障工傷致殘職工享受法律規定的物質幫助權利和勞動就業的基本權利提供依據。

五、工傷保險待遇

　　工傷保險待遇，實際上就是員工在履行工作職責中，受到工傷事故損害，企業所應當承擔的責任。由於國家實行強制工傷保險制度，由企業定期繳納工傷保險費，並以此建立工傷保險基金，因此企業的賠償責任轉嫁到工傷保險機構，由工傷保險機構對工傷職工提供工傷保險待遇。但是工傷保險機構並不承擔全部的賠償責任，有一部份費用仍需要企業來承擔。

　　《社會保險法》第 38 條規定，因工傷發生的下列費用，按照國家規定從工傷保險基金中支付：

　　（一）治療工傷的醫療費用和康復費用；

　　（二）住院伙食補助費；

　　（三）到統籌地區以外就醫的交通食宿費；

　　（四）安裝配置傷殘輔助器具所需費用；

（五）生活不能自理的，經勞動能力鑒定委員會確認的生活護理費；

（六）一次性傷殘補助金和一至四級傷殘職工按月領取的傷殘津貼；

（七）終止或者解除勞動合同時，應當享受的一次性醫療補助金；

（八）因工死亡的，其遺屬領取的喪葬補助金、供養親屬撫恤金和因工死亡補助金；

（九）勞動能力鑒定費。

同法第 39 條規定，因工傷發生的下列費用，按照國家規定由用人單位支付：

（一）治療工傷期間的工資福利；

（二）五級、六級傷殘職工按月領取的傷殘津貼；

（三）終止或者解除勞動合同時，應當享受的一次性傷殘就業補助金。

就《社會保險法》第 38 條的第 6、7 項規定，《工傷保險條例》第 35、36、37 條給予詳細的解釋，即工傷職工經工傷認定與勞動能力鑒定致殘等級後，停發原待遇，開始享受傷殘待遇，其中有工傷保險基金支付的部分，也有企業支付的部分，詳如下述：

1. 被鑒定為一～四級：

支付單位	支付項目	基數	一級	二級	三級	四級
工傷保險基金	一次性傷殘補助金	本人工資	27 個月	25 個月	23 個月	21 個月
	傷殘津貼		90%	85%	80%	75%
註：（1）保留勞動關係，退出工作崗位。 （2）傷殘津貼實際金額低於當地最低工資標準的，由工傷保險基金補足差額。 （3）用人單位與職工個人以傷殘津貼為基數，繳納基本養老保險費。						

2. 被鑒定為五～六級：

支付單位	支付項目	基數	五級	六級
工傷保險基金	一次性傷殘補助金	本人工資	18 個月	16 個月
	一次性工傷醫療補助金	經工傷職工本人提出，該職工可以與用人單位解除或者終止勞動關係，由工傷保險基金支付一次性工傷醫療補助金。具體標準由省、自治區、直轄市人民政府規定		
用人單位	傷殘津貼	本人工資	70%	60%
	一次性傷殘就業補助金	經工傷職工本人提出，該職工可以與用人單位解除或者終止勞動關係，由用人單位支付一次性傷殘就業補助金。具體標準由省、自治區、直轄市人民政府規定		

註：（1）用人單位不能解除或終止勞動關係。經工傷職工本人提出，該職工可以與用人單位解除或者終止勞動關係
　　（2）由用人單位安排適當工作。難以安排工作的，由用人單位按月發給傷殘津貼
　　（3）傷殘津貼實際金額低於當地最低工資標準的，由用人單位補足差額
　　（4）用人單位與職工個人以傷殘津貼為基數，繳納各項社會保險費

3. 被鑒定為七～十級：

支付單位	支付項目	基數	七級	八級	九級	十級
工傷保險基金	一次性傷殘補助金	本人工資	13 個月	11 個月	9 個月	7 個月
	一次性工傷醫療補助金	勞動合同期滿終止，或者職工本人提出解除勞動合同的，由工傷保險基金支付一次性工傷醫療補助金。具體標準由省、自治區、直轄市人民政府規定				
用人單位	一次性傷殘就業補助金	勞動合同期滿終止，或者職工本人提出解除勞動合同的，由用人單位支付一次性傷殘就業補助金。具體標準由省、自治區、直轄市人民政府規定				

註：（1）用人單位不能解除勞動關係，勞動合同到期可以終止。經工傷職工本人提出，該職工可以與用人單位解除勞動關係

工傷員工如何申請勞動能力鑑定？

【案例 10-3】員工因工傷住院治療3個多月，出院時工傷醫療期未滿，能否申請勞動能力鑑定？

【解答】根據《工傷保險條例》規定，員工發生工傷，經治療傷情相對穩定後，如果存在有殘疾，影響勞動能力情形的，應當進行勞動能力鑑定。

員工的停工留薪期（工傷醫療期）未滿，但如果病情相對穩定時，應該進行勞動能力鑑定，亦即人們所講的工傷評殘。此時企業就要為該員工申請勞動能力鑑定，如果企業拒絕為該員工申請時，員工及其直系親屬也可攜帶相關資料向當地勞動能力鑑定委員會申請勞動能力鑑定。

工傷員工終止勞動合同是否需給付一次性傷殘就業補助金？

【案例 10-4】前職同仁（同仁非上海人是江蘇人，社保及公積金都在上海市社保機構繳交）於 2012 年 8 月 22 日與業務主管外出訪客，於客戶公司更換室內拖鞋，因拖鞋不合腳，導致於廁所間不慎扭傷，後進行鑑定，經「黃浦區勞動能力鑑定委員會」鑑定結果是因工致殘程度十級。本公司並提供休養期計 43 天，休養期間，工資全額給付，但該同仁之看診醫療費用本公司均未墊付。

後本公司因連月虧損，造成經營上之困難，已瀕臨法訂清算、破產之情況，迫不得以於 2012 年 11 月 22 日，依法與該同仁終止勞動合同。並給與經濟補償金 1 個月。

因此，請問依「2012 年上海市工傷賠償標準」十級傷殘一次性工傷醫療補助金和傷殘就業補助金標準的補償費用是以 2011 年度職工月平均工資 4,331 元計算，而我方早已協助同仁繳納工傷保險費用，因此一次性工傷醫療補助應由工傷保險基金支付，但因我方並非以工傷為由，終止勞動合同，是否仍需給一次性傷殘就業補助金？

【解答】該員係因工而受傷，且以上海的公司名義給予補償，不因公司經營不善為由拒不依據「2012 年上海市工傷賠償標準」十級傷殘給

予補償。依規定，一次性工傷醫療補助金由工傷保險基金支付，一次性傷殘就業補助金由企業支付。

　　十級工傷人員在解除或終止勞動合同時，由工傷保險基金支付一次性工傷醫療補助金，企業支付一次性傷殘就業補助金。

因此，十級傷殘給付標準如下：

1. 一次性工傷醫療補助金：由工傷保險基金支付 3 個月的上年度全市職工月平均工資，即 4331 元乘以 3 個月，合計 12,993 元。

2. 一次性傷殘就業補助金：由企業支付 3 個月的上年度全市職工月平均工資，即 4331 元乘以 3 個月，合計 12,993 元。

六、人力資源的保障成本

　　本章談到的是企業所繳納的工傷保險費，所涉及的人力成本是屬於人力資源的使用成本。而員工享受的工傷保險待遇，如有部分是由企業支付的費用，例如工傷保險待遇裡面由企業支付的一次性傷殘就業補助金，則其人力成本是屬於人力資源的保障成本。

七、管控要點

　　有關工傷保險事故與待遇管理的管控要點如下：

　　（一）是否為工傷員工辦理工傷認定以及勞動能力鑒定的程序？（ν）

　　（二）發生工傷的員工，經過勞動能力鑒定等級以後，是否都按照規定享受該等級的工傷保險待遇？（ν）

第三篇

員工離職管理操作實務

前面的第二篇敘述人力資源的過程管理，如果員工感覺受到重視或者認為在這家比較有發展態勢，則他自然而然就留下來了。所以選、訓、用、留的方法策略應當徹底施行在過程管理裡面，不能到員工提出離職申請時，再來用各種留人策略，已經太晚，且失去意義了。美國奇異集團前總裁傑克‧威爾許（Jack Welch）說過：「人對了，事情就對了。」人才是企業的最大資產，如何將合格人才留下來是重要課題。

　　然而部分員工離開公司，不一定都值得慰留。上述談及的留人策略是指留下符合企業需要的骨幹員工或想要栽培的員工。除此以外的員工，在維持正常離職率的方針下，企業這塊水池還是要正常流動，這包含調整工作崗位。離職管理階段的人資管理作業，受到勞動法規的制約，從員工申請離職或被公司辭退，包含解除或終止勞動關係，到辦理移交手續後正式離開公司，企業同時還要履行一些附隨義務，諸如支付最後一個月的工資、有符合條件的員工還要支付經濟補償金、企業辦理社會保險關係的轉移、支付解除或終止勞動合同的證明等等。

　　本篇一共涵蓋 5 章，是人力資源的離職管理作業。俗話說：「好頭不如好尾」。既然叫離職管理作業，表示員工要離開公司了，如果離職管理作業處理得非常好，員工感念在心，則雇主品牌走向社會化，品牌價值與形象獲得進一步的提升。

第11章
企業解除勞動合同的操作實務

　　勞動合同的解除是指勞動合同訂立後，在尚未全部履行前，由於某種因素導致一方或雙方當事人提前消滅勞動關係的一種法律行為。勞動合同的解除分為法定解除和約定解除兩種。根據勞動法的規定，勞動合同可以單方依法解除，也可以雙方協商解除。

　　從企業的立場發出的辭退訊息，或是企業要求協商的解除訊息就是企業解除勞動合同。企業辭退員工的案件始終是勞動爭議的主要內容，也是企業頭痛的大事，一旦走向仲裁之路，不論是企業或員工被判決敗訴，對勞資雙方來說，都會帶來很多負面影響。因此，勞動合同解除的操作技巧對企業來講十分重要。

　　企業對員工的解除權是法律賦予的經營自主權，企業在人資管理的過程當中，必定會遇到相當多的問題，需要以合法、合理，甚至合情的手段來過濾與管制對員工的解雇行為。

　　企業只有合乎法、理、情的解除員工的勞動關係，才能以適當的流動比例，維持管理水準與管理效率，但是企業對員工的解除作業必須符合法律規定的程序、條件，否則就是違法解除，企業可能要負起一定的法律責任，賠償員工的損失。

　　企業的違法解除，比較嚴重的情形有辭退員工事實依據不充分、辭退員工的法律依據不準確、辭退員工的操作程序不合法。前述的三種違法解除方式，往往帶給企業的經營管理莫大的法律風險。

一、企業解除勞動合同的操作

　　企業合法、合理的解除勞動合同，所依據的法條，有《勞動合同法》第 36、39、40、41 條，每條的解除條件都有差異，由於涉及

勞資雙方的權益，企業必須慎重處理，人資部門更須謹慎為之（附圖11-1：企業解除勞動合同的法律規定流程圖）。

附圖 11-1：企業解除勞動合同的法律規定流程圖

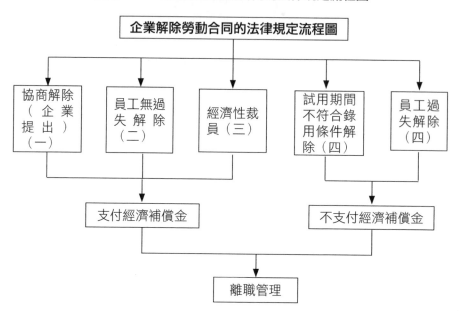

（一）企業協商解除勞動合同

《勞動合同法》第36條規定，用人單位與勞動者協商一致，可以解除勞動合同。

《勞動合同法》設計「協商解除勞動合同」，台灣勞動法律沒有類似的規定。這個法律條款有幾個特點，即雙方當事人都具有平等的協商解除請求權，必須雙方平等自願協商一致而達成協議，才可以解除勞動合同。最後是協商解除不受任何條件的約束，只要不違反法律的規定，不損害他人的利益即可。

協商解除勞動合同有由企業提出和員工提出兩種，本文是由企業主動提出要解除勞動關係，亦即企業向員工提出解除，經雙方協商一致後解除勞動合同。既然是由企業提出，則企業就要在雙方協商同意

後，按照協商條件支付經濟補償金。

協商確定辦理離職手續後能夠恢復勞動關係嗎？

【案例 11-1】何小姐大學畢業後進入某公司，不久後又結了婚，她覺得壓力大，萌生跳槽換單位的想法，但離終止合同還有半年時間，何小姐想還是等到合同終止再說吧！某天公司找何小姐談話與協商，因近年來市場的變化影響公司的經營，想與何小姐提前解除勞動合同並按規定支付經濟補償。何小姐覺得這正是機會，於是雙方協商談妥條件後簽訂了解除勞動合同協議書，在辦理完相關手續後便離開了公司。一週後何小姐到醫院檢查發現懷孕了，他推算是在解除勞動合同之前的事，於是將公司告上仲裁庭，要求恢復勞動關係，但仲裁庭駁回了他的請求。

為什麼？

【分析】這是因為勞雇雙方所採取的解除方式是協商解除，按照《勞動合同法》第 36 條規定，用人單位與勞動者協商一致，可以解除勞動合同。協商解除可以排除其他的解除條件，當確定協商的解除條件時，即使後面碰到對自己較有利的不得解除的條件，是無法推翻先前的約定的。

　　企業與員工如採取的是協商一致解除，其解除勞動合同的協議書必須冠上抬頭「協商一致解除勞動合同協議書」，或內容要提到「協商一致」等字眼，才能夠證明這是經過雙方協商同意的，非單方的行為（附表 11-1：協商一致解除勞動合同協議書）。

附表 11-1：協商一致解除勞動合同協議書

　　甲方（用人單位）：＿＿＿＿＿＿

　　乙方（勞動者）：＿＿＿＿＿＿

　　一、根據＿＿方提議，並經甲乙雙方協商一致，決定解除雙方於＿＿＿年＿＿＿月 ＿＿＿ 日簽訂的勞動合同。

　　二、乙方本月實際出勤＿＿＿天，甲方應支付乙方本月工資＿＿＿＿＿＿＿＿＿元。

　　三、根據甲方考勤記錄，雙方確定乙方尚有休息日加班 ＿＿＿＿＿＿天，延時

加班 ___小時，並據此計算，甲方應向乙方支付加班費_____元。

　　四、乙方於____年____月___日與甲方建立勞動關係，在甲方的實際工作年限___年___月，根據法律規定，甲方應向乙方支付解除勞動合同的經濟補償金_____元。

　　五、本年度乙方應享受帶薪年休假___天，雙採用第___幾種方式解決：

　　1. 乙方放棄休假，甲方按實際天數計發工資_____元。

　　2. 自____年____月___日至____年____月____日乙方先行休假。

　　六、因社會保險停繳程序，雙方勞動合同解除後，乙方仍應繳納醫療保險____個月，該保險用人單位負擔部分_____元，勞動者負擔部分_____元，均由___方負擔。

　　七、乙方承諾，按照甲方_____制度的規定辦理工作交接。

　　八、其他未盡事宜的處理：（工傷、後續工作跟進、保險轉移等）。

　　九、雙方勞動合同明確於____年____月____日解除，辦理工作交接後，甲方於____日內支付前述款項共計_____元。

　　十、雙方明確，隨著本協議的履行，所有存在於雙方的基於勞動關係存續期間權利義務均告終止，相互間放棄一切追究的權利。

　　　　甲方：　　　　　　　　　　乙方：
　　　　____年___月___日　　　　____年___月___日

（二）員工無過失性解除

　　符合《勞動合同法》第 40 條規定的六種情形，用人單位提前 30 日以書面形式通知勞動者本人或者額外支付勞動者 1 個月工資後，可以解除勞動合同，同時依規定支付經濟補償金。六種情形如下：

　　1. 勞動者患病或者非因工負傷，在規定的醫療期滿後不能從事原工作，也不能從事由用人單位另行安排的工作的；

　　2. 勞動者不能勝任工作，經過培訓或者調整工作崗位，仍不能勝任工作的；

　　3. 勞動合同訂立時所依據的客觀情況發生重大變化，致使勞動合

同無法履行，經用人單位與勞動者協商，未能就變更勞動合同內容達成協議的。

企業員工因為普通疾病，醫療期滿，或者在職期間不能勝任，或者勞動合同受到當時客觀環境之變化無法履行時，這三種原因在證據充分的情況下，完成了法律規定的程序後，就可以解除勞動合同。

首先，是第 1 項中有幾個關鍵字句，就是患病或者非因工負傷以及醫療期。患病或者非因工負傷是指普通疾病，不是工傷或職業病，如果是工傷，解除條件比較嚴格，因為工傷職工受到特殊的保護。醫療期則是稍微麻煩，因為勞動法律對患病員工施行保護，規定了具有中國特色的醫療期制度，同時國家和地方關於醫療期的規定又不統一。醫療期是指企業職工因患病或非因工負傷停止工作治病休息不得解除勞動合同的時限。例如累計工作年限在 10 年以下，其中在本公司的年資在 5 年以下的，就有 3 個月的醫療期。（**參照本書第 7 章「假期管理的操作實務」**）

只要醫療期已滿，企業就有可以解除勞動合同的條件，然必須完成法律規定的程序，首先醫療期滿以後不能從事原來崗位的工作，也不能從事由企業另行安排工作的，企業就可以提前 30 天，以書面的形式通知該員工解除勞動合同，或者另外支付 1 個月的預告工資後馬上解除勞動合同。

企業以員工醫療期滿解除合同，其解除勞動合同的通知書內容必須提到「醫療期滿」等字眼，以符實際（附表 11-2：解除勞動合同通知書）。

附表 11-2：解除勞動合同通知書

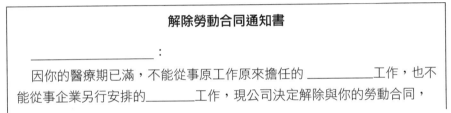

解除勞動合同通知書

_____ ：

因你的醫療期已滿，不能從事原工作原來擔任的 _____ 工作，也不能從事企業另行安排的 _____ 工作，現公司決定解除與你的勞動合同，

請於收到本通知書之日起_____日內辦理相關工作交接，結算工資。
特此通知

＊＊＊＊公司

____年___月___日

其次，是第 2 項中提及員工不能勝任工作，是指有證據證明員工不能按企業要求的標準，完成勞動合同中約定的工作任務或者同工種同崗位人員的工作量，也就是不符合經濟上的效益。如果該員工為企業創造的績效還不如企業為他支付的工資、福利及分攤的固定成本，這就是不符合工作績效要求的員工，不足以勝任任務的事實。

不能勝任工作的員工，不能馬上解除勞動合同，應當完成法律規定的程序，即培訓或者調動工作崗位，在經過一段時間以後，工作任務無法完成，績效無法提升，依舊無法不勝任的，企業就可以提前 30 天，以書面的形式通知該員工解除勞動合同，也可以另外支付 1 個月的預告工資後馬上解除勞動合同。

企業以不能勝任為由解除合同，其解除勞動合同的通知書內容必須提到「不能勝任」等字眼，以符實際（附表 11-3：解除勞動合同通知書）。

附表 11-3：解除勞動合同通知書

解除勞動合同通知書

_____：

因你不能勝任原來擔任的 _____工作，經過培訓／調整工作崗位，仍不能勝任工作，現公司決定解除與你的勞動合同，請於收到本通知書之日起____日內辦理相關工作交接，結算工資。
特此通知

＊＊＊＊公司

____年___月___日

最後，是第 3 項中提到勞動合同訂立時所依據的客觀情況發生重大變化，何謂客觀情況？勞動法律沒有明確的規定，從仲裁實踐來看，是指因不可抗力或企業條件發生變化等無法避免的事情，如自然條件、企業遷移、被兼併、分立、企業資產轉移、生產結構重大調整、轉產等等情況，致使現行的勞動合同無法履行，企業可與員工進行協商，仍然無法就變更勞動合同的部分達成一致協議的，企業就可以提前 30 天，以書面的形式通知該員工解除勞動合同，也可以另外支付 1 個月的預告工資後馬上解除勞動合同。

企業以客觀情況發生重大變化為由解除合同，其解除勞動合同的通知書內容必須提到「客觀情況＿＿＿發生變化」等字眼，以符實際（附表 11-4：解除勞動合同通知書）。

附表 11-4：解除勞動合同通知書

解除勞動合同通知書

＿＿＿＿＿＿＿＿＿＿＿＿：

　　因公司與你訂立勞動合同所依據的客觀情況＿＿＿＿＿＿＿發生變化，經過公司與你協商，未能就變更勞動合同內容達成一致。現公司決定解除與你的勞動合同，請於收到本通知書之日起＿＿＿＿＿日內辦理相關工作交接，結算工資。

　　特此通知

＊＊＊＊公司

＿＿＿＿＿年＿＿＿月＿＿＿日

（三）經濟性裁員

《勞動合同法》第 41 條第 1 款規定，有下列情形之一，需要裁減人員 20 人以上或者裁減不足 20 人但占企業職工總數 10% 以上的，用人單位提前 30 日向工會或者全體職工說明情況，聽取工會或者職工的意見後，裁減人員方案經向勞動行政部門報告，可以裁減人員：

1. 依照企業破產法規定進行重整的；

2. 生產經營發生嚴重困難的；

3. 企業轉產、重大技術革新或者經營方式調整，經變更勞動合同後，仍需裁減人員的；

4. 其他因勞動合同訂立時所依據的客觀經濟情況發生重大變化，致使勞動合同無法履行的。

同條第 2 款規定，裁減人員時，應當優先留用下列人員：

1. 與本單位訂立較長期限的固定期限勞動合同的；

2. 與本單位訂立無固定期限勞動合同的；

3. 家庭無其他就業人員，有需要扶養的老人或者未成年人的。

用人單位依照第 41 條第 1 款規定裁減人員，在 6 個月內重新招用人員的，應當通知被裁減的人員，並在同等條件下優先招用被裁減的人員。

經濟性裁員是企業行使解除權的主要方式之一，雖然企業負有社會責任，但企業本身在大陸《憲法》的規定裡也保障其經營自主權，所以企業在不得已的情況下，擁有經濟性裁員的權利。

首先，要瞭解的是裁員條件，按照第 41 條第 1 款的規定，企業依照《企業破產法》規定進行重組的，可以裁員；或者企業瀕臨破產，被人民法院宣告進入法定整頓期間或生產經營發生嚴重困難，達到當地政府規定的嚴重困難企業標準，確需裁減人員的，可以裁員；或者企業能夠證明生產經營發生嚴重困難，可以裁員；或者企業轉產，改變主要的經營業務，以重大技術革新或經營方式調整，在發生企業轉產情形後，可能導致同樣的工作只需要少數的勞動者即可完成，經變更勞動合同後，仍需裁減人員的；其他因勞動合同訂立時所依據的客觀經濟情況發生重大變化，致使勞動合同無法履行而必須裁員。

其次，要瞭解裁員程序，企業裁減人員 20 人以上或不足 20 人但占企業職工總數 10% 以上，應履行以下程序才能裁員：

1. 企業提供有關生產業務資料，提前 30 日向工會或全體職工說明情況；

2. 聽取工會或職工的意見；

3. 制定裁員方案，包括被裁減人員名單、裁減時間及實施步驟，符合法律、法規規定和集體合同約定的被裁減人員經濟補償辦法，並向勞動行政部門報告；

4. 正式公布裁減人員方案，與被裁減人員辦理解除勞動合同手續，按照有關規定向被裁減人員本人支付經濟補償金，出具裁減人員證明書。

接著，企業要注意裁員限制，按照規定，裁員時應優先留用與本單位簽訂較長期限固定期限勞動合同的員工；簽訂無固定期限勞動合同的員工；家庭無其他就業人員，有需要扶養的老人或未成年人的員工。

最後，企業以裁員名義進行集體解除合同，要支付經濟補償金給員工，同時企業在 6 個月內重新招用人員的，應當通知被裁減人員，並在同等條件下優先招用被裁減人員。

公司如何應對經濟性裁員？

【案例 11-2】某外商獨資貨運代理公司，共有員工 300 人。2008 年 10 月由於受金融危機之影響，貨運業務銳減，部分崗位的員工生產任務嚴重不足，為此公司決定將部分貨場業務採取專業外包的方式經營，並將從事此項工作的崗位員工共 23 名裁員，其中 3 人已簽訂無固定期限合同，5 人的合同將於 2009 年 1 月 31 日到期，但期滿時年資已滿 10 年，8 人的合同將於 2008 年 12 月 31 日到期，到期年資未滿 10 年，人資部門曾就此與其協商，但員工拒絕，並揚言：「公司讓我們死，我們就讓公司亡」，請問公司如何應對？

（四）員工不符合錄用條件及過失性解除

《勞動合同法》第 39 條規定，勞動者有下列情形之一的，用人單位可以解除勞動合同：

1. 在試用期間被證明不符合錄用條件的；

2. 嚴重違反用人單位的規章制度的;

3. 嚴重失職,營私舞弊,給用人單位造成重大損害的;

4. 勞動者同時與其他用人單位建立勞動關係,對完成本單位的工作任務造成嚴重影響,或者經用人單位提出,拒不改正的;

5. 因本法第 26 條第 1 款第 1 項規定的情形致使勞動合同無效的;

6. 被依法追究刑事責任的。

除了不符合錄用條件以外,所謂有過失性,是指員工違反企業規章制度、未盡到工作職責、營私舞弊、欺詐以及違法兼職等情形的員工,也就是員工違反了《勞動合同法》第 39 條的後果。但是員工是否違反規定,證據的掌握很重要,也是本文一直強調的重點。

首先是第 1 項,在試用期間被證明不符合錄用條件的,在本書第 3 章「試用管理的操作實務四、試用期解除勞動合同的操作」中,論述到員工在試用期間因為不符合錄用條件而解除勞動合同的情形,企業必須建立個性與共性的錄用標準,此處不再對錄用條件贅述。

企業以員工不符合錄用條件而解除合同,其解除勞動合同的通知書必須冠上抬頭「不符合錄用條件解除勞動合同通知書」或內容提到「試用期解除」等字眼,以符合實際的情形(附表 11-5:不符合錄用條件解除勞動合同通知書)。

附表 11-5:不符合錄用條件解除勞動合同通知書

不符合錄用條件解除勞動合同通知書

_____:

　　根據公司招聘錄用你之前,已經向你明示的錄用條件,結合你入職之後的實際工作分析,公司認為你_____方面的實際情況與公司的基本要求存在較大差異,現決定解除與你的勞動合同,請於收到本通知書之日辦理相關工作交接,結算工資。

特此通知

　　　　　　　　　　　　　　　　　　　　＊＊＊＊公司

　　　　　　　　　　　　　　　　　　____年____月____日

其次第 2 項，嚴重違反用人單位的規章制度的員工，企業可以解除勞動關係。企業要執行的人資管理作業是要將第 39 條第 2 項的規定，細化成規章制度（獎懲管理制度），這是必要的預防對策。在規劃制度時要體認到嚴重的法律意義，所謂嚴重或不嚴重是員工行為對企業影響的程度差異而已，但是處罰的力度是不一樣的。企業對員工違反規章制度，必須動用到解除勞動合同的懲罰手段時，應當對嚴重的行為給予定義，而且也要符合社會的共同認知。

企業與員工依規定遵守規章制度，對違法、違規的員工，完成事實證據的收集與保全的取證工作，才能根據符合條款給該員工解除勞動關係的處分。

企業以員工嚴重違反企業的規章制度而解除合同，其解除勞動合同的通知書必須冠上抬頭「嚴重違規解除勞動合同通知書」或內容提到「嚴重違規」等字眼，以符合實際的情形（附表 11-6：嚴重違規解除勞動合同通知書）。

附表 11-6：嚴重違規解除勞動合同通知書

嚴重違規解除勞動合同通知書
＿＿＿＿＿＿＿＿＿＿＿＿： 　因你嚴重違反公司規章制度，給公司的經營管理造成不良影響，現公司決定解除與你的勞動合同，請於收到本通知書之日辦理相關工作交接，結算工資。 特此通知 　　　　　　　　　　　　　　　　　　＊＊＊＊公司 　　　　　　　　　　　　　　　＿＿＿年＿＿＿月＿＿＿日

再者是第 3 項，嚴重失職，營私舞弊，給用人單位造成重大損害的，企業可以解除勞動關係。人資部門要將第 39 條第 3 項的規定，細化成規章制度（獎懲管理制度），這是必要的預防對策。在規劃制度時要體認到嚴重與重大損害的法律意義，所謂嚴重或不嚴重是對企業

影響的程度差異而已；所謂重大損害是指造成企業的損害程度，牽涉到人類對損害標的之價值判斷。如同嚴重違反規章制度一樣，企業不但要細化行為，也要量化價值，才能完善規章制度，且能落實執行。

員工存在未盡職責的嚴重過失行為，或者利用職務之便，謀取私利的故意行為，使企業的有形與無形財產或人員因其嚴重失職，營私舞弊的行為，受到重大損害，諸如粗心大意、玩忽職守而造成事故；因工作不負責任而經常生產廢品、損害工具設備、浪費原材料或能源、貪污受賄侵佔公司財產、洩漏或出賣公司機密等等行為，因而造成公司重大財產損失，在證據確鑿的情況下，落實到勞動法律的辭退條件上，通常表現為嚴重違反企業的規章制度，或者嚴重失職，營私舞弊，給企業造成重大損害的，或者被依法追究刑事責任的，企業可以解除勞動關係合併要求賠償，當然不必支付經濟補償金。

企業以員工嚴重失職，營私舞弊，給企業造成重大損害而解除合同，其解除勞動合同的通知書必須冠上抬頭「嚴重失職解除勞動合同通知書」或內容提到「嚴重失職，營私舞弊，給公司造成重大損害的」等字眼，以符合實際的情形（附表 11-7：嚴重失職解除勞動合同通知書）。

附表 11-7　嚴重失職解除勞動合同通知書

嚴重失職解除勞動合同通知書

_____：

　　因你嚴重失職，營私舞弊，給公司的經營管理造成重大損害，現公司決定解除與你的勞動合同，請於收到本通知書之日辦理相關工作交接，結算工資。

特此通知

　　　　　　　　　　　　　　　　＊＊＊＊公司

　　　　　　　　　　　　_____年_____月_____日

接著是第 4 項，勞動者同時與其他用人單位建立勞動關係，對完成本單位的工作任務造成嚴重影響，或者經用人單位提出，拒不改正

的，企業可以解除勞動關係。從這個條款的涵義來看，大陸法律應當在某一種程度之下，允許兼職行為，只是這種兼職行為一旦擴大到對完成本單位的工作任務造成嚴重影響，或者經企業提醒勿再有此種行為，但是員工仍然我行我素，拒不改正時，企業當然可以解除勞動合同。

在大陸有一個奇特的職場現象，那就是有辦法的員工普遍存在著增加第二份、第三份收入的灰色收入心理。用他們的說法，就是工資、津貼以外的經濟收入，如兼職收入，或者一些透明度不高，不完全符合法規的收入。這種情形普遍存在於公務體系、企業的業務與採購領域、醫院及金融等機構，類似的紅包、回扣滿天飛。這當然對自身的任務或多或少會有影響。

何謂對完成本單位的工作任務造成嚴重影響，企業必須定義；何謂「或者經用人單位提出，拒不改正的」，企業也要完成提醒的程序。換句話說，企業要將第 39 條第 4 項的規定，細化成規章制度（獎懲管理制度），這是必要的預防對策。

企業以員工同時與其他企業建立勞動關係，嚴重影響本單位工作任務完成的時效，或者經公司提出，仍然沒有改正的跡象而解除合同，其解除勞動合同的通知書內容必須提到「與其他企業建立勞動關係，對完成本單位的工作任務造成嚴重影響，或者經公司提出，拒不改正的」等字眼，以符實際（附表 11-8：解除勞動合同通知書）。

附表 11-8：解除勞動合同通知書

解除勞動合同通知書

_____：

因你與其他企業建立勞動關係，已經嚴重影響本公司所交付的工作任務，經公司提醒，要求終止與該公司的勞動關係，仍未見改正。

現公司決定解除與你的勞動合同，請於收到本通知書之日辦理相關工作交接，結算工資。

特此通知

＊＊＊＊公司

_____年_____月_____日

緊接著是第 5 項，因《勞動合同法》第 26 條第 1 款第 1 項規定的情形致使勞動合同無效的，企業可以解除勞動關係。第 26 條第 1 款第 1 項規定，以欺詐、脅迫的手段或者乘人之危，使對方在違背真實意思的情況下訂立或者變更勞動合同的，該勞動合同無效或者部分無效。

在勞動合同的履行過程當中，員工如果存在著欺詐、脅迫的手段，即使是已經簽了勞動合同，這合同是無法律效力的，所以企業自然而然就可以解除勞動合同，最常見的例子是員工提供假證件來應徵，抑或是員工在面試過程當中用口頭或書面提供了過去的假經歷等等行為，不但違反了《勞動合同法》第 8 條強調的如實告知的誠實信用原則，同時也違反了做人的道德操守。

人資管理的用人原則是德才兼備的最上等人才，退而求其次為有德無才，再次之為無德有才，最下等的則無德無才。以欺騙的手段謀得一官半職，或許是人才，然而不見容於一家以誠實信用為組織文化磐石的企業。

企業以員工欺詐、脅迫的手段或者乘人之危，使企業與之訂立或者變更勞動合同，因無效而解除合同，其解除勞動合同的通知書內容必須提到「欺詐、脅迫的手段或者乘人之危」等字眼，以符實際（附表 11-9：解除勞動合同通知書）。

附表 11-9：解除勞動合同通知書

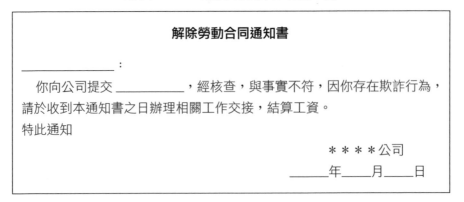

提供假學歷勞動合同無效

【**案例** 11-3】2008 年 7 月楊某在向某公司應聘時，稱自己畢業於北京某名牌大學並提供學歷證明，後公司將楊某錄用為公司企劃部部長。2009 年 7 月，楊某被發現學歷作假，他原本畢業於某專科院校。同年 8 月，公司與楊某解除了勞動合同。後楊某向勞動爭議仲裁委員會申請仲裁，要求公司支付 2.8 萬元經濟補償金，被勞動爭議仲裁委員會駁回申訴請求，楊某又向法院起訴，仍然敗訴。

【**解答**】大陸《勞動合同法》第 8 條規定，用人單位招用勞動者時，應當如實告知勞動者工作內容、工作條件、工作地點、職業危害、安全生 狀況、勞動報酬，以及勞動者要求了解的其他情況；用人單位有權了解勞動者與勞動合同直接相關的基本情況，勞動者應當如實說明。

由以上條款可以得知，用人單位和勞動者在簽訂勞動合同過程中，均負有締約告知義務。締約告知義務，是指勞動合同訂立過程中，用人單位和勞動者依法承擔相互如實告知必要信息的義務。《勞動合同法》第 26 條規定，有下列三種情形之一的，勞動合同無效或者部分無效：（1）以欺詐、脅迫的手段或者乘人之危，使對方在違背真實意思的情況下訂立或者變更勞動合同的；（2）用人單位免除自己的法定責任、排除勞動者權利的；（3）違反法律、行政法規強制性規定的。對勞動合同的無效或者部分無效有爭議的，由勞動爭議仲裁機構或者人民法院確認。本案中，楊某提供虛假學歷證明與公司簽訂勞動合同，故勞動合同被法院認定為無效。

根據《勞動合同法》第 38 條第 1 款第 5 項、第 39 條第 5 項以及第 46 條第 1 項之規定，如果是用人單位的原因導致勞動合同無效的，勞動者可以隨時解除勞動合同，用人單位需要按照法定標準向其支付經濟補償；如果是勞動者的原因導致勞動合同無效的，用人單位也可以隨時解除勞動合同而不需支付任何經濟補償。本案中，楊某提供偽造的學歷證明而導致勞動合同無效，故公司無須支付經濟補償金。

《勞動合同法》第 28 條還規定，勞動合同被確認無效，勞動者已付出勞動的，用人單位應當向勞動者支付勞動報酬。勞動報酬的數額，參照本單位相同或者相近崗位勞動者的勞動報酬確定。根據《勞動合

> 同法》第 86 條規定，勞動合同依法被確認無效而給對方造成損害的，
> 有過錯的一方應當承擔賠償責任。偽造販賣假學歷要擔刑責。（作者：
> 北京市豐台區法院 喬學慧）

　　最後是第 6 項，被依法追究刑事責任的，企業可以解除勞動關係。
企業要弄清楚被依法追究刑事責任的概念。根據《關於貫徹執行〈勞
動法〉若干問題的意見》第 29 條規定，被依法追究刑事責任是指被人
民檢察院免予起訴的、被人民法院判處處罰的、被人民法院依據刑法
第 32 條免予刑事處分的。勞動者被人民法院判處拘役、3 年以下有期
徒刑緩刑的，用人單位可以解除勞動合同。此外，員工被依法追究勞
動教養的，單位也可以隨時辭退。

二、單方解除勞動合同事先通知工會的規定

　　《勞動合同法》第 43 條規定，用人單位單方解除勞動合同，應當
事先將理由通知工會。用人單位違反法律、行政法規規定或者勞動合
同約定的，工會有權要求用人單位糾正。用人單位應當研究工會的意
見，並將處理結果書面通知工會。

　　《工會法》第 21 條第 2 款規定，企業單方面解除職工勞動合同時，
應當事先將理由通知工會，工會認為企業違反法律、法規和有關合同，
要求重新研究處理時，企業應當研究工會的意見，並將處理結果書面
通知工會。

　　另外，最高人民法院《關於審理勞動爭議案件適用法律若干問題
的解釋（四）》第 12 條規定，建立了工會組織的用人單位解除勞動合
同符合勞動合同法第 39 條、第 40 條規定，但未按照勞動合同法第 43
條規定事先通知工會，勞動者以用人單位違法解除勞動合同為由請求
用人單位支付賠償金的，人民法院應予支持，但起訴前用人單位已經
補正有關程序的除外。

　　企業單方解除合同的通知工會程序是法定的程序，一些企業按照

法律規定的條件解除員工的勞動合同，卻被員工以企業違法解除要求支付賠償金為由訴之仲裁，遭致敗訴的例子，就在於忽略了通知工會這一道程序而功虧一簣。按照上述最高人民法院的解釋令，當員工向法院提起訴訟時，有可能會以企業違法解除的判決，判定企業要以經濟補償金的兩倍作為賠償金賠償給當事人。

　　因此，最保險的方式就是以書面文件敘明理由通知工會或在進入起訴前，補正有關通知工會程序。

三、員工違紀與辭退的風險對策

（一）人資部門最頭痛的問題來自員工的違紀行為

　　1. 員工違反公司的相關管理作業規定後，不但不肯承認錯誤，且態度惡劣、拒絕自我檢討、拒簽警告通知書、罵人等；

　　2. 員工故意違反相關管理作業規定，以達到讓公司解除的目的；

　　3. 員工被立即解除後，心理不平衡，找人打擊、報復相關人員等；

　　4. 員工因違紀被解除後，抖出企業內幕要求補發工資或賠償，否則提起仲裁請求或向法院起訴等；

　　5. 員工因違紀被解除，「走人後算帳」直接提起仲裁，要求補發加班工資差額或經濟補償金。

（二）企業對策

　　企業作出的「解除勞動合同通知書」，如果未向員工送達或者在送達不能時沒有以公告、布告等形式公之於眾的，該決定對員工不發生約束力，員工可以請求撤銷該決定，法院應當予以撤銷。根據最高人民法院《關於審理勞動合同爭議案件適用法律若干問題的解釋》第13條規定，用人單位不僅應當對解除合同的事由負舉證責任，而且應當對解除勞動合同的決定告知或者書面告知負舉證責任。

　　由於勞動爭議案件的舉證責任分配，除了當事人對自己的主張有

責任提供證據外，與爭議事項有關的證據屬於企業掌握管理的，企業要提供，如果不提供的，應當承擔不利後果。此種勞動爭議上的立法特性，提醒企業要做好證據收集的書面作業，建立完善的規章制度，以及執行日常的管理作業，例如考勤記錄、員工不良行為的記錄等等書面資料都要完善並存檔。

1. 收集過錯員工解雇中的有關證據的原因與種類：

（1）違紀員工的「檢討書」、「求情書」、「申辯書」等等文件；

（2）有違紀員工本人簽字的違紀記錄；

（3）其他員工及知情者的證明；

（4）有關書證、有關物證及視聽資料；

（5）政府有關部門的處理意見、處理記錄及證明等。

2. 找出符合辭退員工的相關條款、規章制度：

（1）《勞動合同法》等相關的勞動法律；

（2）《規章制度》中的解除勞動合同管理、獎懲管理等規定。

3. 特別提醒：

（1）當找不到相關依據的條款或規定時，即表示員工還未達到要被解除條件，此時就要特別小心處理，這時可採取兩種方法：

　　A. 收集足夠的證據後再進行解除；將處罰升級，此項特別適用於員工違反公司的相關規定後，不但不肯承認錯誤，且態度惡劣、拒寫檢討書、拒簽警告通知書、罵人等。

　　B. 對於「大錯不犯，小錯不斷」的員工的違紀行為，應注意平時記錄在案。每次違紀時，您都作出相應的書面處理材料，要求員工簽字。

嚴重違紀行為的界定

【案例11-4】李小姐從大學畢業後，與某公司簽訂了3年的勞動合同，專門從事報關工作。開始工作的一段時間，李小姐勤勤懇懇地工作，遵章守法，深得單位領導和員工的一致好評。但隨著時間的推移，李

小姐開始逐步放鬆了對自己的要求，存在消極怠工的嫌疑，如明明1個小時就能辦好，她非得一上午或大半天才行，為此，領導曾不止一次地教育批評她，但她一直沒有悔改之意。最近，李小姐又結識了一位男友，男友由於上夜班，白天才有空。為了能和男友多接觸，李小姐在工作時，常常心不在焉，就以各種理由外出，與男朋友幽會。企業對李小姐的消極怠工、曠工行為感到十分不滿，決定找理由來收拾她。公司人力資源經理在翻閱《勞動法》時，發現這麼一條規定：勞動者嚴重違反勞動紀律或者用人單位規章制度的，用人單位可以與勞動者解除勞動合同，而且還不用支付經濟補償金。於是，公司便依據此規定決定解除與李小姐的合同，而李小姐卻認為用人單位對她的處罰太過嚴重，於是她向勞動爭議仲裁委員會提起申訴。

在審理中，因用人單位不能給出合理的解除合同的依據，勞動爭議仲裁委員會支持李小姐的申訴，裁定用人單位在沒有合理依據的情況下無權單方面解除與李小姐的勞動合同。

【分析】本案涉及的一個重要問題是嚴重違紀行為的界定。《勞動法》第 25 條規定，勞動者嚴重違反勞動紀律或者用人單位規章制度的，用人單位可以與勞動者解除勞動合同。雖然勞動者嚴重違反勞動紀律或者用人單位規章制度的，用人單位可以與勞動者解除勞動合同。但是，何謂嚴重違紀行為，法律並沒有規定。那麼如何對嚴重違紀行為進行界定呢？實踐中，主要從以下幾個角度進行考慮：首先，要看用人單位與勞動者在勞動合同中是否明確約定什麼是「嚴重違紀行為」；其次，要看用人單位的規章制度中是否事先向勞動者明確什麼是「嚴重違紀行為」；最後，如果用人單位在勞動合同中約定或規章制度中規定什麼是「嚴重違紀行為」，發生爭議時由勞動爭議仲裁委員會、法院進行認定。

因此，對於嚴重違紀解除勞動合同，需要具體以下三個要素：第一是違紀行為要有證據證明，這就要求員工違紀發生時，企業要保留好原始記錄證據，證明違紀行為的真實存在；第二是單位要有對違紀行為處罰的詳細規定，其中包括處理的程序和處罰的具體規定，這是為了證明違紀行為與單位規章制度的吻合；第三是勞動合同或規章制度事先明確哪些違紀行為是屬於可以被解除勞動合同的範圍。

在實際用工過程中，許多用人單位由於沒有完善的規章制度，或者他們的運作機制不完善，很少與勞動者在簽訂勞動合同時約定什麼是違紀行為，甚至有些用人單位認為，願意什麼時候與勞動者解除勞動合同就可以什麼時候解除，根本就不要什麼證據。結果真到了解除勞動合同的時候，勞動者一旦拿起法律武器來捍衛自己的權利時，才發現事情原來並不像想像的那麼簡單。本案中，公司事先並沒有明確什麼是「嚴重違紀」，結果套用法律的規定與勞動者解除勞動合同時，卻無法獲得勞動仲裁機構的支持。

四、離職管理的操作

《勞動合同法》第 50 條規定，用人單位應當在解除或者終止勞動合同時出具解除或者終止勞動合同的證明，並在 15 日內為勞動者辦理檔案和社會保險關係轉移手續。勞動者應當按照雙方約定，辦理工作交接。用人單位依照本法有關規定應當向勞動者支付經濟補償的，在辦結工作交接時支付。用人單位對已經解除或者終止的勞動合同的文本，至少保存二年備查。

《勞動合同法實施條例》第 24 條規定，用人單位出具的解除、終止勞動合同的證明，應當寫明勞動合同期限、解除或者終止勞動合同的日期、工作崗位、在本單位的工作年限。《勞動合同法》第 89 條規定，用人單位違反本法規定未向勞動者出具解除或者終止勞動合同的書面證明，由勞動行政部門責令改正；給勞動者造成損害的，應當承擔賠償責任。

綜合上述，企業應當在解除勞動合同時出具解除或者終止勞動合同的證明，並在 15 日內為員工辦理檔案和社會保險關係轉移手續。同時規定，員工應當按照雙方約定，辦理工作交接（附表 11-10：員工離職移交清單）。

附表 11-10：員工離職移交清單

各相關部門： 請按以下順序依次為_____部門_____員工辦理離職交接，並在相應的位置簽名確認交接完成。 　　人力資源部：_____　　　　　　日期：___年___月___日	

離職原因	□合同到期終止　　　□辭職（解除）　　　□辭退（解除）

以下填寫工作移交手續

所在部門工作	現指定_____ 接交_____的工作，請立即進行交接。 　　　　所屬部門：_____　　　日期：___年___月___日
移交	□ 1. 企業的各項內部文件 □ 2. 經管工作詳細說明 □ 3. 客戶資訊表、供銷關係資訊表 □ 4. 培訓資料原件 □ 5. 企業的技術資料（包括書面文件、電子文件兩類） □ 6. 專案工作情況說明（包括專案計畫書、專案實施進度說明、專案相關技術資料、其他專案相關情況的詳細說明）

□附交接清單_____頁		□不附交接清單	
移交人	接交人	監交人	
日期	日期	日期	

以下填寫事物移交手續

人力資源部	□解除勞動關係　　□保險手續　　　□員工手冊　　　□檔案調出 經理：_____　　　　　　　日期：_____
本部門	□借用圖書　　　□文件資料　　□辦公室鑰匙　　□辦公用品 部門負責人：_____　交接人：_____　日期：_____
行政部	□胸卡　　　　□工作服　　　□勞保用品　　　□通訊設備 □宿舍退房及用品驗收 經理：_____　　　　　　　日期：_____
財務部	□欠款清理　　　　□財務清算　　　　　□工資發放 經理：_____　　　　　　　日期：_____
離職員工	我確認上述手續已全部完成，從此解除我與某某公司的勞動服務關係 簽字：_____　　　　　　　日期：_____

註：本單一式兩份，離職員工與人力資源部各執一份。

企業依照《勞動合同法》有關規定應當向員工支付經濟補償的，在辦結工作交接時支付。同時出具的「解除（終止）勞動合同證明」（附表 11-11：解除（終止）勞動合同證明書），寫明勞動合同期限、解除或者終止勞動合同的日期、工作崗位、在本單位的工作年限。離職員工收到離職證明後出具簽收證明給公司（附表 11-12：解除（終止）勞動合同證明書簽收證明）。

另外，企業對已經解除或終止的勞動合同文本，至少保存兩年。

附表 11-11：解除（終止）勞動合同證明書

```
                    解除（終止）勞動合同證明書

_____：
    我司與_____簽訂的勞動合同，由於 _____
_____原因，於 _____ 年 ____ 月 _____ 日解除（終止）勞
動關係，其檔案及社會保險轉移手續於 _____ 年 ____ 月 ____ 日轉移。
特此通知
                              單位（蓋章）_____
```

註：一式三份，一聯存根留用人單位

附表 11-12：解除（終止）勞動合同證明書簽收證明

```
                 解除（終止）勞動合同證明書簽收證明

_____：
    本人于 _____ 年 _____ 月 _____ 日收到公司出具的解除（終止）勞動
合同證明書，特此證明。
                              簽收人：_____
```

值得企業注意的是企業違反《勞動合同法》第 89 條規定，未向員工出具解除或者終止勞動合同的書面證明，由勞動行政部門責令改正；給員工造成損害的，應當承擔賠償責任。此乃因為離職證明對離職員工的重要性，例如作為申請失業補助的證明，累計工作日數的證明，

以及應徵下一家用人單位的面試文件。

五、人力資源的退出成本

本章談到的是企業支付經濟補償金的法律規定，所涉及的人力成本是屬於人力資源的退出成本。有關支付經濟補償金的解除條件，詳見本書第 15 章「經濟補償金、違約金、賠償金、罰款的操作實務」。

六、管控要點

有關企業解除勞動合同的管控要點如下：

（一）企業解除勞動合同是否依據證據證明員工的違法違規的行為？（ν）

（二）企業單方解除勞動合同是否通知了工會？（ν）

（三）企業解除不能勝任員工是否提前 30 天或以一個月預告工資，書面通知員工？（ν）

（三）進行經濟性裁員時是否提前 30 天向工會及全體員工說明經營狀況？（ν）

（四）企業是否建立試用期不符合錄用條件的書面資料？（ν）

（五）員工離職時是否製發解除（終止）勞動合同證明書給員工，同時收回簽收單？（ν）

第 12 章
員工解除勞動合同的操作實務

　　根據勞動法律的規定，勞動合同可以單方依法解除，也可以雙方協商解除。從員工的立場發出的辭職訊息，或是員工要求協商的解除訊息就是員工解除勞動合同。因此員工依法提出解除合同的，是行使辭職權的行為。

一、員工解除勞動合同的操作

　　員工合法、合理的解除勞動合同，所依據的法條，有《勞動合同法》第 36、37、38 條，每條的解除條件都有差異，由於涉及勞資雙方的權益，雙方必須慎重處理，人資部門更須謹慎為之（附圖 12-1：員工解除勞動合同的法律規定流程圖）。

（一）員工協商解除勞動合同

　　《勞動合同法》第 36 條規定，用人單位與勞動者協商一致，可以解除勞動合同。

　　大陸《勞動合同法》設計「協商解除勞動合同」。這個法律條款有個特點，即雙方當事人都具有平等的協商解除請求權，必須雙方平等自願協商一致而達成協議，才可以解除勞動合同；同時這協商解除不受任何條件的約束，只要不違反法律的規定，不損害他人的利益即可。

　　協商解除勞動合同有由企業提出和員工提出兩種，本文是由員工主動提出要解除勞動關係，亦即員工向企業提出解除，經雙方協商一致後解除勞動合同。既然是由員工提出，則員工就要在雙方協商同意後，按照協商條件辭職，企業無須支付經濟補償金，但如果雙方有約

附圖 12-1：員工解除勞動合同的法律規定流程圖

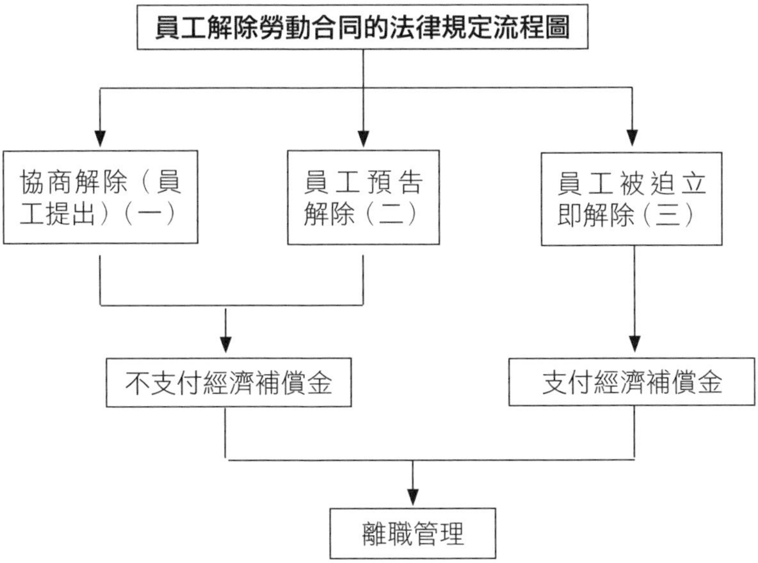

定支付條件則從其約定。

（二）員工的預告解除（無因解除）

《勞動合同法》第 37 條規定，勞動者提前 30 日以書面形式通知用人單位，可以解除勞動合同。勞動者在試用期內提前 3 日通知用人單位，可以解除勞動合同。

第 37 條規定的員工解除勞動合同，應當提前 30 日以書面形式通知企業，這是法律法規賦予員工單方解除合同的權利，只要構成前述條件，便無須徵得企業的同意，因此員工提前解除合同的，是行使辭職權的行為，不應當承擔違約責任，也談不上違約金的問題。

如果員工違反提前 30 日以書面形式通知用人單位的規定，企業可以要求員工賠償經濟損失，因為這是解除勞動合同的條件，也是解除勞動合同的程序規定。因此，企業基於管理目的（如留住人才），不准員工離職，要求繼續履行勞動合同的，恐怕在法律上站不住腳，法

律的歸法律，管理的歸管理，企業要留住人才，必須在人資管理或人才激勵策略上強化員工的向心力。

員工解除勞動合同，必須提出「員工離職申請書」（附表 12-1：員工離職申請書）。

附表 12-1：員工離職申請書

員工離職申請書					
姓名		工號		部門	
職務			合同有效期間		
通知離職日期			預計離職日期		
離職類型	□試用期內，個人要求解除勞動合同。 □勞動合同未到期，個人要求解除勞動合同。 □勞動合同期滿，個人要求終止勞動合同。				
離職原因陳述	簽名_____ 日期：___年___月___日				
直屬部門主管意見	是否進行離職面談□是□否				
	訪談結果和意見	簽名_____ 日期：___年___月___日			
人資部門主管意見					
公司領導指示	簽名_____ 日期：___年___月___日				

閃跳族説不幹就不幹，須賠償公司停產損失嗎？

【案例 12-1】今年 8 月，小郭到我們公司擔任技術員，並簽訂了為期一年的勞動合同。僅過了一個月，因主管向其提出一些注意事項，小郭認為是有意插手其工作，故意找碴妒忌人才，自己日後難有發展，遂不顧公司領導的一再解釋，立馬揚長而去，導致其所負責的車間因缺乏技術指導而停產 5 天，造成經濟損失達 1 萬 2,000 餘元。請問，公司的這筆損失可以向小郭請求賠償嗎？

【解答】小郭應當賠償公司的這筆損失。一方面，《勞動合同法》第 37 條規定：「勞動者提前 30 日以書面形式通知用人單位，可以解除勞動合同。勞動者在試用期內提前 3 日通知用人單位，可以解除勞動合同。」小郭不聽勸阻，立馬走人，明顯與之相違。另一方面，《勞動合同法》第 90 條規定：「勞動者違反本法規定解除勞動合同，或者違反勞動合同中約定的保密義務或者競業限制，給用人單位造成損失的，應當承擔賠償責任。」正因為小郭違法解除勞動合同，導致其所負責的車間因缺乏技術指導而停產 5 天並造成損失，自然必須承擔賠償責任。

（三）員工被迫立即解除（有因解除）

《勞動合同法》第 38 條第 1 款規定，用人單位有下列情形之一的，勞動者可以解除勞動合同：

1. 未按照勞動合同約定提供勞動保護或者勞動條件的；

2. 未及時足額支付勞動報酬的；

3. 未依法為勞動者繳納社會保險費的；

4. 用人單位的規章制度違反法律、法規的規定，損害勞動者權益的；

5. 因本法第 26 條第 1 款規定的情形致使勞動合同無效的；

6. 法律、行政法規規定勞動者可以解除勞動合同的其他情形。

同法第 38 條第 2 款規定，用人單位以暴力、威脅或者非法限制人

身自由的手段強迫勞動者勞動的，或者用人單位違章指揮、強令冒險作業危及勞動者人身安全的，勞動者可以立即解除勞動合同，不需事先告知用人單位。

　　員工被迫立即解除（有因解除）是指企業的勞動條件、福利措施、規章制度、勞動人權等等日常事務顯然有過失或過當的情況下，可能損害到員工的權益，為了維護勞動關係持續中的權益，員工利用法律權利，提出立即解除勞動合同的要求，或者不必通知企業達到立即解除勞動合同的目的，同時企業必須支付經濟補償金。（**參照本書第 15 章「經濟補償金、違約金、賠償金、罰款的操作實務」**）

　　首先，在上述《勞動合同法》第 38 條第 1 款第 1 項規定中，企業如果沒有按照規定提供員工勞動保護或者勞動條件，員工可以解除勞動合同。勞動保護和勞動條件，是指在勞動合同中約定的企業對勞動者所從事的勞動必須提供的生產、工作條件和勞動安全衛生保護措施。即企業保證勞動者完成勞動任務和勞動過程中安全健康保護的基本要求，包括勞動場所和設備、勞動安全衛生設施、勞動防護用品等。企業不僅為勞動者提供必須的勞動條件和勞動保護，而且必須提供符合國家規定的勞動安全衛生條件和勞動保護。

　　在勞動生產經營過程中，存在著各種不安全、不衛生的因素，如不採取措施加以防範和保護，將有可能發生工傷事故、安全事故。為此，《勞動合同法》將勞動保護和勞動條件規定為勞動合同的必備條款。

　　其次，是第 2、3 項，企業未及時足額支付勞動報酬及未依法為勞動者繳納社會保險費的，員工可以解除勞動合同。這些勞動條件是員工比較重視的福利，也是員工進入企業工作的主要因素，其細節包含工資與津補貼及獎金（不得低於法律規定的最低工資標準）、加班費用（含加班費用的費率與計算基數）、社會保險（含社保費率與計算基數）、住房公積金（含公積金費率與計算基數），員工會以這些條款為理由解除勞動合同的。員工是在經過一段時間以後，未拿到該給的薪資，覺得自己的權益受損了才會立即解除合同，而下一個步驟就是訴諸勞動仲裁，要求補發薪資及經濟補償金。

再者，是第 4 項，企業的規章制度違反法律、法規的規定，損害勞動者權益的，員工可以解除勞動合同。規章制度違反法律、法規的規定是有可能的情形，因為人資部門對勞動法律不太熟悉，有可能引用錯誤或誤用，企業千萬不要知法犯法，故意引用違反法律規定的條款及內容，例如有台商按台灣《勞基法》的規定女性員工的產假是 56 天，而不是大陸規定的 98 天，這當然是違法的條款。也有企業規定女性員工一旦懷孕就要離職，這顯然是更嚴重的違法條款，因為《勞動合同法》第 26 條第 1 款第 2 項提到，用人單位免除自己的法定責任、排除勞動者權利的，則所簽訂的勞動合同是無效的。而且員工也很容易看出破綻而提出立即解除勞動合同的要求。

　　最後，是第 5 項，企業因本法第 26 條第 1 款規定的情形致使勞動合同無效的，員工可以解除勞動合同。這與本書第 11 章論及員工為因本法第 26 條第 1 款第 1 項規定的情形致使勞動合同無效的，企業可以解除勞動關係的觀念是一樣的。現在角色換成企業，如果企業以欺詐、脅迫的手段或者乘人之危，使員工在違背真實意思的情況下所簽訂或變更的勞動合同是無效的，因此員工可以立即解除勞動合同。企業不希望員工存在欺詐、脅迫的行為，將心比心，員工也不希望公司的行為欺騙讓他們的權益受損。

　　同法第 38 條第 2 款中，所謂暴力是指對員工實施綑綁、拉踹、毆打、傷害等行為；威嚇是指對員工威脅、使用暴力或其他強迫手段；非法限制人身自由是指採用關押、禁閉或其他強制方法非法剝奪或限制他人按照自己的意志支配自己的身體活動自由的行為，《勞動法》第 56 條規定，勞動者在勞動過程中必須嚴格遵守安全操作規程。勞動者對用人單位管理人員違章指揮、強令冒險作業，有權拒絕執行；對危害生命安全和身體健康的行為，有權提出批評、檢舉和控告。

　　企業違章指揮、強令冒險作業將嚴重危及員工人身安全，例如從事危險作業的採礦人員、高空作業人員，在沒有安全防護的情況下，強令員工進行作業的行為，員工有權拒絕並撤離作業場所，可以立即解除勞動合同，不須事先告知企業。

不能證明員工無故缺勤用人單位會被判賠償嗎？

【案例 12-2】（中國法院網訊）北京某科技公司被該公司員工以拖欠工資為由訴至法院在案件審理中，公司稱並沒有拖欠工資，是員工擅自離職，但是該公司又不能提供相應的證據。2007 年 6 月 27 日上午，北京市第一中級人民法院終審判決公司支付拖欠的兩個月工資 1 萬 500 元（稅後）及各項經濟補償金 6,825 元。

【解答】周女士是某科技公司的地區銷售經理，2005 年 12 月，她和公司簽訂了「入職通知」，雙方約定，周女士任深圳區域銷售經理，試用期 3 個月，試用期工資為每月 4,200 元。試用期屆滿後，周女士仍在該公司工作，月工資不變。周女士向法院訴稱，自 2006 年 4 月 1 日起至 2006 年 6 月 15 日，公司就不再向其支付工資，在此情況下周女士被迫解除合同並向勞動爭議仲裁委員會提起仲裁。因在仲裁委沒有得到滿意的結果，周女士又將公司起訴至法院，請求法院判令公司向其支付 2006 年 4 月 1 日至 2006 年 6 月 15 日的工資 1 萬 500 元及經濟補償金 2,625 元，支付解除勞動合同的經濟補償金 4,200 元，並支付損失 4,200 元。

在案件審理過程中，公司辯稱，周女士在 2006 年 4 月 11 日至 6 月 15 日期間擅自離職，公司已向其支付了 2006 年 3 月的工資，並不拖欠其工資。因周女士是深圳區域銷售經理，故單位未對其做嚴格的考勤管理，但其必須每週五與單位聯繫彙報工作。

但是，公司並未向法院提交雙方曾就此工作方式進行協商的證據，也未能提交充分證據證明周女士自 2006 年 4 月 11 日後一直未來公司上班。 法院認為，周女士與公司簽訂的「入職通知」，未違反法律規定，應屬有效，雙方均應嚴格履行各自的義務。

根據相關司法解釋，勞動者的考勤與工資標準應當由用人單位負舉證責任，該公司主張周女士自 2006 年 4 月 11 日後就未到公司上班，未向法院提交充分證據予以證明，故法院認可周女士一直工作至 2006 年 6 月 15 日。

周女士以公司未按時向其支付 2006 年 4 月至 6 月 15 日期間的工資為由，提出辭職，符合《勞動法》第 32 條有關用人單位延付工資，

勞動者可以提前解除勞動合同的規定。要求公司向其支付上述期間的
工資、經濟補償金、解除勞動合同的經濟補償金於法有據，法院應予
支持。（作者：常鳴發布　時間：2007·06·27）

二、離職管理的操作

詳見本書第 11 章「企業解除勞動合同的操作實務四、離職管理的
操作」內容。

三、人力資源的退出成本

本章談到的是企業支付經濟補償金的法律規定，所涉及的人力成
本是屬於人力資源的退出成本。有關支付經濟補償金的解除條件，詳
見本書第 15 章「經濟補償金、違約金、賠償金、罰款的操作實務」。

四、管控要點

有關員工解除勞動合同的管控要點如下：

（一）企業是否經常發生不及時足額支付勞動報酬的情形？（ν）

（二）企業是否經常發生未為勞動者繳納社會保險費的情形？
（ν）

（三）企業是否有暴力、威脅或者非法限制人身自由的手段強迫
勞動的？（ν）

（四）企業是否用欺詐、脅迫的手段強迫員工簽訂勞動合同的情
形？（ν）

第 13 章
終止勞動合同與辦理離職手續的操作實務

　　《勞動合同法》對辭退員工與員工離職，法律上分為解除與終止兩種，解除勞動合同詳述在第 11 章「企業解除勞動合同的操作實務」及第 12 章「員工解除勞動合同的操作實務」兩章。

　　終止勞動合同是指勞動合同法律效力的終止，亦即雙方當事人之間勞動關係的終結，彼此之間原有的權利和義務關係不復存在。在勞動合同管理制度中，訂立、履行、變更、解除、終止或續簽的過程，有的員工歷經三個（訂立、履行、解除）、有的歷經四個（訂立、履行、變更、解除）、有的歷經五個（訂立、履行、變更、解除、終止或續簽），正常的情形下，企業與員工在勞動合同到期時，會面臨終止或續簽的關卡。有關勞動合同終止或續簽的規定，詳見本書第 2 章「勞動合同管理的操作實務」。

　　勞動合同的終止處理好像很簡單，但因終止勞動合同引發的糾紛亦不在少數，因此企業必須加強勞動合同終止制度的研究，減少終止時的法律風險。

一、終止勞動合同的操作

　　企業合法、合理的終止勞動合同，所依據的法條，有《勞動合同法》第 44 條，該條每項的終止條件都有差異，由於涉及勞資雙方的權益，雙方必須慎重處理，人資部門更須謹慎為之（附圖 13-1：終止勞動合同的法律規定流程圖（一）），另外，依據及《勞動合同法實施條例》第 5、6 條，兩個條款談到勞動者不簽訂勞動和同時，在一定的時限條件下，企業可以終止勞動合同（附圖 13-2：終止勞動合同的法律規定流程圖（二））。

附圖 13-1：終止勞動合同的法律規定流程圖（一）

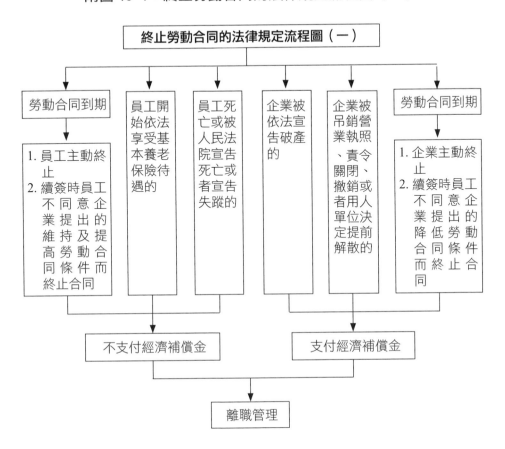

勞動合同的終止條件一共有六項，每一項的因素都不一樣，但都涉及企業經營上的利害關係。另外，員工不簽勞動合同，企業終止勞動合同的條件有兩項：

（一）勞動合同終止的法定條件

勞動合同法第 44 條規定，有下列情形之一的，勞動合同終止：

1. 勞動合同期滿的；
2. 勞動者開始依法享受基本養老保險待遇的；

附圖 13-2：終止勞動合同的法律規定流程圖（二）

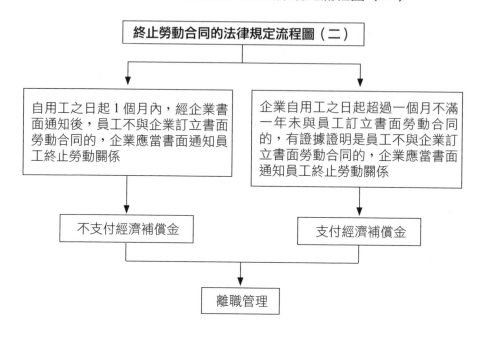

終止勞動合同的法律規定流程圖（二）

自用工之日起 1 個月內，經企業書面通知後，員工不與企業訂立書面勞動合同的，企業應當書面通知員工終止勞動關係

企業自用工之日起超過一個月不滿一年未與員工訂立書面勞動合同的，有證據證明是員工不與企業訂立書面勞動合同的，企業應當書面通知員工終止勞動關係

不支付經濟補償金

支付經濟補償金

離職管理

3. 勞動者死亡，或者被人民法院宣告死亡或者宣告失蹤的；

4. 用人單位被依法宣告破產的；

5. 用人單位被吊銷營業執照、責令關閉、撤銷或者用人單位決定提前解散的；

6. 法律、行政法規規定的其他情形。

有關勞動合同的終止條件，由於每一項的性質都不一樣，必須分開講解。

首先，第 1 項勞動合同期滿的，企業或員工不續簽，勞動合同終止。如企業維持或者提高勞動合同約定條件續訂勞動合同，員工不同意續訂的情形，勞動合同也可終止。所以勞動合同在自然的情況下，只要合同到期，或合同到期員工不同意續簽時，勞動合同就可終止。

勞動合同到期，如果員工繼續在原崗位工作，企業有意或無意不表示異議，也不續簽勞動合同時，此時已經形成事實勞動關係。《最

高人民法院關於審理勞動爭議案件適用法律若干問題的解釋（一）》第 16 條指出，勞動合同期滿後，勞動者仍在原用人單位工作，原用人單位未表示異議的，視為雙方同意以原條件繼續履行勞動合同。一方提出終止勞動關係的，人民法院應當支持。因此勞動合同期滿的，並不等於勞動關係終止。企業要做好續簽或終止的準備，否則會有糾紛的。

勞動合同期滿，企業是否有義務提前通知員工續簽或終止合同，《勞動合同法》並無明確的規定，但從管理實際的立場而言因為牽涉到交接程序，以及權益問題，提前預告是有必要性，有些地方法規政策，諸如北京、江蘇、浙江、遼寧等地區，做出明確的預告程序以利處理離職管理作業。

（1）《北京市勞動合同規定》第40條規定，勞動合同期限屆滿前，用人單位應當提前 30 日將終止或者續訂勞動合同意向以書面形式通知勞動者，經協商辦理終止或者續訂勞動合同手續。」如果未提前預告，同法第 47 條規定，用人單位違反本規定第 40 條規定，終止勞動合同未提前 30 日通知勞動者的，以勞動者上月日平均工資為標準，每延遲 1 日支付勞動者 1 日工資的賠償金。

（2）《江蘇省勞動合同條例》第37條規定，勞動合同期限屆滿前，用人單位應當提前 30 日將終止或者續訂勞動合同意向以書面形式通知勞動者，到期辦理終止或者續訂勞動合同手續。

（3）《浙江省勞動合同辦法》第 34 條規定，用人單位應當在勞動合同期限屆滿 30 日前，就終止或者續訂勞動合同的意向以書面通知勞動者。

（4）《遼寧省勞動合同規定》第27條規定，勞動合同期限屆滿前，用人單位應當提前 30 日將終止或者續訂勞動合同意向以書面形式通知勞動者，經協商辦理終止或者續訂勞動合同手續。

企業終止勞動合同，其終止通知書，抬頭必須提到「終止勞動合同通知書」，以符合實際的情形（附表 13-1：終止勞動合同通知書）。

附表 13-1：終止勞動合同通知書

終止勞動合同通知書

_____ ：

　　你與公司簽訂的勞動合同將於____年____月____日到期，根據公司人事安排及工作計畫，公司決定不再與你續訂勞動合同，勞動合同將於期滿日終止。

特此通知

　　本人簽收　　　　　　　　　　　＊＊＊＊公司
　　____年____月____日　　　　　____年____月____日

員工已簽訂二次共六年期定期合同如何終止？

【案例 13-1】今年（2012）8 月，本企業大陸公司有位員工已簽訂二次共六年期定期合同，目前第二次合同即將屆滿，但因該員工表現平平，故公司不想再簽第三次，以避免適用無限期合同。請問如果，不再簽訂，每年一個月，故需支付六個月經濟補償金；解除合同後，轉予派遣公司，由派遣公司派遣至本公司擔任其他職務，年資重新計算。

【解答】案例所講的已經簽了兩次勞動合同，按照時間推斷，第一次是在 2008 年以前訂的，按《勞動合同法》第 14 條規定，該員工在 2008 年以後應只簽一次勞動合同，尚未有第二次，不構成涉及兩次以後要簽無固定期限勞動合同的問題。因此勞動合同一到期終止不續簽，只要支付 2008 年以後年資的經濟補償金即可，所以按規定是五個月，另外按《勞動合同法》第 97 條規定，如果在 2008 年以前企業所在地方法規有關終止勞動合同要支付經濟補償金的規定，則貴公司還要合計 2008 年以前按年資應該支付的月數。

　　終止後該員工跟貴公司已無關係，將來該員工與派遣公司簽合同，他與該公司有勞動關係，再派到貴公司工作，貴公司是用工單位，只有勞務派遣關係而已。所以案例所稱要轉予派遣公司的說法似乎不當，應當是自然終止支付了經濟補償金後，該員工再與派遣公司簽勞動合同，再由該派遣公司派到貴公司服務，這時候的年資是在派遣公司的

年資。（參照本書第 15 章「經濟補償金、違約金、賠償金、罰款的操作實務」）

其次，是第 2 項規定，根據勞動和社保部辦公廳關於企業職工法定退休年齡涵義的覆函（勞社廳函〔2001〕125 號）的解釋，國家法定的企業職工退休年齡，是指國家法律規定的正常退休年齡，即男年滿 60 周歲，女工人年滿 50 周歲，女幹部年滿 55 周歲。參加基本養老保險的個人，達到法定退休年齡時累計繳費滿 15 年的，按月領取基本養老金。另外，《勞動合同法實施條例》第 21 條規定，員工達到法定退休年齡的，勞動合同終止。換句話說，累計繳費不足 15 年的，但已經到達法定的退休年齡的，勞動合同就要終止。（參照本書第 9 章「社會保險與住房公積金管理的操作實務」）

再者是第 3 項，員工死亡、宣告死亡、宣告失蹤的，等於簽訂勞動合同的一方主體資格消滅，客觀上無法再履行合同，勞動合同自然終止履行（附表 13-2：民法通則規定的死亡及失蹤的條款）。

附表 13-2：民法通則規定的死亡及失蹤內容

民法通則	內容
9 條	公民從出生時起到死亡時止，具有民事權利能力，依法享有民事權利，承擔民事義務。
20 條	公民下落不明滿 2 年的，利害關係人可以向人民法院申請宣告他為失蹤人。
23 條	公民有下列情形之一的，利害關係人可以向人民法院申請宣告他死亡： （一）下落不明滿 4 年的； （二）因意外事故下落不明，從事故發生之日起滿 2 年的。

接著是第 4 項，根據大陸《破產法》規定，企業一旦被依法宣告破產，就進入破產清算程序，企業的主體資格即將歸於消滅。所謂破產清算，是指企業不能清償到期債務，並且資產不足以清償全部債務或者明顯缺乏清償能力的，由債務人或企業向法院提出破產清算申請，

依照法定程序宣告破產，對企業的所有財產進行強制執行，以公平使債權人受償。宣告破產後，意味著勞動合同一方主體資格必然消滅，勞動合同自然終止。

最後是第 5 項，企業被吊銷營業執照、責令關閉、撤銷或者用人單位決定提前解散的。

所謂吊銷營業執照，是指企業未辦關廠手續，即公司沒有經過清算程序，對公司放任不管，最終由工商局公告吊銷營業執照。又如對於有嚴重違反工商行政管理法規行為的企業，連續兩年未依法通過年檢，工商行政管理部門可依法處以吊銷營業執照的行政處罰。被吊銷營業執照意味著行為能力的喪失，作為用人單位的主體資格已經喪失，勞動合同終止。

所謂被責令關閉是指政府對於嚴重污染環境的企事業單位，依法作出決定，命令其關閉，是一種很重的行政處罰，適用於那些嚴重污染環境，並且經過限期治理，逾期未完成治理任務，不能讓其繼續存在下去的企事業單位。責令中央或省級人民政府直接管轄的企事業單位關閉，由省級人民政府決定；責令中央直接管轄的企事業單位關閉，還須報國務院批准。責令市、縣或市、縣以下人民政府管轄的企事業單位關閉，由市、縣人民政府決定。被責令關閉的企業主體資格已經消滅，亦即勞動合同一方主體資格必然消滅，勞動合同終止。

另外，企業因為公司章程載明的解散事由發生、存續期間屆滿、公司經營的事業已經完成或無法完成等等情形出現時，無意願繼續經營，則企業的權力機關可對此做出解散決議，並依《公司法》的規定，向工商行政管理部門辦理註銷登記，且清償債權債務，向股東分配剩餘資產，這就是企業的解散。解散意味著企業的法人資格徹底消失，勞動合同終止。

（二）員工不簽勞動合同，企業終止勞動關係的條件

《勞動合同法實施條例》第 5 條規定，自用工之日起 1 個月內，經用人單位書面通知後，勞動者不與用人單位訂立書面勞動合同的，

用人單位應當書面通知勞動者終止勞動關係，無須向勞動者支付經濟補償，但是應當依法向勞動者支付其實際工作時間的勞動報酬。

同條例第 6 條規定，用人單位自用工之日起超過 1 個月不滿 1 年未與勞動者訂立書面勞動合同的，依照《勞動合同法》第 82 條的規定向勞動者每月支付兩倍的工資，並與勞動者補訂書面勞動合同；勞動者不與用人單位訂立書面勞動合同的，用人單位應當書面通知勞動者終止勞動關係，並依照《勞動合同法》第 47 條的規定支付經濟補償。

這是勞動合同終止條件以外的兩個特殊條件，如果是員工的原因不與企業簽訂勞動合同，企業就可以運用《勞動合同法實施條例》的規定終止雙方的勞動關係。當員工不與企業訂立書面勞動合同的，企業應當書面通知員工終止勞動關係，在進入公司 1 個月內終止合同的，不必支付經濟補償金，但須支付實際上班期間的工資；1 個月以後 1 年以內終止合同的，必須支付經濟補償金（**參照本書第 2 章「勞動合同管理的操作實務」**）。

員工不願簽合同應如何處理？

【**案例 13-2**】我在一家公司做人力資源工作，專門負責勞動合同的相關工作。在工作中，我碰到了一些疑惑，以前都是單位不跟勞動者簽勞動合同，但最近我們公司卻總發生一些勞動者不願意跟單位簽合同的事。如果不簽合同，勞動者就有權主張用人單位支付雙倍工資，一旦發生訴訟，部門領導肯定要責怪我。請問，遇到這樣的情況我該怎麼辦？

【**解答**】《勞動合同法》第 7 條規定，用人單位自用工之日起即與勞動者建立勞動關係。該法第 82 條則規定，用人單位自用工之日起超過一個月不滿一年未與勞動者訂立書面勞動合同的，應當向勞動者每月支付二倍的工資。因此，如果用人單位不與勞動者簽訂勞動合同，確實存在向勞動者支付二倍工資的風險。一些心存僥倖的員工就故意不跟公司簽訂勞動合同，這種心態，是「司馬昭之心，路人皆知。」因為有兩倍工資的誘因。

需要注意的是，《勞動合同法實施條例》第 5 條規定進一步規定，自用工之日起一個月內，經用人單位書面通知後，勞動者不與用人單位訂立書面勞動合同的，用人單位應當書面通知勞動者終止勞動關係，無須向勞動者支付經濟補償，但是應當依法向勞動者支付其實際工作時間的勞動報酬。同條例第 6 條規定進一步規定，用人單位自用工之日起超過 1 個月不滿 1 年，勞動者不與用人單位訂立書面勞動合同的，用人單位應當書面通知勞動者終止勞動關係，並依照《勞動合同法》第 47 條的規定支付經濟補償。

從這兩個規定來看，勞動者不願意簽訂勞動合同，法律賦給用人單位終止勞動關係的權利，用人單位應及時行使自身權利，不然，將承擔不簽訂勞動合同相應責任。

二、離職管理的操作

詳見本書第 11 章「企業解除勞動合同的操作實務四、離職管理的操作」內容。

三、人力資源的退出成本

本章談到的是企業支付經濟補償金的法律規定，所涉及的人力成本是屬於人力資源的退出成本。有關支付經濟補償金的終止條件，詳見本書第 15 章「經濟補償金、違約金、賠償金、罰款的操作實務」。

四、管控要點

有關終止勞動合同與辦理離職手續的管控要點如下：

（一）是否按照條件終止員工的勞動合同（ν）

（二）員工不與企業訂立書面勞動合同時，企業是否執行終止勞動合同？（ν）

（三）是否辦結交接程序，並對符合條件的員工支付經濟補償金？（ν）

（四）員工離職時是否做好社會保險的轉移手續（ν）

（五）是否支付「解除或終止勞動合同證明」給離職員工（ν）

（六）收到「解除或終止勞動合同證明」的員工是否出具簽收證明給公司（ν）

第 14 章
企業不得解除或終止勞動合同的操作實務

　　企業在執行解除或終止勞動合同作業時，因為誤踩法律規定的紅線而產生了勞動爭議，有可能在對簿公堂時遭致敗訴的結局。這種案例常常出現，諸如企業以不能勝任為由辭退已經懷孕的女職工、以經常生病為由辭退尚在醫療期的員工等等情形。《勞動合同法》制訂出某些形式的限制性條款，是企業在執行解雇作業時，必須避免的「誤區」，而其解決之道就是等到「相應的情形消失」為止，才能採用一般性的解除或終止條件。

　　法律對某些特殊或弱勢族群有特殊的保護措施，例如工傷（職業病）員工、患病或非因工負傷的員工、處於三期內的女職工、接近退休的員工、工會幹部（專職主席、副主席或者委員）、職工一方協商代表等特殊或弱勢族群，法律會以限制性條款保護他們。

一、企業不得解除或終止勞動合同的操作

（一）企業解除勞動合同的限制

　　《勞動合同法》第 42 條規定，勞動者有下列情形之一的，用人單位不得依照本法第 40 條、第 41 條的規定解除勞動合同：

　　1. 從事接觸職業病危害作業的勞動者未進行離崗前職業健康檢查，或者疑似職業病病人在診斷或者醫學觀察期間的；

　　2. 在本單位患職業病或者因工負傷並被確認喪失或者部分喪失勞動能力的；

　　3. 患病或者非因工負傷，在規定的醫療期內的；

　　4. 女職工在孕期、產期、哺乳期的；

5. 在本單位連續工作滿 15 年，且距法定退休年齡不足 5 年的；

6. 法律、行政法規規定的其他情形。

首先是第 1 項，按照《職業病防治法》規定，企業未給從事接觸職業病危害作業的員工做離崗前職業健康檢查的，不能解除勞動關係，對於疑似職業病的員工在診斷或者醫學觀察期間的，也不得解除勞動關係。企業應當及時安排對疑似職業病人進行診斷，在診斷或者醫學觀察期間不得解除勞動關係。

其次是第 2 項，在本單位患職業病或者因工負傷並被確認喪失或者部分喪失勞動能力的員工，依《工傷保險條例》規定，企業不能解除員工的勞動合同的。如下說明（附表 14-1：工傷職工解除或終止勞動合同分析表）。

附表 14-1：工傷職工解除或終止勞動合同分析表

級數	工作能力	內容
一～四級	完全喪失勞動能力	員工退出工作崗位，勞動關係不得解除，亦不得終止，保留勞動關係退出工作崗位，直至退休為止。
五～六級	大部分喪失勞動能力	企業不得提出解除或者終止勞動合同。但員工於勞動合同存續期間可以主動提出解除合同，也可於勞動合同屆滿時提出終止勞動關係。
七～十級	部分喪失勞動能力	企業不得提出解除勞動合同，但合同期滿時可以終止勞動合同。而員工於勞動合同期間可以主動提出解除合同，也可於勞動合同屆滿時提出終止勞動關係。

再者是第 3 項，因為患病或非因工負傷，在規定的醫療期內的員工，企業不能解除勞動合同。所謂醫療期，在本書第 7 章「假期管理的操作實務五、病休假與醫療期的操作」，論述到醫療期的定義與內容，此處不再贅述。

患病期間員工被解雇是否合法？

【案例 14-1】小某自 2003 年起一直在一家物業公司從事保安工作，2012 年 2 月起因患病治療，連續 3 個月未能上班，物業公司在勞動合同未期滿的情況下，以其影響單位工作為由告知小王解除與其勞動合同。小王諮詢，其所在公司的上述做法是否合法？

【分析】大陸法律保障企業職工在患病或非因工負傷期間的合法權益，規定企業職工因患病或非因工負傷，需要停止工作醫療時，用人單位應當根據其本人實際參加工作年限和在本單位工作年限，給予 3 個月到 24 個月的醫療期，勞動部《企業職工患病或非因工負傷醫療期規定》第 2 條規定，醫療期是指企業職工因患病或非因工負傷停止工作治病休息不得解除勞動合同的時限。同規定第 3 條規定，職工因患病或非因工負傷，需要停止工作醫療時，根據本人實際參加工作年限和在本企業的工作年限，給予 3 個月到 24 個月的醫療期。（**參照本書第 7 章「假期管理的操作實務五、病休假與醫療期的操作」**）

小王自 2001 年起連續在該企業工作，在用人單位的工作年限超過 5 年，根據相關規定該用人單位應給予 9 個月的醫療期，在此期間不得解除勞動合同。

接著是第 4 項，女性員工在三期（孕期、產期、哺乳期）內受到特殊保護，任何單位不得以結婚、懷孕、產假、哺乳等原由，辭退女職工或者單方解除勞動合同。除非女職工在懷孕、產期、哺乳期內出現《勞動合同法》第 39 條的情形。（**參照本書第 7 章「假期管理的操作實務六、女職工三期管理的操作」**）

緊接著是第 5 項，當員工具備兩種條件，其一為在本單位連續工作滿 15 年，其二為距法定退休年齡不足 5 年的，男性滿 55 歲，女性滿 45 歲或 50 歲，此種情況下企業不能解除勞動合同，除非出現《勞動合同法》第 39 條的情形。員工的退休年齡一般為男員工 60 週歲，女工人年滿 50 週歲，女幹部年滿 55 週歲。

最後是第 6 項，法律、行政法規規定的其他情形主要包括如下的

情況（附表 14-2：特殊族群不得解除或終止勞動合同分析表）。

附表 14-2：特殊族群不得解除或終止勞動合同分析表

序號	特殊族群	內容
1	專職擔任的工會主席、副主席或委員的	根據《工會法》第 18 條規定，基層工會專職主席、副主席或者委員自任職之日起，其勞動合同期限自動延長，延長期限相當於其任職期間；非專職主席、副主席或者委員自任職之日起，其尚未履行的勞動合同期限短於任期的，勞動合同期限自動延長至任期期滿。但是，任職期間個人嚴重過失或者達到法定退休年齡的除外。
2	擔任平等協商代表的	（1）《集體合同規定》第 28 條第 1 款規定，職工一方協商代表在其履行協商代表職責期間勞動合同期滿的，勞動合同期限自動延長至完成履行協商代表職責之時，除出現下列情形之一的，用人單位不得與其解除勞動合同： A. 嚴重違反勞動紀律或用人單位依法制定的規章制度的； B. 嚴重失職、營私舞弊，對用人單位利益造成重大損害的； C. 被依法追究刑事責任的。 （2）《關於進一步推行平等協商和集體合同制度的通知》第 4 條規定，職工協商代表在本人勞動合同期限內，除嚴重違反勞動紀律、企業規章制度和嚴重失職、營私舞弊、給企業利益造成重大損害以及被追究刑事責任外，企業不得與其解除勞動合同。
3	正處於義務服兵役期間的	《勞動部關於職工應徵入伍後與企業勞動關係的覆函》中規定，職工應徵入伍後，企業應當與其繼續保持勞動關係，但雙方可以變更原勞動合同中具體的權利和義務條款。

（二）企業終止勞動合同的限制

《勞動合同法》第 45 條規定，勞動合同期滿，有本法第 42 條規定情形之一的，勞動合同應當續延至相應的情形消失時終止。但是本法第 42 條第 2 項規定喪失或者部分喪失勞動能力勞動者的勞動合同的終止，按照國家有關工傷保險的規定執行。

有關《勞動合同法》第 42 條內容，詳前述（一）企業解除勞動合同的限制。

企業終止勞動合同的限制是指法律對部分族群，因其特殊或弱勢，法律給於特殊保護，不能與一般員工一樣的條件終止勞動關係，必須等到相應的情形消失時，才能終止。

首先是第 1 項，按照《職業病防治法》規定，企業未給從事接觸職業病危害作業的員工做離崗前職業健康檢查的，不能終止勞動關係，對於疑似職業病的員工在診斷或者醫學觀察期間的，也不得終止勞動關係。只有當員工離崗健康檢查後沒有患職業病，或疑似職業病人在診斷或者醫學觀察期間被排除職業病或被治癒的，勞動關係才可以終止。

其次是第 2 項，員工因工傷，企業能否終止勞動合同，依《工傷保險條例》規定，已詳於本文附表 14-1。附表 14-1 已經將解除與終止的限制說明得很清楚，單以終止而言，除了勞動能力鑒定為七～十級工傷職工，企業可以勞動合同屆滿而終止勞動關係外，其餘一～六級工傷職工，企業是不能終止員工的勞動合同。

再者是第 3 項，雖然勞動合同已經期滿，員工因工傷尚處於醫療期之內，企業不能終止勞動合同，所謂醫療期，在本書第 7 章「假期管理的操作實務五、病休假與醫療期的操作」論述到醫療期的定義與內容，此處不再贅述。

接著是第 4 項，女性員工在三期內受到特殊保護，企業不得以結婚、懷孕、產假、哺乳等原由，單方終止勞動合同。除非女職工在懷孕、產期、哺乳期內出現《勞動合同法》第 39 條的情形。（**參照本書第 7 章「假期管理的操作實務六、女職工三期管理的操作」**）

緊接著是第 5 項，當員工具備兩種條件，其一為在本單位連續工作滿 15 年，其二為距法定退休年齡不足 5 年的，男性滿 55 歲，女性滿 45 歲或 50 歲，此種情況下企業不能終止勞動合同，除非出現《勞動合同法》第 39 條的情形。員工的退休年齡一般為男員工 60 周歲，女工人年滿 50 周歲，女幹部年滿 55 周歲。

最後是第 6 項法律、行政法規規定的其他情形，不得終止勞動關係。已詳於本文附表 14-2。

女工懷孕可否開除？

【案例 14-2】（中國法院網訊）上海某機械公司一女工在懷孕期間被單位無故開除，2007 年 3 月 7 日，上海市南匯區人民法院作出一審判決。

汪小姐於 2006 年 5 月 9 日到上海某機械公司工作。2006 年 9 月 12 日，上海某機械公司與汪小姐簽訂勞動合同書一份。2006 年 8 月，汪小姐經檢查已懷孕，被公司調動了工作。同年 9 月 26 日，公司方出具書面警告一份，以汪小姐消極怠工、違反廠紀廠規給予一次書面警告的處分，汪小姐當即提出異議。次日，公司又以汪小姐無理取鬧，嚴重擾亂了正常工作秩序為由，以通告形式決定給予汪小姐解雇處分，並開具了退工證明。

同年 11 月 2 日，汪小姐向南匯區勞動爭議仲裁委員會申請仲裁，要求與被告恢復勞動關係且順延至哺乳期滿，並由公司支付其工資及缺額工資。後仲裁委員會裁決機械公司應與汪小姐恢復勞動關係，繼續履行原勞動合同；支付汪小姐工資及缺額工資等。2007 年 1 月，公司方不服裁決訴到法院。

在法庭上，公司方訴稱，公司根據事實，對汪小姐所作的處分決定符合勞動法及員工守則的有關規定，並按程式送達，是合法有效的。現起訴要求不予支持恢復勞動關係的請求；不予支付汪小姐工資及缺額工資等。

汪小姐辯稱，自己沒有消極怠工、無理取鬧。自己作為孕婦，是通過正當途徑提出異議。公司方在其懷孕期間解除勞動合同不符合法律規定，故要求駁回公司方的訴訟請求。

法院認為，汪小姐在工作期間雖有疏忽情況存在，但公司方未能提供汪小姐無視公司規定、消極怠工、無理取鬧的相關證據，故公司方解除與汪小姐勞動關係依據不足，公司方應與汪小姐恢復勞動關係。且根據《上海市企業工資支付辦法》規定，公司方應當支付汪小姐相關的工資、缺額工資等。（作者：富心振，發行時間：2007.03.07 /15：49：35）

二、出現第 42 條規定的情形，如何解除？

勞動合同存續期間，員工有第 42 條規定的情形，如何可以依 40、41 條規定解除勞動合同？

1. 從事接觸職業病危害作業的勞動者已經進行離崗前職業健康檢查，或者疑似職業病人已經完成診斷或者醫學觀察期間的；

2. 患病或者非因工負傷，已經醫療期滿的；

3. 女職工已經哺乳期期滿的；

4. 在本單位連續工作滿 15 年，且距法定退休年齡不足 5 年的，有出現《勞動合同法》第 39 條的情形；

5. 專職擔任的工會主席、副主席或委員的延長期限（任期）已屆滿的；

6. 非專職主席、副主席或者委員自任職之日起，未履行的勞動合同期限短於任期的，已經自動延長至任期期滿的。

7. 已卸除不擔任平等協商代表的。

三、出現第 45 條規定的情形，如何終止？

勞動合同期滿，但員工有第 45 條規定的情形，如何可以依 44 條第 1 項規定終止勞動合同？

1. 從事接觸職業病危害作業的勞動者已經進行離崗前職業健康檢查，或者疑似職業病人已經完成診斷或者醫學觀察期間的；

2. 患病或者非因工負傷，已經醫療期滿的；

3. 女職工已經哺乳期期滿的；

4. 在本單位連續工作滿 15 年，且距法定退休年齡不足 5 年的，直到退休終止為止；

5. 專職擔任的工會主席、副主席或委員的延長期限（任期）已屆滿的；

6. 非專職主席、副主席或者委員自任職之日起，未履行的勞動合

同期限短於任期的，已經自動延長至任期期滿的；

7. 已卸除不擔任平等協商代表的。

四、管控要點

有關企業不得解除或終止勞動合同的管控要點如下：

（一）在執行辭退作業時對特殊或弱勢員工，是否考慮到法律的限制性條款對企業經營管理的風險程度？（ν）

（二）是否針對特殊保護族群的限制性條款採取預防的應對措施？（ν）

第 15 章
經濟補償金、違約金、賠償金、罰款的 操作實務

　　《勞動合同法》第 7 章、《勞動合同法實施條例》第 5 章是法律責任章，由於《勞動合同法》是強制性法律，因此執法機關、用人單位與勞動者個人的違法行為所負的法律責任，不論是實體違法、程序違法，都有詳細的規範，企業人資部門必須詳加瞭解，以避免冒觸法律風險，益增經營困擾。法律對經濟補償金、違約金、賠償金、罰款都有詳細的責任範圍（附表 15-1：法律責任相關法條分析）。

附表 15-1：法律責任相關法條分析

法律名稱	法條	相關責任
《勞動合同法》	46 條、47 條、85 條、97 條	經濟補償金
《勞動合同法實施條例》	22 條、23 條、27 條	
《勞動合同法》	22 條、23 條、25 條	違約金
《勞動合同法實施條例》	26 條	
《勞動合同法》	48 條、82 條、83 條、85 條、87 條	賠償金
《勞動合同法實施條例》	25 條	
《勞動合同法》	84 條、92 條	罰款
《勞動合同法實施條例》	33 條、35 條	

一、企業按規定支付經濟補償金

（一）解除或終止勞動合同符合支付經濟補償的條款規定

　　無論是企業或員工解除勞動合同，以及終止勞動合同，應否支付經濟補償金的情形以及經濟補償金的支付標準和計算方法，必須根據法律規定的補償條件確定。

《勞動合同法》第 46 條規定，有下列情形之一的，用人單位應當向勞動者支付經濟補償：

1. 勞動者依照本法第 38 條規定解除勞動合同的；

2. 用人單位依照本法第 36 條規定向勞動者提出解除勞動合同並與勞動者協商一致解除勞動合同的；

3. 用人單位依照本法第 40 條規定解除勞動合同的；

4. 用人單位依照本法第 41 條規定解除勞動合同的；

5. 除用人單位維持或者提高勞動合同約定條件續訂勞動合同，勞動者不同意續訂的情形外，依照本法第 44 條第 1 項規定終止固定期限勞動合同的；

6. 依照本法第 44 條第 4 項、第 5 項規定終止勞動合同的。

（二）企業支付經濟補金的年資條件

《勞動合同法》第 47 條規定，經濟補償按勞動者在本單位工作的年限，每滿 1 年支付 1 個月工資的標準向勞動者支付，6 個月以上不滿 1 年的，按 1 年計算，不滿 6 個月的，向勞動者支付半個月工資的經濟補償。勞動者月工資高於用人單位所在直轄市、設區的市級人民政府公佈的本地區上年度職工月平均工資 3 倍的，向其支付經濟補償的標準按職工月平均工資 3 倍的數額支付，向其支付經濟補償的年限最高不超過 12 年。本條所稱月工資是指勞動者在勞動合同解除或者終止前 12 個月的平均工資。

同法第 97 條規定，本法施行前已建立勞動關係，尚未訂立書面勞動合同的，應當自本法施行之日起 1 個月內訂立。本法施行之日存續的勞動合同在本法施行後解除或者終止，依照本法第 46 條規定應當支付經濟補償的，經濟補償年限自本法施行之日起計算；本法施行前按照當時有關規定，用人單位應當向勞動者支付經濟補償的，按照當時有關規定執行。

《勞動合同法實施條例》第 23 條規定，用人單位依法終止工傷職

工的勞動合同的，除依照《勞動合同法》第47條的規定支付經濟補償外，還應當依照國家有關工傷保險的規定支付一次性工傷醫療補助金和一次性傷殘就業補助金。

前述第23條所規定的「還應當依照國家有關工傷保險的規定支付一次性工傷醫療補助金和傷殘就業補助金。」其中一次性工傷醫療補助金從2011年1月起改由工傷保險基金支付，並由用人單位支付一次性傷殘就業補助金，可參閱《工傷保險條例》第38、39條的規定處理。**（參照本書第10章「工傷保險事故與待遇管理的操作實務」）**

同條例第25條規定，用人單位違反《勞動合同法》的規定解除或者終止勞動合同，依照《勞動合同法》第87條的規定支付賠償金的，不再支付經濟補償。賠償金的計算年限自用工之日起計算。

同條例第27條規定，《勞動合同法》第47條規定的經濟補償的月工資按照勞動者應得工資計算，包括計時工資或者計件工資以及獎金、津貼和補貼等貨幣性收入。勞動者在勞動合同解除或者終止前12個月的平均工資低於當地最低工資標準的，按照當地最低工資標準計算。勞動者工作不滿12個月的，按照實際工作的月數計算平均工資。

綜合上述，經濟補償金是為了平衡員工與企業的利益而規定的制度，具有補償性質。在員工解除或被解除或終止勞動合同時，經由法律的設計，按照年資條件與解除終止條件，給予員工生活的補償。因此，就法條而言，無論是企業或員工解除勞動合同，以及終止勞動合同，企業支付經濟補償金的情形必須滿足法律規定的補償條件。

（三）企業不必支付經濟補償的法定條件

解除或終止勞動合同，支付經濟補償金是有法定條件的限制，並非每一種解除或終止情形，企業必須支付經濟補償金，具有下列合同解除或終止的情形之一，企業不必支付經濟補償：

1. 員工依照《勞動合同法》第37條規定提出離職的；

2. 勞動合同終止時，企業維持或者提高勞動合同約定條件而續訂

勞動合同，勞動者不同意續訂的；

3. 員工已屆退休年齡或開始享受養老保險待遇的；

4. 員工死亡或被法院宣告死亡，以及宣告失蹤的。

（四）《勞動合同法》施行前支付經濟補償的規定

《勞動合同法》施行之日（2008 年 1 月 1 日）存續的勞動合同在本法施行後解除或者終止，依照本法第 46 條規定應當支付經濟補償的，經濟補償年限自本法施行之日起計算；本法施行前按照當時有關規定用人單位應當向勞動者支付經濟補償的，按照當時有關規定執行。

所謂按照當時有關規定執行，是指按《違反和解除勞動合同的經濟補償辦法》（勞動部 1994 年 12 月 3 日發布）及按當時的地方法規規定。

1. 按《違反和解除勞動合同的經濟補償辦法》規定，有以下幾種情形：

（1）由企業協商一致解除的，每滿 1 年支付 1 個月工資的標準，未滿 1 年，按 1 年計算，支付 1 個月工資的經濟補償，最多不超過 12 個月。工作時間不滿 1 年的按 1 年的標準發給經濟補償金；

（2）患病或者非因工負傷，經勞動能力鑒定委員會確認不能從事原工作、也不能從事企業另行安排的工作而解除合同的，應按其在本單位的工作年限，每滿 1 年發給相當於 1 個月工資的經濟補償金，同時還應發給不低於 6 個月工資的醫療補助費。患重病和絕症的還應增加醫療補助費，患重病的增加部分不低於醫療補助費的 50%，患絕症的增加部分不低於醫療補助費的 100%；

（3）勞動者不能勝任工作，經過培訓或者調整工作崗位仍不能勝任工作，由用人單位解除勞動合同的，用人單位應按其在本單位工作的年限，工作時間每滿 1 年，發給相當於 1 個月工

資的經濟補償金，最多不超過 12 個月：

（4）勞動合同訂立時所依據的客觀情況發生重大變化，致使原勞動合同無法履行，經當事人協商不能就變更勞動合同達成協定，由企業解除勞動合同的，企業按勞動者在本單位工作的年限，工作時間每滿 1 年發給相當於 1 個月工資的經濟補償金：

（5）企業瀕臨破產進行法定整頓期間或者生產經營狀況發生嚴重困難，必須裁減人員的，企業按被裁減人員在本單位工作的年限支付經濟補償金。在本單位工作的時間每滿 1 年，發給相當於 1 個月工資的經濟補償金（附表 15-2：《勞動合同法》施行前的經濟補償分析）。

附表 15-2：《勞動合同法》施行前的經濟補償分析

解除條件	經濟補償計算方式	最高月份	附加的計算方式
1. 企業協商一致解除	1. 滿 1 年支付 1 個月工資 2. 未滿 1 年按 1 個月計算	12 個月	
2. 患病或者非因工負傷解除	滿 1 年支付 1 個月工資		另發給不低於 6 個月工資的醫療補助費。患重病的增加部分不低於醫療補助費的 50%，患絕症的增加部分不低於醫療補助費的 100%
3. 員工不能勝任工作解除	滿 1 年支付 1 個月工資	12 個月	
4. 客觀情況發生重大變化，經協商無法變更而解除	滿 1 年支付 1 個月工資		
5. 經濟性裁員	滿 1 年支付 1 個月工資		

2. 地方法規規定，可分為終止勞動合同與員工解除勞動合同是否支付經濟補償？

由於《勞動合同法》施行之前，關於勞動合同到期終止是不必支付經濟補償，但是有些地方法規規定勞動合同終止時必須支付經濟補償時，就要按照當時有關規定執行。另外關於員工因為《勞動合同法》第 38 條之故而被迫解除勞動合同的，按規定企業要支付經濟補償，《勞動合同法》施行之前，同樣的情形並無規定要支付經濟補償，但有些地方法規規定員工被迫解除勞動合同時必須支付經濟補償時，就要按照當時有關規定執行。

《勞動合同法》施行前之經濟補償的計算方式，詳上述附表 15-2：《勞動合同法》施行前的經濟補償分析。

公司解除勞動合同應支付經濟補償金

【案例 15-1】 我公司與員工簽訂 3 年期固定期限勞動合同，合同期限自 2006 年 9 月 1 日至 2010 年 9 月 1 日。今年 4 月 30 日，公司提出與該員工協商解除勞動合同。請問：如果該員工同意解除勞動合同，應支付多少經濟補償金？

【解答】 由於單位原因提出與勞動者解約，單位一般都需支付經濟補償金。在 2008 年 1 月 1 日之前，支付經濟補償金適用原勞動部《違反和解除勞動合同的經濟補償辦法》的規定，用人單位根據勞動者在本單位工作年限，每滿 1 年發給相當於 1 個月工資的經濟補償金。2008 年 1 月 1 日之後，適用《勞動合同法》的規定，經濟補償金按勞動者在本單位工作的年限，每滿 1 年支付 1 個月工資的標準向勞動者支付。

本案中，經濟補償金計算標準存在分段計算問題。2006 年 9 月 1 日至 2007 年 12 月 31 日工作 1 年 3 個月，應當得到相當於兩個月工資的經濟補償金；2008 年 1 月 1 日至 2010 年 4 月 30 日工作 2 年 4 個月，根據《勞動合同法》應當得到 2.5 個月工資的經濟補償金。合計 4.5 個月的經濟補償金。

二、支付違約金的兩種情形

《勞動合同法》第 22 條第 2 款規定，勞動者違反服務期約定的，應當按照約定向用人單位支付違約金。違約金的數額不得超過用人單位提供的培訓費用。用人單位要求勞動者支付的違約金不得超過服務期尚未履行部分所應分攤的培訓費用。

同法第 23 條第 2 款規定，對負有保密義務的勞動者，用人單位可以在勞動合同或者保密協議中與勞動者約定競業限制條款，並約定在解除或者終止勞動合同後，在競業限制期限內按月給予勞動者經濟補償。勞動者違反競業限制約定的，應當按照約定向用人單位支付違約金。

同法第 25 條規定，除本法第 22 條和第 23 條規定的情形外，用人單位不得與勞動者約定由勞動者承擔違約金。

《勞動合同法實施條例》第 26 條規定，用人單位與勞動者約定了服務期，勞動者依照《勞動合同法》第 38 條的規定解除勞動合同的，不屬於違反服務期的約定，用人單位不得要求勞動者支付違約金。有下列情形之一，用人單位與勞動者解除約定服務期的勞動合同的，勞動者應當按照勞動合同的約定向用人單位支付違約金：

（一）勞動者嚴重違反用人單位的規章制度的；

（二）勞動者嚴重失職，營私舞弊，給用人單位造成重大損害的；

（三）勞動者同時與其他用人單位建立勞動關係，對完成本單位的工作任務造成嚴重影響，或者經用人單位提出，拒不改正的；

（四）勞動者以欺詐、脅迫的手段或者乘人之危，使用人單位在違背真實意思的情況下訂立或者變更勞動合同的；

（五）勞動者被依法追究刑事責任的。

一方當事人由於自己的過錯不履行或不完全履行勞動合同，根據法律規定或勞動合同的約定支付給對方當事人一定數量貨幣的責任承擔方式。違約金的支付，只限制在員工違反服務期約定的，應當按照約定向企業支付違約金，以及員工違反競業限制約定的，應當按照約定向企業支付違約金。

另外，企業要瞭解的是除了服務期約定與競業限制約定以外，企業不得與員工約定由員工承擔某種形式的違約金，亦即違約金只有兩種情形，其他的約定是無效的。

員工在服務期內被違紀解除合同是否需要支付違約金？

【案例 15-2】小錢是上海某日資生物醫藥有限公司員工，2008 年 8 月進入該公司，不久被提升為研發部部長助理，後被公司選送至日本進行為期 1 年的培訓，並簽訂培訓服務期協議，明確了培訓費用為 30 萬人民幣，服務期為 3 年，違約金按照年限遞減的方式處理。2009 年 11 月，小錢從日本培訓結束回公司工作，1 個月以後又被提升為研發部部長。在小錢回國之前的這段日子裡，該日資公司的一家競爭對手就已經開始與小錢進行聯繫，希望小錢回國以後能到其公司工作，並許諾工資待遇是原公司的兩倍。該競爭對手公司相關人員還告知小錢，服務期只是約定員工不得擅自在服務期內離職，並不能約束員工被動地被公司解除合同。小錢在擔任研發部部長以後，故意發生研發事故，並經常遲到早退，甚至多次不參加公司的中層幹部例會，後公司以嚴重違紀為由解除了與小錢的勞動合同，並要求小錢支付違約金。小錢不服，認為自己並非主動離職，不應承擔服務期違約金。在與公司協商不成的情況下，向公司所在地的勞動爭議仲裁委員會申請勞動仲裁。

【解答】對於簽訂有培訓服務期協定的雙方當事人而言，應依據勞動合同和培訓服務期協議的約定誠信履行勞動義務，不得侵害相對方當事人的合法和正當的勞動權益。企業和員工作為勞動合同的當事人，在遵守勞動合同的相關約定同時，還應遵守雙方訂立的培訓服務期協議的相關約定。本案中，小錢的行為是一種惡意的違紀行為，在有充分證據證明的前提下，其被公司解除勞動合同自無問題。同時公司有權向其追究相關責任。這裡有兩種法律責任：一是基於違反培訓服務期的約定而產生的違約責任；二是基於對相對方企業造成培訓費損失的賠償責任。對於前者，《勞動合同法實施條例》第 26 條對此有明確規定，對於員工嚴重過失導致企業解除勞動合同的，不免除員工的違約責任，故小錢應承擔違約責任。對於後者，

果公司有充分的證據證明小錢的惡意違紀行為導致公司損失而與小錢解除勞動合同，方可向其主張賠償金。

三、賠償金具懲罰性質

《勞動合同法》第 48 條規定，用人單位違反本法規定解除或者終止勞動合同，勞動者要求繼續履行勞動合同的，用人單位應當繼續履行；勞動者不要求繼續履行勞動合同或者勞動合同已經不能繼續履行的，用人單位應當依照本法第 87 條規定支付賠償金。

同法第 82 條規定，用人單位自用工之日起超過 1 個月不滿 1 年未與勞動者訂立書面勞動合同的，應當向勞動者每月支付 2 倍的工資。用人單位違反本法規定不與勞動者訂立無固定期限勞動合同的，自應當訂立無固定期限勞動合同之日起向勞動者每月支付 2 倍的工資。

同法第 83 條規定，用人單位違反本法規定與勞動者約定試用期的，由勞動行政部門責令改正；違法約定的試用期已經履行的，由用人單位以勞動者試用期滿月工資為標準，按已經履行的超過法定試用期的期間向勞動者支付賠償金。

同法第 85 條規定，用人單位有下列情形之一的，由勞動行政部門責令限期支付勞動報酬、加班費或者經濟補償；勞動報酬低於當地最低工資標準的，應當支付其差額部分；逾期不支付的，責令用人單位按應付金額 50% 以上 100% 以下的標準向勞動者加付賠償金：

（一）未按照勞動合同的約定或國家規定及時足額支付勞動者勞動報酬的；

（二）低於當地最低工資標準支付勞動者工資的；

（三）安排加班不支付加班費的；

（四）解除或者終止勞動合同，未依照本法規定向勞動者支付經濟補償的。

同法第 87 條規定，用人單位違反本法規定解除或者終止勞動合同

的，應當依照本法第 47 條規定的經濟補償標準的 2 倍向勞動者支付賠償金。

《勞動合同法實施條例》第 25 條規定，用人單位違反《勞動合同法》的規定解除或者終止勞動合同，依照《勞動合同法》第 87 條的規定支付了賠償金的，不再支付經濟補償。賠償金的計算年限自用工之日起計算。

賠償金是指一方當事人違反勞動法規或勞動合同，給對方當事人造成損害而向對方當事人給予一定的金錢給付，以賠償對方當事人因其違法或違約行為而遭受的損失，具有懲罰性質。例如公司解除哺乳期女職工的勞動合同，這種行為顯然違反了《勞動合同法》第 42 條關於女職工在孕期、產期、哺乳期，用人單位不得解除勞動合同的規定，屬於違法解除勞動合同，按照第 87 條規定，企業違反本法規定解除或者終止勞動合同的，應當依照本法第 47 條規定的經濟補償標準的 2 倍向勞動者支付賠償金。

《勞動合同法》所設計的補償金制度具有雙倍支付的特色，例如企業未與員工簽訂勞動合同、企業未與員工簽訂無固定期限的勞動合同、企業違法解除勞動合同等等情形。

單位違法辭退員工的法律後果

【案例 15-3】李先生在某紡織廠工作，某日，李先生患流行感冒臥床不起，並打電話向其工作組組長請假並獲准。兩天後，李先生回工廠上班卻被告知被工廠解雇，原因是其嚴重違反用人單位的規章制度。按紡織廠規定，職工請假需要書面的請假條和醫院證明，而且只有車間主任才能批假，李先生既沒有書面的請假條又沒有醫院證明，僅僅是口頭向小組長請假，這種做法嚴重違反了工廠的規章制度。李先生不服，提出仲裁，要求撤銷紡織廠解除其勞動合同的行為。

【分析】本案中，李先生因患流行感冒臥床不起而請假，雖然在請假的方式上確有不妥，但是其本身並無違規的故意且情節輕微，並不能稱之為嚴重違反用人單位的規章制度，且紡織廠的規章制度並未將其歸入應解除勞動合同的範圍之內，紡織廠解除與李先生的合同，違反

了《勞動合同法》的有關規定，屬違法解除勞動合同。因此，李先生提出要求撤銷紡織廠解除與他的勞動合同的請求應當得到支持。如果李先生不是要求繼續履行勞動合同，而是要求紡織廠支付其經濟賠償金，勞動仲裁委員會也應予以支持。

《勞動合同法》第 48 條規定，用人單位違反本法規定解除或者終止勞動合同，勞動者要求繼續履行勞動合同的，用人單位應當繼續履行；勞動者不要求繼續履行勞動合同或者勞動合同已經不能繼續履行的，用人單位應當依照本法 87 條規定支付賠償金。

《勞動合同法》第 87 條規定，用人單位違反本法規定解除或者終止勞動合同的，應當依照本法第 47 條規定的經濟補償金的 2 倍向勞動者支付賠償金。用人單位違反本法規定解除或終止勞動合同，勞動者可以行使以下兩種權利：一是要求用人單位繼續履行勞動合同；二是要求用人單位支付賠償金。

四、罰款屬於行政處罰

《勞動合同法》第 84 條第 2 款規定，用人單位違反本法規定，以擔保或者其他名義向勞動者收取財物，由勞動行政部門責令限期退還勞動者本人，並以每人 500 元以上 2,000 元以下的標準處以罰款；給勞動者造成損害的，應當承擔賠償責任。

同法第 92 條規定，違反本法規定，未經許可，擅自經營勞務派遣業務的，由勞動行政部門責令停止違法行為，沒收違法所得，並處違法所得 1 倍以上 5 倍以下的罰款；沒有違法所得的，可處 5 萬元以下的罰款。勞務派遣單位、用工單位違反本法有關勞務派遣規定的，由勞動行政部門責令限期改正；逾期不改正的，以每人 5,000 元以上 1 萬元以下的標準處以罰款，對勞務派遣單位，吊銷其勞務派遣業務經營許可證。用工單位給被派遣勞動者造成損害的，勞務派遣單位與用工單位承擔連帶賠償責任。

《勞動合同法實施條例》第 33 條規定，用人單位違反勞動合同法

有關建立職工名冊規定的，由勞動行政部門責令限期改正；逾期不改正的，由勞動行政部門處 2,000 元以上 2 萬元以下的罰款。

罰款屬於行政處罰，適用於違反行政法律、法規尚未構成犯罪的一般違法情形，由行政執法機關決定罰款。從法律的角度來說，罰款分為兩種：一種是由人民法院依據民法或訴訟法作出的，罰款的對象是有妨礙民事訴訟行為的人；另一種是由公安機關或者其他行政機關依照行政法規作出的，罰款的物件是違反治安管理或者是違反海關、工商、稅收等一些行政法規的人。

企業違法被處以罰款的法律責任主要集中在以擔保或者其他名義向員工收取財物的行為、沒有按照規定建立職工名冊規定的、未經許可擅自經營勞務派遣業務的、違反本法有關勞務派遣規定等等情形。

五、管控要點

有關經濟補償金、違約金、賠償金、罰款的管控要點如下：

（一）是否清楚區別經濟補償金、違約金、賠償金、罰款的定義？（ν）

（二）是否瞭解解除或終止勞動合同時經濟補償金的支付條件有哪些規定？（ν）

（三）是否瞭解違約金的約定範圍？（ν）

（四）人資部門是否做好預防管理以規避補償金、違約金、賠償金、罰款之風險？（ν）

第四篇

勞資和諧管理操作實務

大陸制訂《勞動合同法》的宗旨，是為了完善勞動合同制度，明確勞動合同雙方當事人的權利和義務，保護勞動者的合法權益，構建和發展和諧穩定的勞動關係。

一般而言，勞資雙方經常處於對立面，企業工會為了爭取員工會員的權益，可能做出的對策不利於企業推動的經營政策，迫使當局答應工會的要求，使資方窮於應付。企業總是不太喜歡成立工會。大陸尚有一個標榜企業職工民主管理形式的職工代表大會，是企業實行民主管理的基本形式，職工行使民主管理權力的機構。這兩個企業內機構，都代表著員工權力的象徵，也都有法律、法規的法定條款，企業應當以經營管理的心態，瞭解規定，接納這兩個機構在企業發展的過程中所能導致和諧關係的功能，從而重視彼等的存在，有利於推動人資管理作業。例如由工會代表職工一方與企業通過平等協商，就勞動報酬、工作時間、休息休假、勞動安全衛生、保險福利等事項訂立集體合同。集體合同所規範的勞動條件是高於法律但是低於勞動合同的最低標準。

在促進勞資和諧管理操作實務裡面，上述的工會與職工代表大會，除了代表員工簽訂集體合同外，更重要的是依照《勞動合同法》第4條的規定，企業應當依法建立和完善勞動規章制度，以及依照同法第10條的規定，企業建立勞動關係，應當訂立書面勞動合同。

工會在企業制訂規章制度、勞動合同、集體合同時，起到一個協商、通知、監督、代表的角色。例如工會或者職工代表與企業平等協商確定規章制度的內容；企業單方解除勞動合同，應當事先將理由通知工會；集體合同由工會代表企業職工一方與企業訂立等等。

本篇涵蓋4章，是人力資源的勞資和諧管理作業。包括工會與職工代表大會的功能、勞動爭議的處理、勞動合同與集體合同的制訂，以及規章制度的建立等等人資部門面臨的操作實務。

第 16 章

工會與職工代表大會的風險防範與操作實務

　　一般而言，勞資雙方經常處於對立面，台灣的企業工會為了爭取員工會員的權益，可能做出不利於資方的動作，迫使企業答應工會的要求，資方經常窮於應付，企業總是不太喜歡成立工會，台灣如此，大陸也是不遑多讓。只是兩岸的工會法律受制於各自的政治、法律制度而呈現出差異性。兩岸的工會屬性、結構、權力與運作，異其形別其韻，不可等同齊觀。

　　大陸尚有一個標榜企業職工民主管理形式的職工代表大會是企業實行民主管理的基本形式，職工行使民主管理權力的機構。

一、兩岸工會組織的差異

　　依據大陸《勞動法》第 7 條規定，勞動者有權依法參加與籌組工會。工會代表勞動者的合法權益，依法獨立自主地開展活動。

　　眾所周知，工會是勞動者的自主性團體，勞動者維權意志的表徵，勞動三權（團結權、協商權、爭議權）的載體。大陸《工會法》第 2 條明確規定，工會是職工自願結合的工人階級的群眾組織。《中國工會章程》總則提到，中國工會是中國共產黨領導的職工自願結合的工人階級群眾組織，是共產黨聯繫職工群眾的橋樑和紐帶，是國家政權的重要社會支柱，是會員和職工利益的代表。這些規定，從兩個方面體現了工會組織的性質：一是階級性，工會是共產黨領導的工人階級的群眾組織，是代表和維護廣大的職工利益；二是群眾性，工會是職工群眾的組織，不是政黨或其他組織，只要是在中國境內的企業、事業單位、機關中以工資收入為主要生活來源的體力勞動者和腦力勞動者，不分民族、種族、性別、職業、宗教信仰、教育程度，都有權參

加和組織工會。此外作為職工自願結合的工人階級的群眾組織，職工參加工會和退出工會都是自願的。

可以看出大陸工會與台灣工會在運作上是有差異的，台灣工會標榜的是工會自治、工會民主；大陸工會則是強化共產黨領導、政府介入、工會運作，實施民主集中制（個人服從組織、少數服從多數、下級組織服從上級組織）。政治上的差異，台灣工會現階段是政黨吸納的對象以及工會領袖依其政黨傾向各扶其主；大陸工會很單純別無選擇，只能服膺共產黨領導，是國家政權的社會支柱之一。

職工代表大會（或職工大會）是企業實行民主管理的基本形式，是職工行使民主管理權力的機構。工會依照法律規定通過職工代表大會或者其他形式，組織職工參與民主決策、民主管理和民主監督。除了職工代表大會是基本形式外，企業民主管理的形式尚包括職工董事、職工監事制度，以及企業事務公開（廠務公開）等形式。

職工代表大會與工會都是企業職工實現民主管理權力的組織，但職工代表大會的成立方式比工會更自由，在組織機構上沒有像工會那麼的嚴格規定。職工代表大會是由全體職工直接民主選舉產生的職工代表組成，企業的工會委員會是職工代表大會的工作機構，承擔職工代表大會的日常工作。

在台灣沒有類似大陸的職工代表大會（或職工大會）的組織形式，只有勞資會議的機制，另外民國 90 年在《國營事業管理法》第 35 條第 2、3 項規定國營事業官股代表的五分之一席次，由工會指派，也就是所謂的勞工董事，在取得法源基礎下，台灣成為亞洲第一個設有勞工董事的國家。

二、大陸各級工會的組織體系

依照《工會法》第 10 條規定，大陸各級工會的性質如下說明：

（一）基層工會：企、事業的基層工會組織，有會員 25 人以上的，應當建立基層工會委員會；不足 25 人的，可單獨建立基層工會委員會，

或選舉組織員一人，組織會員開展活動。女職工人數較多的，可以建立工會女職工委員會，在同級工會領導下開展工作；女職工人數較少的，可以在工會委員會中設女職工委員；

（二）基層工會的聯合會：企業職工較多的鄉鎮、城市街道，可以建立基層工會的聯合會；

（三）地方各級總工會（省、市、區、縣等總工會）；

（四）同一行業或性質相近的幾個行業，可以根據需要建立全國或地方產業工會；

（五）全國建立統一的中華全國總工會。

三、基層工會與企業經營管理的關係

（一）基層工會涉及企業的經營自主權

工會組織的功能是什麼？有哪些權利與義務？這些權利義務會不會干涉到企業的經營自主權？工會組織本來就是對企業的經營管理操作，依據法定的約束條款，對於與員工權益有利害的相關行為，工會可以進行參與討論、監督、提出意見或建議、提出協商或調解或仲裁或起訴、交涉與糾正等等，但這些都涉及到企業的經營自主權。

1. 工會干涉企業的經營管理權利

（1）糾正權

《工會法》第 19 條規定，企業、事業單位違反職工代表大會制度和其他民主管理制度，工會有權要求糾正，保障職工依法行使民主管理的權利。法律、法規規定應當提交職工大會或者職工代表大會審議、通過、決定的事項，企業應當依法辦理。在《勞動合同法》第 4 條第 3 款則規定，在規章制度和重大事項決定實施過程中，工會或者職工認為不適當的，有權向用人單位提出，通過協商予以修改完善。

（2）集體合同簽訂權

《工會法》第20條第2款規定，工會代表職工與企業進行平等協商，簽訂集體合同。集體合同草案應當提交職工代表大會或者全體職工討論通過。《勞動合同法》第6條則規定，工會應當幫助、指導勞動者與用人單位依法訂立和履行勞動合同，並與用人單位建立集體協商機制，維護勞動者的合法權益。

（3）人事監督權

《工會法》第21條規定，企業、事業單位處分職工，工會認為不適當的，有權提出意見。企業單方面解除職工勞動合同時，應當事先將理由通知工會，工會認為企業違反法律、法規和有關合同，要求重新研究處理時，企業應當研究工會的意見，並將處理結果書面通知工會。職工認為企業侵犯其勞動權益而申請勞動爭議仲裁或者向人民法院提起訴訟的，工會應當給予支持和幫助。

（4）法律監督及交涉權

《工會法》第22條規定，企業、事業單位違反勞動法律、法規規定，有下列侵犯職工勞動權益情形，工會應當代表職工與企業交涉，要求企業採取措施予以改正；企業應當予以研究處理，並向工會作出答覆；企業拒不改正的，工會可以請求當地人民政府依法作出處理：

A. 剋扣職工工資的；

B. 不提供勞動安全衛生條件的；

C. 隨意延長勞動時間的；

D. 侵犯女職工和未成年工特殊權益的；

E. 其他嚴重侵犯職工勞動權益的。

《勞動合同法》第78條規定，工會依法維護勞動者的合法權益，對用人單位履行勞動合同、集體合同的情況進行監督。用人單位違反勞動法律、法規和勞動合同、集體合同的，

工會有權提出意見或者要求糾正；勞動者申請仲裁、提起訴訟的，工會依法給予支持和幫助。

（5）勞動安全監督權

《工會法》第 23 條規定，工會依照國家規定對新建、擴建企業和技術改造工程中的勞動條件和安全衛生設施與主體工程同時設計、同時施工、同時投產使用進行監督。對工會提出的意見，企業或者主管部門應當認真處理，並將處理結果書面通知工會。

（6）安全生產建議權

《工會法》第 24 條規定，工會發現企業違章指揮、強令工人冒險作業，或者生產過程中發現明顯重大事故隱患和職業危害，有權提出解決的建議，企業應當及時研究答覆；發現危及職工生命安全的情況時，工會有權向企業建議組織職工撤離危險現場，企業必須及時作出處理決定。

（7）職工權益調查權

《工會法》第 25 條規定，工會有權對企業、事業單位侵犯職工合法權益的問題進行調查，有關單位應當予以協助。

同法第 26 條規定，職工因工傷亡事故和其他嚴重危害職工健康問題的調查處理，必須有工會參加。工會應當向有關部門提出處理意見，並有權要求追究直接負責的主管人員和有關責任人員的責任。對工會提出的意見，應當及時研究，給予答覆。

（8）停（怠）工事件協商解決權

《工會法》第 27 條規定，企業、事業單位發生停工、怠工事件，工會應當代表職工同企業、事業單位或者有關方面協商，反映職工的意見和要求並提出解決意見。對於職工的合理要求，企業應當予以解決。

（9）勞動爭議參與調解、仲裁、訴訟權

《工會法》第 20 條第 4 款規定，企業違反集體合同，侵犯職工勞動權益的，工會可以依法要求企業承擔責任；因履行集體合同發生爭議，經協商解決不成的，工會可以向勞動爭議仲裁機構提請仲裁，仲裁機構不予受理或者對仲裁裁決不服的，可以向人民法院提起訴訟。

《工會法》第 28 條規定，工會參加勞動爭議調解工作。地方勞動爭議仲裁組織應當有同級工會代表參加。

《勞動合同法》第 56 條規定，用人單位違反集體合同，侵犯職工勞動權益的，工會可以依法要求用人單位承擔責任；因履行集體合同發生爭議，經協商解決不成的，工會可以依法申請仲裁、提起訴訟。

（10）經營管理參與權

《工會法》第 38 條第 1 款規定，企業、事業單位研究經營管理和發展的重大問題應當聽取工會的意見；召開討論有關工資、福利、勞動安全衛生、社會保險等涉及職工切身利益的會議，必須有工會代表參加。

《勞動合同法》第 4 條第 2 款規定，用人單位在制訂、修改或者決定有關勞動報酬、工作時間、休息休假、勞動安全衛生、保險福利、職工培訓、勞動紀律以及勞動定額管理等直接涉及勞動者切身利益的規章制度或者重大事項時，應當經職工代表大會或者全體職工討論，提出方案和意見，與工會或者職工代表平等協商確定。

《社會保險法》第 9 條規定工會依法維護職工的合法權益，有權參與社會保險重大事項的研究，參加社會保險監督委員會，對與職工社會保險權益有關的事項進行監督。

（二）基層工會協助企業經營管理的義務

上述的大陸基層工會涉及企業的經營自主權，讓基層工會在企業經營管理實務中，法律授權對企業進行監督、交涉、協商、調查與參

與的權利。除此以外，《工會法》規定工會有協助企業進行日常管理義務，其內容如下：

1. 協助勞動合同簽訂作業

《工會法》第 20 條第 1 款規定，工會幫助、指導職工與企業簽訂勞動合同。

2. 協助處理停工、怠工事件

《工會法》第 27 條規定，工會協助企業做好工作，儘快恢復生產、工作秩序。

3. 協助做好勞動福利

《工會法》第 30 條規定，工會協助企業、事業單位、機關辦好職工集體福利事業，做好工資、勞動安全衛生和社會保險工作。

4. 教育和組織文娛活動

《工會法》第 31 條規定，工會會同企業教育職工以國家主人翁態度對待勞動，愛護國家和企業的財產，組織職工開展群眾性的合理化建議、技術革新活動，進行業餘文化技術學習和職工培訓，組織職工開展文娛、體育活動。

綜合上述，從《工會法》、《社會保險法》、《勞動合同法》等等維護員工權益的法律條文，可以說是極盡傾斜性保護，以企業的經營自主權來講，法定的工會權利與義務，已經深入企業的規章制度裡，影響企業對員工的日常管理作業，這當中有工會干涉企業經營管理的權利，例如糾正權、集體合同簽訂權、人事監督權、法律監督及交涉權、勞動安全監督權、安全生產建議權、職工權益調查權、停（怠）工事件協商解決權、勞動爭議參與調解仲裁訴訟權、經營管理參與權等 10 大項；也有協助企業的法定義務，例如協助勞動合同簽訂作業、協助處理停（怠）工事件、協助做好勞動福利、教育和組織文娛活動等 4 大項。無論是工會的法定權利，抑或義務，其涉入的程度，如果往好的方向講，工會的積極參與管理，替企業經營者與各級管理者承擔管教員工的責任。往壞的方向講，工會的參與經營管理業務，干涉

企業的經營自主權，對台商的企業文化與經營理念是一大挑戰，畢竟台商的經營型態不是國營事業。

台商生存戰／拼！民主領導向心力強

【案例 16-1】「報告董事長，工會下個月要舉辦員工運動會，我們將每天晚間加班時間，延後一小時上工，好讓員工趁天黑前集合練習。」這發生在深圳吉立公司。由工會幹部和老闆協商加班時間，只有深圳吉立印刷公司做得到。吉立印刷董事長劉文周自豪地說，有了工會，不僅從未發生過勞資糾紛，相較多數企業高達 20% 的勞工缺口，公司離職率不及 5%。

吉立印刷儼然就是政府眼中勞資關係模範生，劉文周表示，除了從不拖欠薪資、依法發加班費，法定需提撥或繳納的保險及公積金一定足額提列，20 多年前，就開始鼓勵員工組職工代表會（即工會）。劉文周還引進台灣民主選舉制度，以公平、公正、公開的選舉方式，遴選工會幹部。

「一開始，從沒聽過投票就能選『領導』的大陸人，聽到我的意見，眼睛都瞪大了。」他說。「選舉」正是勞資關係和諧的關鍵。勞方自治選出的工會幹部，都是意見領袖。資方需要推行新政，就下放權力交由這些工會幹部去溝通與管理，避免勞資關係緊張。

為「利誘」所有員工加入工會，每月僅繳交會費人民幣 10 元（約新台幣 46 元），公司對每人再補助 20 元（約新台幣 92 元），累積下的基金用於舉辦運動會、卡拉 OK 大賽、員工旅遊等活動，員工「糾甘心」。每季再免費發放生活用品，簡直「物超所值」。（經濟日報／記者吳父鄉報導 2011/09/26）

四、基層工會組織的操作

（一）基層工會組織

《工會法》第 3 條規定，在中國境內的企業、事業單位、機關中以工資收入為主要生活來源的體力勞動者和腦力勞動者，不分民族、

種族、性別、職業、宗教信仰、教育程度，都有依法參加和組織工會的權利。任何組織和個人不得阻撓和限制。

同法第 10 條規定，企業有會員 25 人以上的，應當建立基層工會委員會；不足 25 人的，可以單獨建立基層工會委員會，也可以由兩個以上單位的會員聯合建立基層工會委員會，也可以選舉組織員一人，組織會員開展活動。女職工人數較多的，可以建立工會女職工委員會，在同級工會領導下開展工作；女職工人數較少的，可以在工會委員會中設女職工委員。

《中國工會章程》第 30 條規定，工會基層委員會根據工作需要，可以在分廠、車間（科室）建立分廠、車間（科室）工會委員會。分廠、車間（科室）工會委員會由分廠、車間（科室）會員大會或者會員代表大會選舉產生，任期和工會基層委員會相同。

《工會法》第 9 條規定，各級工會委員會由會員大會或者會員代表大會民主選舉產生。各級工會委員會向同級會員大會或者會員代表大會負責並報告工作，接受其監督。工會會員大會或者會員代表大會有權撤換或者罷免其所選舉的代表或者工會委員會組成人員。同法第 14 條第 2 款規定，基層工會組織具備民法通則規定的法人條件的，依法取得社會團體法人資格。同法第 15 條第 1 款規定，基層工會委員會每屆任期 3 年或者 5 年。

同法第 16 條規定，基層工會委員會定期召開會員大會或者會員代表大會，討論決定工會工作的重大問題。經基層工會委員會或者三分之一以上的工會會員提議，可以臨時召開會員大會或者會員代表大會。

同法第 11 條第 2 款規定，上級工會可以派員幫助和指導企業職工組建工會，任何單位和個人不得阻撓。同法第 50 條規定，違反本法第 3 條、第 11 條規定，阻撓職工依法參加和組織工會或者阻撓上級工會幫助、指導職工籌建工會的，由勞動行政部門責令其改正；拒不改正的，由勞動行政部門提請縣級以上人民政府處理；以暴力、威脅等手段阻撓造成嚴重後果，構成犯罪的，依法追究刑事責任。

綜合上述，企業基層工會組織領導機構的構成有 1. 會員大會或會員代表大會；2. 工會委員會，包括基層工會委員會和分廠、車間、科室工會委員會；3. 常務委員會（大企業）；4. 女職工委員會；5. 經費審查委員會。

企業有會員 25 個人以上的，就可以籌組基層工會委員會，由會員大會或者會員代表大會，按會員人數的比例選舉產生工會委員會委員。例如會員 201 人至 1,000 人者，設委員 7 至 15 人（《工會基層組織選舉工作暫行條例》第 7 條）；女職工人數較多的工會，可以建立女職工委員會；委員會每屆任期 3 年或者 5 年。

工會組織是直接面對員工的最基層單位，法律規定企業不能阻撓來自上級工會派員幫助和指導企業職工組建工會的行動，組建基層工會是大陸中華總工會的任務與目標。

另外，與工會委員會同級的有由工會代表大會選舉產生的經費審查委員會。經費審查委員會負責審查同級工會組織的經費收支和資產管理情況，監督財經法紀的貫徹執行和工會經費的使用，並接受上級工會經費審查委員會的指導。工會經費審查委員會向同級會員大會或會員代表大會負責並報告工作；在大會閉會期間，向同級工會委員會負責並報告工作。經費審查委員會每屆任期 3 年或者 5 年。

工會委員會定期召開會員大會或者會員代表大會，討論決定工會工作的重大問題。經基層工會委員會或者三分之一以上的工會會員提議，可以召開臨時會員大會或者會員代表大會。

工會委員會是會員大會或會員代表大會的常設機構，對會員大會或會員代表大會負責並報告工作，接受會員監督。在大會閉會期間，負責日常工作。

（二）工會幹部任用資格限制與任期保護

《工會法》第 13 條規定，職工 200 人以上的企業、事業單位的工會，可以設專職工會主席。工會專職工作人員的人數由工會與企業、事業單位協商確定。

工會幹部的任用資格是否有限制？《工會法》第9條第2款規定，企業主要負責人的近親屬不得作為本企業基層工會委員會成員的人選。《企業工會主席產生辦法（試行）》第6條規定，企業行政負責人（含行政副職）、合夥人及其近親屬、人力資源部門負責人、外籍職工不得作為本企業工會主席候選人。

工會主席的提名與選舉方式，按《企業工會主席產生辦法（試行）》第7條規定，企業工會換屆或新建立工會組織，應當成立由上一級工會、企業黨組織和會員代表組成的領導小組，負責工會主席候選人提名和選舉工作。同辦法第8條規定，企業工會主席候選人應以工會分會或工會小組為單位醞釀推薦，或由全體會員以無記名投票方式推薦，上屆工會委員會、上一級工會或工會籌備組根據多數會員的意見，提出候選人名單。企業工會主席候選人應多於應選人。

至於工會幹部的企業內職級與任期保護，《企業工會主席產生辦法（試行）》第19條第2款規定，企業工會主席一般應按企業副職級管理人員條件選配並享受相應待遇。

《工會法》第17條規定，工會主席、副主席任期未滿時，不得隨意調動其工作。因工作需要調動時，應當徵得本級工會委員會和上一級工會的同意。罷免工會主席、副主席必須召開會員大會或者會員代表大會討論，非經會員大會全體會員或者會員代表大會全體代表過半數通過，不得罷免。

同法第18條規定，基層工會專職主席、副主席或者委員自任職之日起，其勞動合同期限自動延長，延長期限相當於其任職期間；非專職主席、副主席或者委員自任職之日起，其尚未履行的勞動合同期限短於任期的，勞動合同期限自動延長至任期期滿。但是，任職期間個人嚴重過失或者達到法定退休年齡的除外。

綜合上述，工會人事安排一直是組織的重點，《勞動合同法》、《工會法》、《企業工會主席產生辦法（試行）》都在工會人事的任用上，確立了任用資格限制與任期保護，這包含了工會主席、副主席、委員會委員。

首先，法律規定，企業主要負責人的近親屬不得作為本企業工會委員會成員的人選。企業行政負責人（含行政副職）、合夥人及其近親屬、人資部門負責人、外籍職工不得作為本企業工會主席候選人。所謂的近親屬，一般而言，是指最高人民法院《關於貫徹執行〈民法通則〉若干問題的意見（試行）》第 12 條規定，民法通則中規定的近親屬，包括配偶、父母、子女、兄弟姐妹、祖父母、外祖父母、孫子女、外孫子女。

對於工會主席、副主席的勞動合同管理，法律規定任期屆滿時，企業不得隨意調動其工作，如果因工作需要調崗時，也應徵得本級與上一級工會同意。罷免工會主席、副主席必須召開會員大會或者會員代表大會討論，經全體代表過半數通過，才能罷免。

《勞動合同法》第 42 條規定的勞動者有法律、行政法規規定的其他情形之一的，企業不得依照本法第 40 條、第 41 條的規定解除勞動合同。這個法律、行政法規規定的其他情形就是指《工會法》第 18 條的規定，即專職主席、副主席或者委員的任期有特別保護規定，自任職之日起，其勞動合同期限自動延長，延長期限相當於其任職期間，例如任期 3 年，則其勞動合同期限同樣增加 3 年；非專職主席、副主席或者委員則規定自任職之日起，其尚未履行的勞動合同期限短於任期的，勞動合同期限自動延長至任期期滿，如果尚未履行的勞動合同期限長於任期的，則勞動合同期限不改變。

然而《勞動合同法》第 42 條的規定是不適用於《勞動合同法》第 39 條規定的條款，亦即主席、副主席、委員會委員在任期內，有嚴重違反企業規章制度、嚴重失職、營私舞弊等等情形者，企業仍然可以解除勞動關係。或者該員工已屆滿退休年齡的，雖然仍在任期之內，也必須終止勞動關係。

五、大陸職工代表大會的操作

在《工會法》、《中國工會章程》中明確規定了企業民主管理，

工會依照法律規定，經由職工代表大會或其他形式組織職工參與民主決策、民主管理、民主監督，支持企事業單位合法的生產經營和管理活動，維護自身合法權益。

　　大陸在 1986 年頒布《全民所有制工業企業職工代表大會》，但迄今為止並未頒布全國範圍內針對非國有與集體企業的相關法律、行政法規。只有中央紀委、中央組織部、國務院國資委、監察部、全國總工會、全國工商聯六部門在現行國家法律法規和地方立法實踐的基礎上，在 2012 年 4 月共同制訂下發了《企業民主管理規定》（總工發〔2012〕12 號），這是一份具有若干規章性質的規範性文件。但該規定沒有規定法律監督、法律責任的內容。該規定打破了企業所有制界限，明確了包括外資企業在內的所有企業都要實行民主管理。這意味著企業應當建立職工代表大會、企業事務公開（廠務公開）制度，公司制企業設立職工董事、職工監事等民主管理制度。

　　目前已有部分省市級的人民代表大會常務委員會立法並頒佈施行於轄區範圍內的《企業民主條例》或《職工代表大會條例》，諸如《江蘇省企業民主管理條例》、《上海市職工代表大會條例》、《山東省企業職工代表大會條例》、《河北省企業職工代表大會條例》、《浙江省企業民主管理條例》、《河北省企業職工代表大會條例》等等，同時為了推動依法加強職工代表大會制度建設，加強對基層民主管理實踐的指導，該省市的總工會或相關單位會制訂實施細則或操作辦法，例如《江蘇省職工代表大會操作辦法》以落實執行民主管理。

　　企業民主管理的適用範圍是所有類型的企業都應推行民主管理。企業民主管理的形式有職工代表大會（或職工大會）、職工董事與職工監事制度、企業事務公開（廠務公開）。其中職工代表大會（或職工大會）是職工行使民主管理權力的機構，是企業民主管理的基本形式。

　　台商要不要設立職工董事、職工監事制度？台商是依照外商投資企業法（外資企業法、中外合作經營企業法、中外合資經營企業法）規定而成立的企業法人，而《外資企業法實施細則》第 18 條則規定，

外資企業的組織形式為有限責任公司。按照《企業民主管理規定》規定，公司制企業應當依法建立職工董事、職工監事制度，《江蘇省企業民主管理條例》就規定了有限責任公司的董事會中，可以有職工董事。有限責任公司的監事會中應當有適當比例的職工監事，其比例由公司章程規定，但不得低於監事會成員總數的三分之一。

六、工會經費的操作

本章談到工會與職工代表大會的法律規範，涉及的人力成本是工會經費，是指工會依法取得並開展正常活動所需的費用。按《工會法》第 42 條規定，工會經費的主要來源如下：

（一）工會會員繳納的會費；

（二）建立工會組織的企業、事業單位、機關按每月全部職工工資總額的百分之二向工會撥繳的經費；

（三）工會所屬的企業、事業單位上繳的收入；

（四）人民政府的補助；

（五）其他收入。

工會經費主要用於為職工服務和工會活動。其中由企業按每月全部職工工資總額的 2% 向工會撥繳的經費是經費的最主要來源，該經費可在稅前列支。

《工會法》第 43 條規定，企業、事業單位無正當理由拖延或者拒不撥繳工會經費，基層工會或者上級工會可以向當地人民法院申請支付令；拒不執行支付令的，工會可以依法申請人民法院強制執行。

七、管控要點

有關工會與職工代表大會的管控要點如下：

（一）是否已經依照規定組建工會，並安排了人事？（ν）

（二）是否定期召開工會會員大會或會員代表大會？（ν）

（三）是否已經依照規定成立職工代表大會（職工大會）？（ν）

（四）企業的規章制度有通知職工代表大會討論嗎？（ν）

（五）集體合同草案有經過職工代表大會審議嗎？（ν）

（六）企業單方解除勞動合同時是否有通知工會？（ν）

第 17 章
勞動爭議處理的操作實務

　　勞動爭議又稱為勞動糾紛、勞資糾紛，是指勞動關係雙方當事人之間為了實現勞動權利和履行勞動義務產生分歧而引起的爭議。具體而言，是指具有勞動關係的企業和員工之間，因為履行《勞動法》、《勞動合同法》、《社會保險法》等相關勞動法律、法規或者訂立、履行、變更、解除或終止勞動合同，以及簽訂、履行集體合同等行為而產生的各種爭議。

　　勞動爭議的發生與處理，無論對於企業，或是員工個人來說，都需要付出成本。更為重要的是，企業出現勞動爭議，會對其他員工產生潛在的心理影響，使員工對企業的用人制度產生質疑，更會使許多與勞動爭議相類似的情況容易轉化為新的勞動爭議。因此台商有必要了解大陸相關勞動爭議的法律規定與處理方式。

　　發生勞動爭議，一般的程序是勞資雙方可以協商，也可以請工會或者第三方共同與企業協商，達成和解協議；當事人不願協商、協商不成或者達成和解協議後不履行的，可以向企業內或地方的調解組織申請調解；不願調解、調解不成或者達成調解協議後不履行的，可以向當地的勞動爭議仲裁委員會申請仲裁，對仲裁裁決不服的，除《勞動爭議調解仲裁法》規定的一裁終局外，可以向人民法院起訴。

一、勞動爭議處理的操作

（一）勞動爭議的種類

　　《勞動爭議調解仲裁法》第 2 條規定，用人單位與勞動者發生的下列勞動爭議，適用本法：

1. 因確認勞動關係發生的爭議；
2. 因訂立、履行、變更、解除和終止勞動合同發生的爭議；
3. 因除名、辭退和辭職、離職發生的爭議；
4. 因工作時間、休息休假、社會保險、福利、培訓以及勞動保護發生的爭議；
5. 因勞動報酬、工傷醫療費、經濟補償或者賠償金等發生的爭議；
6. 法律、法規規定的其他勞動爭議。

首先，談到第 1 項因確認勞動關係發生的勞動爭議。勞動爭議的前提必須基於勞動關係的產生，否則就不可能是勞動爭議。例如員工與企業之間借錢、住房公積金、員工與員工之間打架等糾紛不屬於勞動爭議的範圍，仲裁機構是不會受理的。

其次是第 2 項的規定，因訂立、履行、變更、解除和終止勞動合同發生的勞動爭議。勞動合同是企業與員工就建立勞動關係以及勞動關係存續期間的權利義務所協商規定的書面約定。企業與員工有關勞動合同從訂立、履行、變更、解除、終止或續訂勞動合同所產生的糾紛都屬於勞動爭議。

接著是第 3 項的規定，因除名、辭退和辭職、離職發生的勞動爭議。其中除名是已經廢止的《企業職工獎懲條例》的用語，不再贅述。辭退是指企業向員工提出解除勞動合同的行為，屬於《勞動合同法》第 36、39、40、41 條規範的內容（**參閱本書第 11 章「企業解除勞動合同的操作實務」**）；辭職一般是指員工向企業提出解除勞動合同的行為（**參閱本書第 12 章「員工解除勞動合同的操作實務」**），屬於《勞動合同法》第 36、37、38 條規範的內容；離職則是指員工離開工作單位的行為，屬於《勞動合同法》第 44 條規範的內容（**參閱本書第 13 章「終止勞動合同與辦理離職手續的操作實務」**）。上述因除名、辭退和辭職、離職行為都可歸類在《勞動合同法》的解除或終止條款內，因而產生的糾紛都屬於勞動爭議。

接著是第 4、5 項的規定，因工作時間、休息休假、社會保險、福

利、培訓、勞動保護，以及因勞動報酬、工傷醫療費、經濟補償或者賠償金等發生的勞動爭議。勞動標準、勞動條件、勞動保護、工資與社保福利、補償與賠償、培訓的相關規範都是員工主要的勞動內容，因而產生的糾紛都屬於勞動爭議。

最後是第 6 項的規定，法律、法規規定的其他勞動爭議。除了上述法律規定的勞動爭議種類外，如有法律、法規規定的其他勞動爭議，也應納入《勞動爭議調解仲裁法》調整的範圍。

（二）舉證責任規定

《勞動爭議調解仲裁法》第 6 條規定，發生勞動爭議，當事人對自己提出的主張，有責任提供證據。與爭議事項有關的證據屬於用人單位掌握管理的，用人單位應當提供；用人單位不提供的，應當承擔不利後果。

同法第 39 條規定，當事人提供的證據經查證屬實的，仲裁庭應當將其作為認定事實的根據。勞動者無法提供由用人單位掌握管理的與仲裁請求有關的證據，仲裁庭可以要求用人單位在指定期限內提供。用人單位在指定期限內不提供的，應當承擔不利後果。

《最高人民法院關於審理勞動爭議案件適用法律若干問題的解釋（一）》第 13 條規定，因用人單位作出的開除、除名、辭退、解除勞動合同、減少勞動報酬、計算勞動者工作年限等決定而發生的勞動爭議，用人單位負舉證責任。

所謂舉證責任是指當事人對自己的主張加以證明，並對自己的主張最終不能得到證明時要承擔不利的法律後果的責任。上述的法律規定，在勞動爭議案件的舉證責任上，除了當事人對自己的主張有責任提供證據外，與爭議事項有關的證據屬於企業掌握管理的，企業要提供，如果不提供的，應當承擔不利後果。諸如辭退員工、減少勞動報酬、計算員工工作年限等情形而產生的勞動爭議，應該由企業負舉證責任，在法律的觀念上，稱為舉證責任倒置。

因此預防勞動爭議的產生，企業要做好日常管理作業的書面證據收集作業，規章制度的考勤記錄作業、加班記錄、員工證件的複印與簽名作業、員工檔案管理作業、離職手續等等書面資料都要建立與存檔。（參閱本書第 18 章「勞動合同與規章制度管理的操作實務」）

誰負舉證責任？

【案例 17-1】2007 年 7 月，李麗大學畢業後與某信息諮詢公司簽了 3 年的勞動合同，成為一名房產供求信息的收集員。當時李麗與公司約定，由公司負責解決住宿，月工資 800 元，2007 年 11 月，因為工作問題李麗與老闆發生爭吵，從此以後老闆經常指責她工作不認真，對客戶不熱情，12 月份又把李麗工資降到 450 元，李麗多次找公司協商要求恢復原有的工資，但都無結果，李麗便向勞動爭議仲裁委員會申請仲裁。

【分析】本案例一個癥結點是李麗是否認真工作？該由誰來舉證？當然是由企業舉證。因此這家公司應當提供李麗這位員工不認真工作的證明。如果公司無法證明，仲裁委員會就會裁決公司「敗訴」。當然這並不意味著李麗不承擔任何舉證責任，她應當證明雙方當事人之間存在著勞動關係以及降低工資的事實證據。這就是法律上的「舉證責任倒置」。

（三）勞動爭議申請的時效

大陸法律對訴訟時效的解釋是權利人行使請求權，獲得人民法院保護其民事權利的法定時間界限，民事糾紛的仲裁時效一般為 2 年。《民法通則》第 135 條規定，向人民法院請求保護民事權利的訴訟時效期間為 2 年，法律另有規定的除外。而勞動爭議的仲裁時效期間則異於訴訟時效期間，《勞動爭議調解仲裁法》第 27 條規定，勞動爭議申請仲裁的時效期間為 1 年。仲裁時效期間從當事人知道或者應當知道其權利被侵害之日起計算。

上述的仲裁時效，因當事人一方向對方當事人主張權利，或者向

有關部門請求權利救濟，或者對方當事人同意履行義務而中斷。從中斷時起，仲裁時效期間重新計算。勞動關係存續期間因拖欠勞動報酬發生爭議的，勞動者申請仲裁不受仲裁時效期間1年的限制；但是勞動關係終止的，應當自勞動關係終止之日起1年內提出。

有關兩倍工資的仲裁申請時效

【案例17-2】本人進入一家企業工作的時間是2009年12月，工作了近2年多，一開始沒有簽訂勞動合同，工作了14個月的時候才規範的簽訂勞動合同。現在離開公司，能否透過仲裁，要求公司支付沒簽勞動合同的14個月的工資賠償？

【解答】依據《勞動合同法》第10條規定：「建立勞動關係，應當訂立書面勞動合同。已建立勞動關係，未同時訂立書面勞動合同的，應當自用工之日起1個月內訂立書面勞動合同。」如果是公司因素，未於入職1個月內簽訂勞動合同，1個月以後就會面臨《勞動合同法》第82條的罰則：「用人單位自用工之日起超過1個月不滿1年未與勞動者訂立書面勞動合同的，應當向勞動者每月支付2倍的工資。」亦即兩倍工資從工作第2個月開始給。

如果不簽訂勞動合同的日子滿1年，《勞動合同法》第14條第3款規定：「用人單位自用工之日起滿1年不與勞動者訂立書面勞動合同的，視為用人單位與勞動者已訂立無固定期限勞動合同。」因此，工作滿1年還沒有簽訂勞動合同的，勞資雙方之間就已經建立了無固定期限勞動合同，亦即不能再一次適用第82條規定的兩倍工資計算方式。

主張自己的兩倍工資時要注意仲裁申請時效。《勞動爭議調解仲裁法》第27條規定：「勞動爭議申請仲裁的時效期間為1年。仲裁時效期間從當事人知道或者應當知道其權利被侵害之日起計算。」按照案例內容，兩倍工資的期間是2010年1月到2010年11月，截至2011年12月已經過了法定時效。除非有證據證明早已向單位要求過兩倍工資，你的時效可以自要求之日起重新計算。

（四）正常仲裁時限為自受理之日起45日內結案

1. 申請人的仲裁申請與受理

《勞動爭議調解仲裁法》第29條規定，勞動爭議仲裁委員會收到仲裁申請之日起5日內，認為符合受理條件的，應當受理，並通知申請人；認為不符合受理條件的，應當書面通知申請人不予受理，並說明理由。對勞動爭議仲裁委員會不予受理或者逾期未作出決定的，申請人可以就該勞動爭議事項向人民法院提起訴訟。

2. 被申請人的答辯

《勞動爭議調解仲裁法》第30條規定，勞動爭議仲裁委員會受理仲裁申請後，應當在5日內將仲裁申請書副本送達被申請人。被申請人收到仲裁申請書副本後，應當在10日內向勞動爭議仲裁委員會提交答辯書。勞動爭議仲裁委員會收到答辯書後，應當在5日內將答辯書副本送達申請人。被申請人未提交答辯書的，不影響仲裁程序的進行。

勞動爭議仲裁應訴答辯書，是由勞動爭議仲裁案件的被申請人向勞動爭議仲裁委員會提交的陳述自己意見和事實的法律文書。企業人資部門在製作勞動爭議仲裁答辯書時，應當注意以下問題：

（1）答辯書應當在收到申訴書副本之日起10日之內提交；

（2）答辯書應當針對申訴書的請求事項、事實和理由提出答辯意見，並同時引用相關的法律、法規、政策規定以及有關證據進行反駁，以此說明申請人的主張沒有合理性或者合法性；

（3）答辯是被申請人的一項權利，即是說，他可以行使，也可以放棄，這完全由被申請人自己決定，他人不得干預；

（4）在答辯方式上可以選擇，口頭答辯，或書面答辯；可以在仲裁準備階段答辯，也可以在仲裁中進行答辯；

（5）答辯人如果是單位的，應當寫明單位的全稱，並由法定代表人或者主要負責人簽名並加蓋單位公章。

3. 調解與裁決

勞動爭議案件在進入仲裁庭完成裁決程序之前，有一個調解程序，

仲裁員認真審閱案件資料，查取取證後，首先徵求雙方意見，如果雙方願意調解的，仲裁員就會進行調解程序，根據雙方的協議內容製作成有法律效力的調解書。因此《勞動爭議調解仲裁法》第 42 條規定，仲裁庭在作出裁決前，應當先行調解。調解達成協議的，仲裁庭應當製作調解書。調解書應當寫明仲裁請求和當事人協議的結果。調解書由仲裁員簽名，加蓋勞動爭議仲裁委員會印章，送達雙方當事人。調解書經雙方當事人簽收後，發生法律效力。調解不成或者調解書送達前，一方當事人反悔的，仲裁庭應當及時作出裁決。

對於無法調解的勞動爭議，仲裁庭將開庭審理，當事人接到開庭的書面通知，無正當理由拒不到庭的，或者中途退庭的，對申訴人按照撤訴處理，對被訴人可作缺席裁決，整個裁決時間依《勞動爭議調解仲裁法》第 43 條規定，勞動爭議仲裁的正常仲裁時限，應當自勞動爭議仲裁委員會受理仲裁申請之日起 45 日（或接到仲裁申請之日起 50 日）內結束。案情複雜需要延期的，經勞動爭議仲裁委員會主任批准，可以延期並書面通知當事人，但是延長期限不得超過 15 日，即仲裁的時限最長為自受理之日起 60 日（或接到仲裁申請之日起 65 日）內結案。

逾期（逾 45 日或被批准延長至 60 日）未作出仲裁裁決的，當事人可以就該勞動爭議事項向人民法院提起訴訟。仲裁庭裁決勞動爭議案件時，其中一部分事實已經清楚，可以就該部分先行裁決。

同法第 50 條規定，當事人對終局裁決（詳見下述）以外的其他勞動爭議案件的仲裁裁決不服的，可以自收到仲裁裁決書之日起 15 日內向人民法院提起訴訟；期滿不起訴的，裁決書發生法律效力。

（五）部分勞動爭議的終局裁決

《勞動爭議調解仲裁法》第 47 條規定下列勞動爭議，除本法另有規定的外，仲裁裁決為終局裁決，裁決書自作出之日起發生法律效力：

1. 追索勞動報酬、工傷醫療費、經濟補償或者賠償金，不超過當

地月最低工資標準 12 個月金額的爭議；

2. 因執行國家的勞動標準在工作時間、休息休假、社會保險等方面發生的爭議。

同法第 48 條規定，勞動者對終局裁決不服的，可以自收到仲裁裁決書之日起 15 日內向人民法院提起訴訟。這也就是說，員工對終局裁決沒有起訴的，則不管企業是否有不同意見，該裁決就發生法律效力。員工不服終局裁決可以向基層人民法院提起訴訟。

同法第 49 條第 1 款規定，用人單位有證據證明終局裁決有下列情形之一，可以自收到仲裁裁決書之日起 30 日內向勞動爭議仲裁委員會所在地的中級人民法院申請撤銷裁決：

（1）適用法律、法規確有錯誤的；

（2）勞動爭議仲裁委員會無管轄權的；

（3）違反法定程序的；

（4）裁決所根據的證據是偽造的；

（5）對方當事人隱瞞了足以影響公正裁決的證據的；

（6）仲裁員在仲裁該案時有索賄受賄、徇私舞弊、枉法裁決行為的。

因此，企業對終局裁決不服的，不能提起訴訟，只能向中級人民法院申請撤銷裁決。同法第 49 條第 2 款規定，人民法院經組成合議庭審查核實裁決有第 1 款規定情形之一的，應當裁定撤銷。仲裁裁決被人民法院裁定撤銷的，當事人可以自收到裁定書之日起 15 日內就該勞動爭議事項向人民法院提起訴訟。

綜合上述，正常的勞動爭議仲裁程序，從勞動爭議仲裁委員會決定受理仲裁申請之日起至裁決結果一共 45 天（或從收到仲裁申請之日起為 50 天）。勞動爭議的雙方當事人以仲裁的方式，投遞仲裁申請書，經過答辯的階段，正常的仲裁時限，最晚應在不到兩個月內就會收到裁決書。《勞動爭議調解仲裁法》對金額不大的仲裁標的以及在工作時間、休息休假、社會保險等方面的勞動標準所發生的勞動爭議，規定了終局裁決制度。但員工如果對終局裁決的結果不服的，仍然可以

在 15 日內向基層人民法院起訴，而企業對終局裁決的結果不服的，則只能收集對方違法的證據，在 30 日內向中級人民法院申請撤銷裁決。除了終局裁決的案件以外的仲裁案件，不服的一方可以在收到裁決書以後 15 日之內向基層人民法院起訴。

（六）裁決書的送達

仲裁裁決文書製作後要送達雙方當事人。送達方式有以下幾種：

1. 直接送達

仲裁委員會送達仲裁文書應當直接送交受送達人；本人不在的，交其同住成年親屬簽收；已向仲裁委員會指定代收的，交代收人簽收；受送達人方是企業或單位，又沒有向仲裁委員會指定代收人的，可以交其負責收件人簽收。仲裁文書送達後，應由受送達人在送達回執上簽字或蓋章，受送達人在送達回執上的簽收日期為送達日期。

2. 留置送達

受送達人拒絕接受仲裁文書的，送達人應當邀請有關組織的代表或其他人到場，說明情況，在送達回執上證明拒收事由和日期，由送達人、見證人簽名或蓋章，把送達文書留在受送達人住處，即視為送達的，稱為留置送達。留置送達與直接送達具有同等效力。當事人因拒收裁決書，在法律規定的 15 日內未向人民法院起訴的，將喪失向人民法院起訴的權力，而裁決書即產生法律效力。

3. 郵寄送達

直接送達有困難的，可以委託送達人所在地的仲裁委員會代為送達或郵寄送達。郵寄送達，以掛號查詢回執上註明的收件日期為送達日期。實際處理中，以郵寄送達較普遍。

4. 公告送達

受送達人下落不明，或者用上述方式無法送達仲裁文書的，可公告送達。

二、因應勞動爭議的預防管理策略

隨著 2008 年 1 月 1 日《勞動合同法》的施行，到 9 月 18 日《勞動合同法實施條例》正式實施，《勞動爭議調解仲裁法》也於 2008 年 5 月 1 日實施。新的用工法律對企業人資管理提出了新要求，之前僅憑一份勞動合同就能應付日常人資管理的時代已不再周全無礙。而準備一套完備的人資管理法律文件，將對企業法律風險降至最小，也是預防勞動爭議的最佳管理策略（附表 17-1：企業發生勞資糾紛時的必備法律文件）。

企業要解除員工的勞動關係，不論員工有無過錯，都需要舉證清楚，這給企業帶來預防管理的思維，因為企業解除勞動合同需要有充分的證據證明，所以預先做好證據書面資料的建立與掌握，才不會遭致法律敗訴的命運，這也是一個有健全管理制度企業的表徵。

附表 17-1：企業發生勞資糾紛時的必備法律文件

1. 勞動合同
（1）必備理由
  勞動合同在現代企業管理中所起的重要作用已不言而喻，沒有與勞動者簽訂合同，那麼企業將每月支付員工 2 倍工資。
（2）合同內容
  企業至少應準備 2 份合同，包括：固定期限勞動合同、無固定期限勞動合同和以完成一定工作任務為期限的勞動合同，有需要的企業還應備一份非全日制用工勞動合同。包含《勞動合同法》第 17 條規定的法定條款。
2. 集體合同
（1）必備理由
  《勞動合同法》第 11 條規定，用人單位未在用工的同時訂立書面勞動合同，與勞動者約定的勞動報酬不明確的，新招用的勞動者的勞動報酬按照集體合同規定的標準執行；沒有集體合同或者集體合同未規定的，實行同工同酬。
  另第 18 條規定，勞動合同對勞動報酬和勞動條件等標準約定不明確，引發爭議的，用人單位與勞動者可以重新協商；協商不成的，適用集體合同規定；沒有集體合同或者集體合同未規定勞動報酬的，實行同工同酬；沒有集體合同或者集體合同未規定勞動條件等標準的，適用國家有關規定。
  由此可見，集體合同可以在企業與勞動者因勞動報酬、勞動條件等標準

約定不明確產生爭議的時候起到重要的標準作用，一份完備的集體合同可以避免很多不必要的勞動糾紛。

（2）合同內容

勞動者的勞動報酬、工作時間、休息休假、勞動安全衛生、保險福利、職工培訓、勞動紀律、勞動定額、法律法規規定的其他內容等。

3. 職工名冊

（1）必備理由

《勞動合同法》第 7 條規定，用人單位應建立職工名冊備查。《勞動合同法實施條例》第 33 條規定，用人單位違反勞動合同法有關建立職工名冊規定的，由勞動行政部門責令限期改正；逾期不改，由勞動行政部門處 2,000 元以上 2 萬元以下罰款。

企業必備職工名冊，既可以在產生勞動爭議時作為有力的證據，也可以避免不必要的行政罰款。

（2）職業名冊內容

勞動者姓名、性別、公民身分號碼、戶籍地址及現住址、聯繫方式、用工形式、用工起始時間、勞動合同期限等內容。

4. 勞動合同簽收單

（1）必備理由

《勞動合同法》第 81 條規定，用人單位提供的勞動合同文本未載明本法規定的勞動合同必備條款或者用人單位未將勞動合同文本交付勞動者的，由勞動行政部門責令改正；給勞動者造成損害的，應當承擔賠償責任。

企業僅僅簽訂勞動合同而沒有送達勞動者，同樣會面臨著不必要的賠償風險。

（2）簽收單內容

勞動合同文本編號、勞動者姓名、身分證號碼、所屬部門、具體崗位、入職時間、合同期限、簽約時間、勞動合同簽收時間、勞動者簽收、備註等內容。

5. 職位告知書

（1）必備理由

《勞動合同法》第 8 條規定，用人單位招用勞動者時，應當如實告知勞動者工作內容、工作條件、工作地點、職業危害、安全生產狀況、勞動報酬，以及勞動者要求瞭解的其他情況。

用人單位如實告知勞動者職位情況是主動義務，即使勞動者不提出要求也得主動告知。實踐中用人單位往往會忽視這個主動告知義務，導致發生因「欺詐」而致勞動合同無效並賠償勞動者損失的法律風險。

（2）告知書內容

工作內容、工作條件、工作地點、職業危害、安全生產狀況、勞動報酬等。

6. 入職申請表

（1）必備理由

入職申請表又稱入職登記表。

《勞動合同法》第 8 條規定，用人單位有權瞭解勞動者與勞動合同直接相關的基本情況，勞動者應當如實說明。如果勞動者在入職時存在不實或欺詐，將成為日後用人單位解除勞動合同的重要證據。

（2）登記內容

勞動者與前用人單位勞動合同解除情況、競業限制、健康狀況、學歷、職業資格、知識技能、工作經歷、家庭住址、主要家庭成員構成等。

7. 簽訂勞動合同通知書

（1）必備理由

《勞動合同法實施條例》第 5 條規定，自用工之日起 1 個月內，經用人單位書面通知後，勞動者不與用人單位訂立書面勞動合同的，用人單位應當書面通知勞動者終止勞動關係，無須向勞動者支付經濟補償，但是應當依法向勞動者支付其實際工作時間的勞動報酬。現實中，一些員工因為種種原因不願與企業簽訂勞動合同，此時一份書面的簽訂勞動合同通知書就顯得尤為重要。

（2）主要內容

簽訂勞動合同通知書的主要內容應包括：勞動者姓名、入職日期、通知日期、簽訂勞動方式等。

8. 勞動合同變更協議書

（1）必備理由

《勞動合同法》第 35 條規定，用人單位與勞動者協商一致，可以變更勞動合同約定的內容。變更勞動合同，應當採用書面形式。

（2）主要內容

用人單位基本情況、勞動者基本情況、原勞動合同基本情況、具體變更內容、變更日期、雙方簽字蓋章等。

9. 解除、終止勞動合同通知書

（1）必備理由

解除、終止勞動合同是結束勞動者與用人單位之間關係的唯一途徑，解除、終止勞動合同的具體時間是計算工資、加班費、經濟補償金數額的重要依據。

（2）解除合同內容

勞動者名稱、解除或終止勞動合同的原因、解除或終止勞動合同的日期、交接手續辦理的流程和時限、用人單位蓋章、勞動者簽收等。

10. 解除、終止勞動合同的證明

（1）必備理由

《勞動合同法》第 50 條規定，用人單位應當在解除或者終止勞動合同時出具解除或者終止勞動合同的證明，並在 15 日內為勞動者辦理檔案和社會保險關係轉移手續。第 89 條規定，用人單位違反本法規定未向勞動者出具解除或者終止勞動合同的書面證明，由勞動行政部門責令改正；給

勞動者造成損害的，應承擔賠償責任。

解除、終止勞動合同通知書可細分成協商解除（36 條）、員工有過失解除（39 條）、員工無過失解除（40 條）、經濟性裁員（41 條）、終止（44 條）等情形。

(2) 證明內容

用人單位出具的解除、終止勞動合同的證明，應當寫明勞動合同期限、解除或者終止勞動合同的日期、工作崗位、在本單位的工作年限等。

11. 加班申請書

(1) 必備理由

《勞動合同法》第 31 條規定，用人單位應當嚴格執行勞動定額標準，不得強迫或者變相強迫勞動者加班。用人單位安排加班的，應當按照國家有關規定向勞動者支付加班費。另第 85 條中規定：用人單位安排加班不支付加班費的，由勞動行政部門責令限期支付勞動報酬、加班費或者經濟補償。

《勞動合同法》第 85 條規定，用人單位有下列情形之一的，由勞動行政部門責令限期支付勞動報酬、加班費或者經濟補償：勞動報酬低於當地最低工資標準的，應當支付其差額部分；逾期不支付的，責令用人單位按應付金額 50% 以上 100% 以下的標準向勞動者加付賠償金；安排加班不支付加班費的。

加班費的支付一直是個敏感問題，加班時間多少是計算加班費的重要根據，一份書面記錄加班情況的文件尤為重要。

(2) 申請書內容

勞動者名稱、申請加班日期、加班原因、加班預計的時間、部門主管確認、人事主管確認等。

12. 勞動合同續簽意向書

(1) 必備理由

《勞動合同法》第 46 條規定，除用人單位維持或者提高勞動合同約定條件續訂勞動合同，勞動者不同意續訂的情形外，依照本法第 44 條第 1 項規定終止固定期限勞動合同的，用人單位應當向勞動者支付經濟補償。

勞動合同期滿後，企業的續訂條件以及勞動者的續訂意向是判斷用人單位是否要支付經濟補償的重要標準，一份書面的文件能真實的反映雙方的意向，避免日後不必要的勞動糾紛。

(2) 主要內容

勞動者名稱、原勞動合同到期時間、續簽勞動合同與原勞動合同區別、答覆期限等。

三、管控要點

有關勞動爭議處理的管控要點如下：

（一）發生勞動爭議，是否按規定，進行和解、調解、仲裁等程序？（ν）

（二）人資部門是否平時就建立各項書面資料與證據收集，以維護企業權益避免敗訴？（ν）

（三）人資部門是否建立完善的規章制度，以預防勞動爭議的產生？（ν）

（四）人資部門是否瞭解仲裁時效期間，並且加以有效的運用？（ν）

（五）人資部門是否清楚終局仲裁與一般仲裁的差異？（ν）

第 18 章
勞動合同與規章制度管理的操作實務

　　從招聘員工進入企業，任用（勞動合同的訂立），到試用、培訓、晉升、調崗（勞動合同的變更）、再到合同的續簽或者離職（勞動合同的解除、終止、續訂），在整個人資管理作業中，勞動合同貫穿其間，擔任重要的角色。

　　一旦勞動合同管理違反法律法規，人資管理作業當中很多的激勵措施、留才策略、員工職涯規劃等，即使再努力也會前功盡棄，化為泡影。可見勞動合同管理是企業人資部門的核心工作。

　　大陸的人資管理是以勞動合同與規章制度為基礎，特別是當組織隨著業務的成長與發展、在規模與編制都隨之逐漸擴張的同時，勞動合同與規章制度更形重要。最主要的原因是因為組織在逐漸擴張的同時，必須逐步脫離人治走向法治。

　　台商企業在大陸的日常管理作業，要讓員工知道什麼事情可以或不可以做，其作業程序與內容需有一個共同標準。因此企業為求行事順利，對於員工的日常作業必須加以規範，以確保企業內部和諧合作、營運秩序以及工作的效率，是勞動關係管理中對員工管理必要的行為規範（Code of Conduct）。

一、勞動合同的正確觀念與撰寫技術

（一）合同的制訂要結合實際、內容要詳略得當

　　1. 借鑑他人或制式合同時，要結合自己公司的實際情況、管理需要進行修正

　　2. 內容詳略得當

（1）對於法律、行政法規已有規定的一些沒有變通餘地的內容，可以只寫明按照某項規定執行即可。（例如：社會保險、勞動保護和職業危害防護、解除與終止）。

（2）對於法律、行政法規沒有具體規定或允許當事人變通的內容，就應當規定得詳細些。（例如工作內容與工作地點）。

（二）語言表達明確、易懂，慎用台灣法律名詞

在制訂員工手冊時，語言表達和用詞必須通俗易懂，盡量明確，以免發生爭議。諸如資遣、解僱為台灣用語，大陸相對用語為經濟補償、解除。

（三）需要注意勞動法律所要表達的範圍概數

大陸《民法通則》第155條所稱的以上、以下、以內、屆滿等用語的意涵是包括本數（1年以上是指包含1年，即365天。）所稱的不滿、超過等用語的意涵是不包括本數（不滿1年是指不包含1年，即365天，可能是指364天。）大陸《刑法》第99條規定，本法所稱以上、以下、以內，包括本數。

（四）勞動合同的撰寫技術

1. 基本資料的如實告知與填寫

員工姓名、性別、民族、出生日期、常住戶口所在地住址、公民身份號碼等等的基本資料，涉及他在本公司的權益，亦是法律所規定的如實告知義務，員工必須如實提供，並填入勞動合同的乙方基本資料欄內。如果員工沒有如實提出，或者企業疏忽背景查核，可能導致企業與員工各自的法律風險，例如員工以假證件應徵被錄用，人資部門將其基本資料填入合同內，萬一該員工發生工傷，有可能員工得不到理賠而演變成嚴重的勞動爭議事件；又如員工提供假的戶口地址，致使企業給他的通知書（法律文書）無法通知送達而演變成員工不甘權益受損，主張沒有收到通知書而訴諸勞動爭議仲裁委員會，企業有

可能被判敗訴而付出賠償金額等等的情形，都是因為沒有真實填寫基本資料而倒置的風險。

2. 填寫空白條款要達到化協商為履行的目的

對於勞動合同這一份具有法律效力的法律文書，企業的正確應對態度是除了它是一份強制性，必須簽訂的法律文書外，更是一份管理工具，而且是量身打造的管理工具，它有明確的針對性與可操作性，關鍵在於勞動合同的約定條款與空白條款。

例如工作地點的填寫就是一個很明顯的例子，假設一家餐飲連鎖業分佈在全國各地，各地連鎖店的負責人及幹部可能要做大規模的調動，以符合企業的經營方針及任務，而調動員工是屬於變更勞動合同約定的內容，要經由協商一致的程序才算合法，《勞動合同法》的第35條規定，用人單位與勞動者協商一致，可以變更勞動合同約定的內容。變更勞動合同，應當採用書面形式。如果協商不成硬要調動，可能導致勞資關係的不和諧甚至破裂。

正確作法是人資部門配合企業未來短、中、長期的經營策略與市場開拓作業，進行人力需求與培養，簽訂勞動合同時，就將來可能的派任地點寫入工作地點欄內，以避免未來調整工作地點時必須經過的協商程序，而減少了勞資糾紛。這個觀念就是「化協商為履行」的實務操作手法。

3. 增訂約定條款以達到量身打造的管理目的

除了前面談到的化協商為履行的觀念外，約定條款的增訂可以達到量身打造的管理目的，勞動合同的內容除了法律規定應具備的法定條款外，企業對部分核心幹部的任務要求或寄以深厚期待的貢獻，往往用約定條款的方式加以制約。

例如培訓與服務期約定條款、保密與競業限制條款、補充保險條款、激勵條款等等，這是在契約自由原則下，經由雙方合意而制訂的條款，也是量身打造的紀律與激勵工具。

二、規章制度（員工手冊）的正確觀念與撰寫技術

企業為了日常管理作業能夠順遂執行以及維持組織紀律，必須建立與執行合理、合法的作業標準與行為準則，亦即擬訂一套規章制度（員工手冊）來制約員工的行為，告知哪些可以做，可以做的標準與程序是哪些？並在可以做的標準與程序裡面規定哪些是不可以做；若是違反了標準規定，則將會受到懲罰，以維持正常的管理秩序，達成組織的目標。如果組織的成員不守紀律、為所欲為，則組織勢必崩潰瓦解，所以組織應如何來維持良好的紀律，是相當重要。

規章制度（員工手冊）作業是企業組織中關於人資管理與服務工作的標準，包括了公司概況及文化、員工招聘、任用、培訓、試用、考勤、請（休）假、工資、績效、離職等日常業務（附表 18-1：員工手冊的架構與內容樣式），是勞動關係管理的日常性、重複性、複雜性工作，這些工作必須有規範性、標準化的作業程序，這些程序都有一定規範的勞動法規之約束，亦即企業構建人事管理制度必要有勞動法規的法源依據，才不致於違法或處於法律風險之中，徒增管理困擾。

附表 18-1：員工手冊的架構與內容樣式

大項目	小項目
（一）公司概況及文化	1. 公司概況（介紹公司成立、發展歷史、現狀、主要業務情況）； 2. 企業文化（介紹經營理念、企業形象）； 3. 員工紀律行為規範（介紹日常工作規範和行為準則）； 4. 組織架構（描述各部門的組織架構，顯示職位在組織的位置和上下左右關係）。
（二）一般規定	1. 制訂依據 2. 制定目的 3. 適用範圍 4. 法律地位
（三）制度本文	人事管理制度的內容： 1. 招聘與任用管理（用人需求、任職資格、甄選、面試、錄用限制條件、入職審查、錄用通知書、勞動合同簽訂、試用期限、符合錄用條件、試用期滿合格）；

	2. 勞動合同管理（勞動合同的訂立、變更、續簽、解除、終止）； 3. 試用管理（試用期限、錄用條件、解除條件）； 4. 培訓管理（專項培訓、違約金、需求與計畫、實施、費用、服務期、核決權限）； 5. 考勤管理（工時、打卡遲到早退曠工、加班與費率、倒休、核決權限）； 6. 請（休）假管理（假別、薪資、核決權限）； 7. 工資管理（工資結構、津貼獎金、最低工資標準及不包含項目、加班費率、支付週期、損失賠償、法定扣減、調崗調薪、核決權限）； 8. 績效考核管理（期別、勝任條件、末位淘汰制、KPI、態度與能力、核決權限）； 9. 獎懲管理（獎勵與懲罰［細化量化、行為與主張］、核決權限）； 10. 社保福利管理（六金、公司福利、核決權限）； 11. 離職管理（公司辭退、員工辭職、移交手續、離職證明、核決權限）。
（四）附則	1. 關於制度的使用、修訂、保管； 2. 制度效力（制訂依據、異議處理、生效日期）； 3. 員工公示或簽收（簽收回執）。

　　《勞動法》第 4 條規定，用人單位應當依法建立和完善規章制度，保障勞動者享有勞動權利和履行勞動義務。《最高人民法院關於審理勞動爭議案件適用法律若干問題的解釋 (一)》第 19 條規定，用人單位根據《勞動法》第 4 條之規定，通過民主程序制定的規章制度，不違反國家法律、行政法規及政策規定，並已向勞動者公示的，可以作為人民法院審理勞動爭議案件的依據。《勞動合同法》第 4 條第 2 款規定，用人單位在制定、修改或者決定有關勞動報酬、工作時間、休息休假、勞動安全衛生、保險福利、職工培訓、勞動紀律以及勞動定額管理等直接涉及勞動者切身利益的規章制度或者重大事項時，應當經職工代表大會或者全體職工討論，提出方案和意見，與工會或者職工代表平等協商確定。

　　同法第 4 條第 4 款規定，用人單位應當將直接涉及勞動者切身利益的規章制度和重大事項決定公示，或者告知勞動者。

綜合上述，企業依法制訂的人事管理制度具有充分的法律效力，其效力表現在企業的人事管理制度對員工的約束力，也是處罰違紀員工的依據。

《勞動合同法》規定八大項目，企業必須完成通知討論與公示的程序。諸如勞動報酬、工作時間、休息休假、勞動安全衛生、保險福利、職工培訓、勞動紀律以及勞動定額管理等直接涉及勞動者切身利益的規章制度或者重大事項時，企業完成了法定的通知討論與公示程序，否則就是程序違法。

雖然法律只規定八大項目要完成通知討論與公示程序，然而企業經營管理是要讓員工有參與感，才會認同公司的作法。因此，有些規章制度或操作標準雖非上述限定的範圍，仍然要視制度性質與管理需要，如實告知員工。

法定的程序是生效條件，這當中包含了兩個程序要合法，其一為程序合法，經民主程序制定並向員工公示或者告知；其二為內容合法，不與法律法規相抵觸。

（一）合法程序制訂規章制度（員工手冊）

企業如何完成規章制度（員工手冊）的制訂？詳述如下：

1.提出規章制度立、改、廢的提案

人資部門可根據企業的狀況和制度實施現況，發現需要在哪些方面設立或修改規章制度？哪些方面需要啟動制度？哪些制度需要變革？提出規章制度立、改、廢的提案，提案應說明理由。在這個階段，企業也可借助外部專家顧問的專業諮詢，協助診斷目前的規章制度。

2.審查、立項

人資部門提出，權責或用人部門就提出的提案在各自的職權範圍內對提案進行審查，認為確有必要的，應安排有關人員或部門起草。在這個階段，除非一些特別簡單的制度可由企業自己製作外，宜聘請規章制度設計的專業人士參與。

3. 現況檢討與起草

負責的部門與人員、專家先進行制度現況檢討後，應仔細研究提案說明，明確要設立的規章制度的目的。根據事先擬定的原則與方式，應用製作技巧，起草規章制度。在這個階段，用人單位應予以配合，提供必要的材料。

4. 通知討論與協商確定

草案完成後交有關部門初步討論後，還要符合《勞動合同法》所規定的通知討論程序要件，亦即規章制度應當經職工代表大會或者全體職工討論，提出方案和意見，與工會或者職工代表平等協商確定。否則就有可能被認定為不合法的規章制度，在仲裁或訴訟中不能作為審理勞動爭議案件的依據。

因此，企業制訂規章制度之過程當中，完成上述的法律程序，人資部門要保留開會討論的會議記錄與簽名記錄。

企業實際在進行仲裁官司時，對方律師通常發現員工觸犯公司規章制度（員工手冊）被解除合同是明確的。因此，只能想方設法在仲裁庭或是法院上，推翻掉規章制度的合法性。所以企業制訂人事管理制度的民主程序，要取得工會通過的制訂會議紀錄，沒有工會的中小企業要取得員工徵詢意見書（附表 18-2：員工徵詢意見書）。

附表 18-2：員工徵詢意見書

＿＿＿＿＿＿＿＿＿公司員工手冊制訂意見徵詢書

＿＿＿＿＿＿部門，＿＿＿＿＿＿先生/女士，您好：

　　因為公司需要一個通過合法、民主、協商程序制訂的員工手冊，所以員工手冊的制訂過程，需要徵詢您的意見，請您在詳細閱讀過手中的員工手冊草案後，給予意見。相關意見：

1. ＿＿＿＿＿＿＿＿＿＿＿＿＿＿＿＿＿＿＿＿＿＿＿＿＿＿＿＿ ；
2. ＿＿＿＿＿＿＿＿＿＿＿＿＿＿＿＿＿＿＿＿＿＿＿＿＿＿＿＿ ；
3. ＿＿＿＿＿＿＿＿＿＿＿＿＿＿＿＿＿＿＿＿＿＿＿＿＿＿＿＿ 。

　　　　　　本人簽名：＿＿＿＿＿＿＿　日期：＿＿＿年＿＿＿月＿＿＿日

5. 制度呈核

規章制度的呈核手續，是指企業內部的核決權限，把前述的通知討論與協商確定手續完成確認的程序。

6. 公示

經批准後的規章制度，如涉及到職工的權益，應採取合理的方式向職工公示，以便員工遵守執行。如果缺少這個程序就有可能被認定為不合法，在仲裁或訴訟中不能作為審理勞動爭議案件的依據。規章制度的公示方法很多，根據實踐經驗，可採如下公示方式：

（1）員工手冊發放：將規章制度編印成冊，每位員工發放一本，要有員工簽領確認；

（2）內部培訓法：將員工集中培訓，包括培訓時間、地點、與會人員、培訓內容、與會人員簽到記錄；

（3）勞動合同約定法：例如勞動合同條款約定：本人已充分閱讀公司規章制度，願意遵守執行；

（4）考試法：組織員工進行開卷或閉卷考試，要讓員工簽名以示負責（附表 18-3：員工手冊的簽收確認函或規章制度公示培訓簽到單）。

附表 18-3：員工手冊的簽收確認函或規章制度公示培訓簽到單

兩種員工手冊的簽收確認函

一、員工手冊簽收單

　　本人謹此確認收到《員工手冊》（編號：＿＿＿＿號），並已認真閱讀，作為企業的一員，本人願意遵守這些規章制度。

日期：＿＿＿＿＿＿＿＿＿＿＿

簽名：＿＿＿＿＿＿＿＿＿＿＿

（注意：此簽收單經員工親自簽名後，存入員工檔案內。）

二、規章制度公示培訓簽到單

　　本人已經接受公司有關規章制度的培訓，並且認真閱讀學習，作為企業的一員，本人願意遵守這些規章制度。

培訓日期：＿＿＿＿＿＿＿＿

簽名：＿＿＿＿＿＿＿＿＿

（注意：此簽到單經員工親自簽名後，存入員工檔案內。）

7.實施

「徒善不足以為政，徒法不足以自行」，規章制度貴在執行，否則就淪為貼在牆壁上的口號。人資部門應該隨時瞭解執行情形，如遇有不合時宜或管理需要時，應即提報反應，最好於實施半年後，至少檢核一次，以瞭解異常原因，提出改善對策，以後則視實施情形不定期進行檢核作業。

規章制度一定要經過公示的程序嗎？

【案例 18-1】某房地產公司員工小劉，剛到公司時勤奮踏實。後來隨著業務越做越好人也逐漸驕縱起來。公司領導多次對其婉轉批評均無效果。有一次，小劉因自身疏忽忘記客戶委託辦理的重要事務，給客戶造成重大經濟損失。事後小劉非但不及時補救，反而將責任全部推到客戶身上。雙方因此發生爭議，小劉居然不顧同事及領導勸阻，在辦公場所內對客戶進行辱罵及毆打，影響極為惡劣。

公司領導認為，小劉的行為嚴重違犯了公司的勞動紀律及規章制度，因此決定對小劉作開除處理。小劉不服，1 個月後提起勞動仲裁，要求撤銷開除決定，恢復勞動關係。公司辯稱依照《公司規章制度》開除小劉並無不當。但仲裁庭經審理，最終認為公司沒有提供證據證明《公司規章制度》曾公示或向小劉出示過。鑒於小劉的行為尚不夠成刑事責任或治安處罰，公司對小劉作出的開除處理決定沒有依據。

【分析】由於公司無法提出曾經公示的證據，顯然是違反了《勞動合同法》第 4 條第 4 款的規定，沒有將直接涉及勞動者切身利益的規章制度和重大事項決定公示，或者告知勞動者。所以會被判敗訴。

（二）規章制度（員工手冊）的制訂原則

企業雖然被授權按照《勞動合同法》第 4 條的規定，可以制訂規

章制度（員工手冊），然而規章制度有其限制性與針對性，因此在制訂時要謹慎看待此事，勿馬虎行事。儘管規章制度是每個企業個性化的規範文件，沒有固定的編寫格式，但是企業在撰寫過程中仍然要遵守一些原則。有關規章制度的制訂原則，如以下說明：

1. 內容要合法

企業視需要建立規章制度，稱之為「小法」，「小法」是對「大法」（法律、行政法規、部門規章、地方法規及規章）的細化與量化，但不能與「大法」相悖，否則無效。某企業的內部制度規定：「單位同事不允許結婚，已經結婚者有一人要離職。」這種規定，顯然違法。《勞動法》第 89 條規定，用人單位制定的勞動規章制度違反法律、法規規定的，由勞動行政部門給予警告，責令改正；對勞動者造成損害的，應當承擔賠償責任。這條款表明，規章制度也有法律效力問題，並非所有的規章制度都具有效力。

那麼企業制訂時要根據什麼法律呢？這要看該規章制度的性質，例如企業要制訂「請（休）假管理制度」時，須要依據《勞動法》、《女職工勞動保護特別規定》、各地的《女職工勞動保護實施辦法》、各地的《人口與計畫生育條例》、《職工帶薪年休假條例》之規範。

2. 制訂時程序要合法

企業制訂涉及員工切身利益的規章制度時，應當經職工代表大會或者全體職工討論，提出方案和意見，與工會或者職工代表平等協商確定，實施時應當公示，或者告知員工，換句話說，從草擬到實施的過程中，不可忽視每個環節，這就是法律所規定的「程序」。

3. 要充分展現企業文化與特色

由於各家企業的業務性質不同，有各自特色的企業文化與經營理念，因此編寫的規章制度，其內容也會有差異。可說規章制度是本公司的人事《聖經》，要充分展現企業文化與特色，描述企業的願景。另外，由於企業各部門也有規模與業務的差異，如認為有需要，可根據各個部門業務需要以公司的名義分別制訂具有針對性的規章制度，以表現個性

化的管理需要，但部門的規章制度不能違反企業的規章制度。

4. 要表現出針對性和操作性、工具性

規章制度是對員工行為進行規範性的標準化文書，所規定的各項管理制度必須確實有效，且具有針對性和操作性，適合本企業使用。

規章制度是員工可以隨時查閱的內部文件（紙本或電子文件），是員工處理某些工作問題的依據和參考，因此規章制度要表現出工具性，對人資管理作業當中的問題或作業程序，應當制訂出標準化的解決方案。

5. 用語要簡潔，多用溝通語句

敘述條款之用語必須易懂易記、邏輯清晰、簡潔流暢，切忌語句冗長，含混不清導致歧義，避免稱謂混亂，上下混淆。如果語言表達不清晰，就容易引起員工誤解，甚至引發勞資爭議。有些用語，例如「不准」、「嚴禁」、「絕對不許」、「過時不候」、「後果自負」等詞句盡量少用，將命令改為溝通，對員工發出真誠的呼喚，才是現代文明企業象徵，最好多用「請」、「讓我們……」，用規章制度拉近勞資雙方的距離，融合企業與員工為一體。

6. 用語規範準確，要用大陸的法言法語

有些與員工管理相關的大陸人事管理用語，例如開除、除名，是一個行政法規（《企業職工獎懲條例》，該法已被 2007 年 6 月 29 日公布的《勞動合同法》取代，並於 2008 年 1 月廢除）的懲罰用語，有法律規定的執行程序，這些名詞既然已隨著法規廢除而失去法源基礎，企業要慎用，例如前述的開除、除名等等行政處分喪失了法源依據，企業再加以引用，會陷入法律與管理風險之中。

企業可以對違紀員工罰款嗎？

【案例 18-2】2013 年 5 月 1 日實施的《廣東省勞動保障監察條例》我司已請人資部門對內部相關人事規章及工資結構等有關罰款扣款等規定進行調整與修訂。

但其中第 51 條明確禁止用人單位對勞動者罰款及其他任意扣減工資行為。條例第 51 條規定，用人單位的規章制度規定了罰款內容，或者其扣減工資的規定沒有法律、法規依據的，由人力資源社會保障行政部門責令改正，給予警告。用人單位對勞動者實施罰款或者沒有法律、法規依據扣減勞動者工資的，由人力資源社會保障行政部門責令限期改正；逾期未改正的，按照被罰款或者扣減工資的人數每人 2,000 元以上 5,000 元以下的標準處以罰款。

請教若資方無法懲處行為失當員工或訂定相關廠紀廠規來規範勞動者行為，資方應如何控管員工進行管理。還是資方是否可改用如賠償公司經濟損失或其他名目取代「罰款」，以達到約束員工的效果。

【解答】《廣東省勞動保障監察條例》有關企業制訂的規章制度裡面有罰款內容或者其扣減工資的規定沒有法律、法規依據的，由人力資源社會保障行政部門責令改正，給予警告。以及企業對員工實施罰款或者沒有法律、法規依據扣減勞動者工資的，由人力資源社會保障行政部門責令限期改正；逾期未改正的，將被罰款。

首先，《企業職工獎懲條例》已經隨著《勞動合同法》在 2008 年實施時廢止了，企業對員工實施罰款已經沒有法律依據了，而企業的規章制度中關於罰款條款應當無效。（諸如遲到一次扣 20 元、記小過一次同時扣工資 100 元）等都是違法，將來可能面臨被要求責令改正及警告，逾期未改正的，將面臨被罰款的風險。

企業如何因應？如下說明：

1. 企業不能直接對員工進行沒有法律依據的罰款行為。只有符合《勞動合同法》第 22、23 條規定的，當員工違約造成公司損失時，可以要求其賠償違約金。依據《勞動合同法》第 22 條規定的員工違反服務期約定，在服務期未滿前離開公司時，必須支付給公司服務期尚未履行部分所應當分攤的培訓費用，及第 23 條規定的員工違反競業限制協議時，要依照當初的違約金約定金額賠償給公司。

2. 因員工之行為造成公司損失的（需有證據證明），可要求按實際的損失額賠償給公司。（《勞動合同法》第 90 條）

3. 今後企業在制訂規章制度時，可以（1）員工的違紀行為，例如

遲到早退計分，遲到（早退）一次計一分，並且與績效考核掛勾，扣減績效考核分數；（2）或者累積幾分記小過一次，小過三次就是大過一次，進行處罰升級；（3）累積更高的分數視為嚴重違反規章制度，依《勞動合同法》第 39 條規定，公司可以解除勞動合同。

7. 措辭嚴謹，邏輯次序有程度之分

有些企業的規章制度，喜歡用一些諸如「屢次批評教育」、「損失重大」、「情節嚴重惡劣」等等詞句，企業的出發點是要涵蓋整個管理範圍，但其實遇到真正的問題時，無法解釋何謂屢次？何謂重大？當企業無法解釋前述問題時，違紀處理就失去了法律依據。

例如《勞動合同法》第 39 條第 1 款第 2 項規定，嚴重違反用人單位的規章制度的，第 3 項規定，嚴重失職，營私舞弊，給用人單位造成重大損害的等情形者，企業可以解除勞動合同。這裡出現「嚴重違反」、「嚴重失職」與「重大損害」等法律名詞，所謂「嚴重違反」、「嚴重失職」是指程度大小的違法行為；所謂「重大損害」是指程度大小的經濟損害價值，因此企業在建立獎懲管理制度時，就需要考慮到程度問題。

企業一般可分為輕微違紀、一般違紀、重大違紀、嚴重違紀等四種處分等級，輕微違紀 3 次就是一般違紀 1 次、一般違紀 3 次就是重大違紀 1 次、重大違紀 3 次就是嚴重違紀，嚴重違紀就符合《勞動合同法》第 39 條規定的解除勞動合同的條件。企業要考量到「嚴重違反」、「嚴重失職」、「重大損害」等詞句的程度，因此在建立獎懲管理制度時，諸如「連續曠工 3 天或 1 個月內累計曠工 5 天」、「3 次遲到或早退」、「凡是有失職或舞弊情況的，且造成＊＊＊元以上損失的」才符合《勞動合同法》的規範。

三、管控要點

　　有關勞動合同與規章制度管理的管控要點如下：

　　（一）是否依照規定對規章制度的制訂程序進行通知討論？（ν）

　　（二）是否依照規定對已通過的規章制度進行公示？（ν）

　　（三）是否定期盤點規章制度的內容以符合勞動法律的規定？

（ν）

第 19 章
集體合同管理的操作實務

　　集體合同，又稱為集體協議，台灣稱為團體協約，是個人勞動合同的對稱。集體合同制度是指用人單位與職工所推舉的代表（該用人單位職工成立工會，由該工會代表職工），就勞動報酬、工作時間、休息休假、保險福利、勞動條件、職業培訓等雙方共同關心的問題，依法經過平等協商達成一致協議，以書面的形式確定該用人單位勞動標準，用此協議規範勞動和勞動管理行為的法律制度。集體合同制度是當今國際上普遍採用的調整勞動關係的一項重要法律制度。

　　現今大陸集體合同規定最詳細的法律是國務院勞動部門於 2004 年 1 月 20 日所頒佈的《集體合同規定》，屬於部門規章。

一、集體合同的意義

　　《勞動合同法》第 51 條第 1 款規定，集體合同是職工一方與企業通過平等協商，可以就勞動報酬、工作時間、休息休假、勞動安全衛生、保險福利等事項訂立集體合同。同法第 52 條規定，職工一方與企業可以訂立勞動安全衛生、女職工權益保護、工資調整機制等專項集體合同。《集體合同規定》第 4 條規定，用人單位與本單位職工簽訂集體合同或專項集體合同，以及確定相關事宜，應當採取集體協商的方式。集體協商主要採取協商會議的形式。

　　集體合同或專項集體合同是就法定的事項範圍內通過集體協商（協商會議）的方式處理，簽訂的範圍集中在工資、工時、休息休假、勞動安全與衛生、員工保險與集體福利等等與員工切身利害關係的項目。

二、集體協商代表的組成規定

根據《集體合同規定》第 19、20、21 條規定，集體協商雙方的代表人數應當對等，每方至少 3 人，並各確定 1 名首席代表。其中職工一方的協商代表由本單位工會選派。未建立工會的，由本單位職工民主推薦，並經本單位半數以上職工同意。職工一方的首席代表由本單位工會主席擔任。工會主席可以書面委託其他協商代表代理首席代表。工會主席空缺的，首席代表由工會主要負責人擔任。未建立工會的，職工一方的首席代表從協商代表中民主推舉產生。而用人單位一方的協商代表，由用人單位法定代表人指派，首席代表由單位法定代表人擔任或由其書面委託的其他管理人員擔任。

三、集體合同的協商、簽訂、審查、期限

《集體合同規定》第 35、36 條規定，集體協商未達成一致意見或出現事先未預料的問題時，經雙方協商，可以中止協商。中止期限及下次協商時間、地點、內容由雙方商定。經雙方協商代表協商一致的集體合同草案或專項集體合同草案應當提交職工代表大會或者全體職工討論。職工代表大會或者全體職工討論集體合同草案或專項集體合同草案，應當有三分之二以上職工代表或者職工出席，且須經全體職工代表半數以上或者全體職工半數以上同意，集體合同草案或專項集體合同草案方獲通過。

《集體合同規定》第 42、45、46、47 條規定，集體合同或專項集體合同簽訂或變更後，應當自雙方首席代表簽字之日起 10 日內，由用人單位一方將文本一式三份報送勞動保障行政部門審查。勞動保障行政部門對集體合同或專項集體合同有異議的，應當自收到文本之日起 15 日內將《審查意見書》送達雙方協商代表。用人單位與本單位職工就勞動保障行政部門提出異議的事項經集體協商重新簽訂集體合同或專項集體合同的，用人單位一方應當根據本規定第 42 條的規定將文本報送勞動保障行政部門審查。勞動保障行政部門自收到文本之日起 15

日內未提出異議的，集體合同或專項集體合同即行生效。

　　另外，集體合同或專項集體合同期限一般為 1 至 3 年，期滿或雙方約定的終止條件出現，即行終止。集體合同或專項集體合同期滿前 3 個月內，任何一方均可向對方提出重新簽訂或續訂的要求。

四、集體合同的內容

　　關於集體合同的內容，《集體合同規定》第 3 條規定，本規定所稱集體合同，是指用人單位與本單位職工根據法律、法規、規章的規定，就勞動報酬、工作時間、休息休假、勞動安全衛生、職業培訓、保險福利等事項，通過集體協商簽訂的書面協議；所稱專項集體合同，是指用人單位與本單位職工根據法律、法規、規章的規定，就集體協商的某項內容簽訂的專項書面協議。

　　而《集體合同規定》第 8 條則規定，集體協商雙方可以就下列多項或某項內容進行集體協商，簽訂集體合同或專項集體合同：

　　（一）勞動報酬；

　　（二）工作時間；

　　（三）休息休假；

　　（四）勞動安全與衛生；

　　（五）補充保險和福利；

　　（六）女職工和未成年工特殊保護；

　　（七）職業技能培訓；

　　（八）勞動合同管理；

　　（九）獎懲；

　　（十）裁員；

　　（十一）集體合同期限；

　　（十二）變更、解除集體合同的程序；

　　（十三）履行集體合同發生爭議時的協商處理辦法；

　　（十四）違反集體合同的責任；

（十五）雙方認為應當協商的其他內容。

集體合同的種類有綜合性集體合同、專項集體合同（如工資專項集體合同、女職工特殊保護專項集體合同）、行業別集體合同（如餐飲業集體合同、建築業集體合同），各依不同的需要而制訂（附表19-1：泉州市企業集體合同範本）。

附表 19-1：泉州市企業集體合同範本

泉州市企業集體合同範本

甲方：（用人單位名稱）

乙方：（職工方名稱）

為維護職工和用人單位的合法權益，構建和諧穩定的勞動關係，根據《中華人民共和國勞動法》、《中華人民共和國勞動合同法》、《中華人民共和國工會法》、原勞動和社會保障部《集體合同規定》和《福建省企業集體協商和集體合同條例》等規定，甲、乙雙方遵循合法、公平、誠信的原則，經協商一致，簽訂本合同。

一、勞動用工管理

第一條 甲方應當自用工之日起1個月內與職工訂立書面勞動合同，保障職工享有勞動權利和履行勞動義務。

勞動合同期限分為固定期限、無固定期限和以完成一定工作為期限三種。企業和職工按照有利於企業發展生產和兼顧雙方當事人利益的原則，合理確定勞動合同期限。

工會應當幫助、指導職工與企業依法訂立和履行勞動合同。

第二條 甲方根據工作崗位、工作要求、工作性質確定新入職職工試用期。勞動合同期限3個月以上不滿1年的，試用期不得超過1個月；勞動合同期限1年以上不滿3年的，試用期不得超過2個月；3年以上固定期限和無固定期限的勞動合同，試用期不得超過6個月。

甲方在試用期內解除職工勞動合同的，應提前3日通知該職工，並書面說明理由。

第三條 甲方在制訂、修改或者決定有關勞動報酬、工作時間、休息休假、勞動安全衛生、保險福利、職工培訓、勞動紀律、獎懲以及勞動定額管理等直接涉及職工切身利益的規章制度或者重大事項時，應當經職工代表大會或者全體職工討論，提出方案和意見，與工會或者乙方代表平等協商確定。在規章制度和重大事項決定實施過程中，工會或者乙方認為不適當的，有權向甲方提出，通過協商予以修改完善。

甲方採取_____形式將上述規章制度和重大事項決定告知全體職工。

第四條 甲方與職工訂立、履行、變更、解除和終止勞動合同，以及支付經濟補償金，按照法律、法規和規章，以及甲方依法制定的規章制度的有關規定執行。

第五條 甲方裁減人員時，可優先留用下列人員：

（一）獲得市級以上勞動模範、先進工作者稱號的；

（二）訂立無固定期限勞動合同的；

（三）訂立較長期限的固定期限勞動合同的；

（四）家庭無其他就業人員，有需要扶養的老人或者未成年人的；

（五）企業特困職工、困難職工。

裁減人員的實施辦法和補償標準按照《勞動合同法》、《福建省企業經濟性裁減人員實施辦法》（閩勞社文〔2008〕409號）等有關規定執行。

第六條 依法簽訂的集體合同對甲、乙雙方具有同等約束力。

甲方與職工訂立的勞動合同中的勞動條件、勞動報酬等勞動標準不得低於本合同規定的標準，低於本合同的按照本合同規定執行。企業的規章制度與本合同不一致的，按照本合同執行，規章制度也應予以相應修改。

第七條 甲方單方面解除職工的勞動合同，應當提前__日將理由通知工會，工會應在____日內及時回饋意見；工會有不同意見的，甲方應當研究工會的意見，並在____日內將處理結果書面通知工會；職工因此申請仲裁或提起訴訟的，工會依法給予支持和幫助。

二、勞動報酬

第八條 甲方遵循按勞分配和同工同酬的原則，依法制定工資分配和支付制度時，應當事先與乙方進行平等協商。

第九條 甲、乙雙方每年根據政府發布的本年度最低工資標準、工資指導線、人力資源市場工資指導價位、城鎮居民消費價格指數、勞動生產率及單位經營、效益狀況，就職工年度工資水準、工資調整辦法和工資總額進行協商。

經協商確定本年度職工平均工資比上年增（減）幅____%。

第十條 甲方確定調整勞動定額或者計件工資標準應當遵循科學合理的原則，依據國家標準、行業標準和企業實際情況提出方案，事先與乙方進行協商，確定、調整的勞動定額應當使本單位同崗位90%以上職工在法定工作時間內能夠完成。

雙方約定：_____

第十一條 本單位對從事_____作的職工發放獎金、津貼和補貼，

雙方約定：

獎金名稱_____ 發放標準_____

津貼名稱_____ 發放標準_____

補貼名稱 _____ 發放標準 _____

第十二條 勞動者患病或者非因工負傷停止勞動，且在國家規定醫療期內的，用人單位應當按 _____ 標準向勞動者支付病假工資或者疾病救濟費。

第十三條 甲方確定計發職工加班加點工資基數的方法是 _____。

第十四條 本單位職工月最低工資標準不低於 _____ 元（或者高於當地政府發布的最低工資標準的 _____%）；試用期月最低工資標準不低於 _____ 元（或者高於當地政府發布的最低工資標準的 _____%）。

第十五條 甲方遵循誠實信用的原則，每月__日前通過銀行工資專用帳戶以貨幣形式足額支付職工工資。

第十六條 本合同第九條、第十一條、第十三條、第十四條、第十五條納入工資專項集體合同範圍。

三、工作時間和休息休假

第十七條 甲方執行國家規定的職工每日工作時間不超過 8 小時，每週不超過 40 小時的工時制度，並保證職工每週至少休息一天。

第十八條 因工作性質或者生產特點不能實行標準工時制度的，經人力資源和社會保障行政部門批准，本單位在 _____ 崗位（工種）實行不定時工作制，在 _____ 崗位（工種）實行綜合計算工時工作制。

第十九條 甲方由於生產經營需要，經與工會和職工本人協商後可以延長工作時間，一般每日延長工作時間不得超過 1 小時；因特殊原因需要，在保障職工身體健康的條件下延長工作時間，每日不得超過 3 小時，每月不得超過 36 小時。甲方應依法按時足額支付職工加班加點工資。甲方安排職工在休息日工作，又不能安排同等時間補休的，應當在__日內支付加班工資。

第二十條 根據《職工帶薪年休假條例》，雙方商定本單位的帶薪年休假辦法是 _____

四、勞動安全衛生

第二十一條 甲方應嚴格執行《安全生產法》、《職業病防治法》、《工傷保險條例》和有關勞動保護法律法規和規章，建立健全勞動安全衛生管理制度，嚴格執行勞動安全衛生規程和標準，提供符合國家規定的勞動安全衛生條件和必要的勞動防護用品，勞動安全衛生設施必須符合國家規定的標準，落實勞動安全責任制，制定各崗位的安全操作規程。

第二十二條 甲方應落實職工勞動安全教育制度，對職工進行勞動安全培訓，其中從事 _____ 特種崗位作業的人員，必須經過專門培訓並取得特種作業資格，持證上崗，並自覺接受工會的監督檢查。

第二十三條 甲方與職工訂立勞動合同時，應當將工作過程中可能產生的職業病危害及其後果、職業病防護措施和待遇等如實告知職工，並在勞動合同中寫明，不得隱瞞或者欺騙。對從事有職業病危害作業的職工應當每

年安排 _____ 次職業健康檢查。

第二十四條　工會應根據法律、法規和規章的規定，建立健全勞動安全衛生監督檢查機構，監督和支持甲方加強安全生產管理，教育職工嚴格遵守安全操作規程，參與因工傷亡事故的調查並提出處理意見。甲方發生因工傷亡事故，應及時按有關規定上報。

第二十五條　甲方應根據季節變化，採取具體措施做好防暑降溫、防寒保暖工作。對工會或者職工提出的意見和建議，應當研究。

五、女職工和未成年工特殊保護

第二十六條　甲方根據《婦女權益保障法》、《女職工勞動保護規定》、原勞動部《女職工禁忌勞動範圍的規定》、《福建省企業女職工勞動保護條例》等規定，實施女職工特殊保護。

第二十七條　甲方在組織崗位競聘時，除不適合女職工的工種或者崗位外，不得以性別為由拒絕女職工參與或者提高對女職工的競聘標準。

第二十八條　甲方不得因女職工結婚、懷孕、生育、哺乳等情形，降低女職工的工資。在孕期、產期、哺乳期間，甲方不得單方解除與女職工的勞動合同，變更女職工工作崗位應當徵得女職工同意，法律另有規定的除外。

第二十九條　甲方應根據女職工的生理特點和所從事工作的職業特點，對在月經期、孕期、產期、哺乳期的女職工給予特殊保護。對懷孕、哺乳期女職工不得安排加班加點和從事禁忌勞動。對懷孕 7 個月以上的女職工和哺乳期的女職工，上班確有困難的，經本人申請，甲方批准，可依法享有相應的產前假、哺乳假，甲方確定女職工休假期間月工資的方法是 _____。

第三十條　甲方應當建立女職工定期健康檢查制度，每 _____ 年（不得高於兩年）組織全體女職工參加一次婦女病、乳腺病普查普治，並建立女職工健康檔案。甲方按 _____ 標準定期發放女職工衛生保健費。

第三十一條　甲方應當支持女職工參加政治、業務、技術培訓，在單位晉職、晉級、評定專業技術職稱等方面，應遵循男女平等的原則。

第三十二條　對年滿 16 周歲未滿 18 周歲的未成年工，甲方執行國家在工種、勞動時間、勞動強度和保護措施等方面的規定，不安排其從事危害未成年人身心健康的勞動或者危險作業。

甲方定期對未成年工進行健康檢查，時間為：安排工作崗位之前；工作滿一年；年滿 18 周歲，距前一次的體檢時間已超過半年。

甲方根據未成年工的健康檢查結果安排其從事適合的勞動；對不能勝任原勞動崗位的，應根據醫務部門的證明，減輕勞動量或安排其他勞動。

六、社會保險和福利

第三十三條　甲方依照法律、法規和規章的規定，參加養老、醫療、失業、工傷、生育等社會保險，按時足額繳納社會保險費，依法履行代扣代繳社會保險費的義務，並每年 _____ 次向乙方公布繳納社會保險費的情況。

工會有權對甲方繳納社會保險費的情況實施監督。

第三十四條　甲方按規定為職工繳存住房公積金，雙方商定 _____ 年度住房公積金繳費比例為____%。

第三十五條　甲方根據生產經營特點、經濟效益等情況，為職工辦理以下保險和福利事項（企業年金、補充保險、醫療休養等）。

七、職業技能培訓

第三十六條　甲方根據工作崗位特點、條件和要求，按規定提取和使用職業培訓經費，建立職業培訓制度，對職工進行有計畫的職業技能培訓。

甲方制定的職業培訓經費使用方案和培訓計畫應經職工代表大會或者全體職工討論，其中用於管理人員的職業培訓經費不得高於總額的　%，用於生產一線職工的職業培訓經費不得低於總額的 _____%。

第三十七條　甲方在 _____ 年度對從事 _____ 崗位（工種）的職工進行職業技能培訓。

第三十八條　甲方為職工提供專項培訓費用，對其進行專業技術培訓的，可以根據《勞動合同法》的規定，與職工訂立專項協定，約定服務期和違約責任。

八、合同變更、解除和終止

第三十九條　本合同有效期　年（不高於 3 年），從依法生效之日起至 _____ 年 _____ 月 _____ 日。合同期滿前 3 個月內，甲、乙雙方應當協商續訂集體合同。

第四十條　在集體合同規定的期限內，未經雙方協商同意，任何一方不得變更本合同。

第四十一條　有下列情形之一，致使本合同部分或者全部條款無法履行的，可以變更或者解除本合同：

（一）訂立集體合同所依據的法律、法規和規章已經修訂或者廢止；

（二）不可抗力；

（三）雙方約定 _____；

（四）法律、法規規定的其他情形。

第四十二條　續訂集體合同按照以下程式執行：

（一）集體合同期滿前 3 個月，雙方提出繼續履行集體合同的意向；

（二）雙方協商代表對原集體合同內容進行協商，進行相應的修改和補充，形成新的集體合同草案；

（三）按照簽訂集體合同程式，履行續訂集體合同手續。

九、其他

第四十三條　甲方尊重工會履行維護職工權益的基本職責，支持工會依法開展工作，每月 ____ 日之前按規定向工會撥繳經費。

第四十四條　用人單位應當保障協商代表履行職責所必須的工作條件和工作時間。協商代表因履行職責佔用工作時間的，視為提供正常勞動。協商

代表在任期內，用人單位不得單方變更或者解除其勞動合同；其勞動合同期限短於任期的，自動延長至任期期滿，但個人有嚴重違反勞動紀律或者用人單位規章制度等重大過失行為、退休或者本人不願延長勞動合同期限的除外。協商代表在任期內，用人單位不得無故調動其工作崗位和免除職務、降低職級。

第四十五條 甲方應當將本合同履行情況每年至少向職工代表大會或職工大會報告 ＿＿＿＿ 次，工資專項集體合同、集體合同中的工資條款或者相應附件的履行情況應當每半年公布一次。甲、乙雙方在履行合同中發現問題或提出建議，應當以書面形式報雙方首席協商代表共同研究，協商處理。出現重大問題，還應以書面形式報告職工代表大會或者全體職工。

第四十六條 因履行本合同發生爭議，甲、乙雙方應當協商解決。協商不成的，可以依法申請仲裁或提起訴訟。

第四十七條 本集體合同一式四份，甲、乙雙方各執一份，報送人力資源和社會保障行政部門、總工會各一份。

第四十八條 本合同附件包括 ＿＿＿＿＿＿＿＿＿＿＿＿＿＿＿＿＿＿＿＿＿

企業公章 　　　　　　　　　　　企業工會公章
法定代表人或代理人（簽章）　　　工會主席或委託代理人（簽章）
　年　　　月　　　日　　　　　　　年　　　月　　　日

五、集體合同的變更、解除

雙方協商代表協商一致，集體合同或專項集體合同可以變更或解除。按《集體合同規定》第 40 條規定，有下列情形之一的，可以變更或解除集體合同或專項集體合同：

（一）用人單位因被兼併、解散、破產等原因，致使集體合同或專項集體合同無法履行的；

（二）因不可抗力等原因致使集體合同或專項集體合同無法履行或部分無法履行的；

（三）集體合同或專項集體合同約定的變更或解除條件出現的；

（四）法律、法規、規章規定的其他情形。

六、緩和勞動爭議，促進企業發展

　　企業實施集體合同制度，可建立勞動關係的正常化機制，從而使勞動關係更和諧、穩定，以利於促進企業的經營發展。因為工會在穩定勞動關係中起一個積極的角色作用，使工會在協調勞動關係，維護勞動權益的功能發揮得淋漓盡致，因而緩和了勞動爭議與勞資矛盾，可降低勞動爭議案件和處理成本，進而促進了企業的穩定和發展。

　　集體合同所規範的勞動條件是最低的標準，例如員工工資不能低於最低工資標準。因此，集體合同能夠彌補勞動合同對於員工權益不足之處，使之比較公平合理。勞動合同有時難以涉及個別員工的整體利益，可經由集體合同進行約定，例如：企業工資水準的確定、勞動條件的改善、集體福利的提高等。根據法律規定，企業在制訂工資分配和支付制度時，應當聽取工會和職工代表大會的意見，這就是工資集體協商的基礎，使勞資雙方取得比較基本的平衡。

　　人資部門應當思考把集體合同當成勞動合同的母合同，重新盤點勞動合同不足之處，對於集體合同所能夠調節的彌補之處，應當積極的透過工會或職工代表大會協商討論，建立一個符合雙方權益的集體合同制度，對企業未來的永續經營是有幫助的。

七、管控要點

　　有關集體合同管理的管控要點如下：
　　（一）企業與工會協商集體合同是否依照法定程序進行？（ν）
　　（二）經營者對集體合同的意義是否瞭解？（ν）
　　（三）集體合同的內容是否過分偏袒員工的權益而影響到企業的發展方向？（ν）

第五篇

台籍幹部管理操作實務

企業跨國或跨地區投資經營，因管理需要，必須派遣員工赴海外工作，從人資管理立場來講，企業必須面對異於母國文化的現實環境，而產生跨文化的適應彈性。另外，領導管理模式也要入境隨俗或入境問俗，調整原來的領導風格與習慣，進而融合成當地投資國的管理文化模式，以順利推動業務。

　　所以台籍幹部的派任選拔，專業技術與管理能力是基本條件，但是心態、品德和責任心則是重要資質。

　　再者，台籍幹部在大陸台商企業任職或就業，因為有了勞動關係，就會衍生出當地投資國所制訂的《社會保險法》有關外國人或台港澳人士必須參保的強制性規定，以及《個人所得稅法》有關繳納個人所得稅的規定。

　　就現階段大陸投資情況而言，台籍幹部派任前的選拔條件與資質，以及派任後實際產生的個人權益事項，是台籍幹部管理操作實務的重點，也是台商派遣員工赴大陸或海外企業任職時須知的法律法規。

　　本篇涵蓋 3 章，是人力資源的台籍幹部管理作業。包括派遣管理、參加大陸社會保險、大陸個人所得稅繳納等等管理操作實務。

第 20 章
台籍幹部派遣管理的操作實務

　　台商企業在大陸投資製造業、經營服務業或從事經貿業務，可說是日趨熱絡。被派遣到台商企業任職或出差的台籍幹部也不絕於途。這些台派人員分散在大陸的每一個角落，擔負著管理傳承與技術移轉的重責大任，他們默默地工作，為企業的發展付出了大部分的時間與智慧，其精神與毅力，著實令人欽佩。

　　跨國或跨地區經營，在人才國際化的趨勢下，必須派遣員工赴海外工作，從人資管理立場來講，企業必須面對文化適應上的彈性，而領導管理模式也要調整原來在母公司的風格，在台籍幹部的派任方面，專業技術與管理能力是基本條件，但是心態、品德和責任心則是重要資質。

一、台籍幹部赴任前的準備

　　當決定要被派駐到大陸時，台籍幹部首先要收集派駐地的各種政經文化等資訊，同時檢視個人的健康與保險等事項，也要精算薪資收入與社會保險支出，完整的事先規劃與安排，是海外生活與工作不可欠缺的預備作業。

（一）派駐前的資料收集與分析

　　1. 收集與瞭解當地歷史、文化、宗教、風俗習慣與生活方式。因為不一樣的文化、宗教與生活習慣可能存在著禁忌行為，往往就是發生危機的徵兆。

　　2. 收集與瞭解當地的政治情勢、治安狀況、經濟發展程度、勞動環境及勞動法令，才能掌握外部環境的實況。

3. 收集與瞭解當地的道路交通、醫療資訊、飲食文化與糧食供應狀態，才能預先規劃在當地的生活方式。

4. 收集與建立完整的大陸各地台商協會（會長、幹部）、各地台灣事務辦公室的地址、電話等資料，以備不時之需。

5. 收集與瞭解兩岸遣辭用字的差異，包括專業術語的用語與一般用語，才能與當地人士或員工進行溝通。

（二）身心安全訓練

1. 派遣企業應當建立海外派遣安全指導手冊，每一位派遣人員要有自我確保安全的心理準備。

2. 後輩派遣人員應向有派駐大陸經驗的前輩請教或開班授課，提供非常有用的當地資訊。

3. 參加政府或民間訓練單位的行前講習，或是參加有關中國投資、管理、行銷、勞動、海關、稅務及法律等課程。專家與學者的意見，值得大家參考。

4. 閱讀有關介紹中國大陸的專業書刊與雜誌，以便累積正確的派駐知識。

（三）健康規劃與管理

1. 不管是個人或全家人移駐，派駐前一定要做徹底的健康檢查。

2. 由於大陸各地醫療水準各地不一，可能無法在當地買到某些日常藥品或特殊用藥品，派駐人員最好事先在台灣準備攜帶必要的藥品才是上策。

3. 由於兩岸用詞不同，在與醫生討論後，應事先準備寫有中文與英文的診斷書與處方箋，以備不時之需。

4. 派駐前應治癒蛀牙等毛病，近視朋友預備雙副眼鏡或隱形眼鏡。

5. 如有必要，男性派遣人員應事先做結紮手術。

（四）保險規劃

1. 投保海外生活意外保險與人壽保險。

2. 慎選附加服務的險種，對於某些附加服務的險種，如海外急難救助的項目，是必要的保險附加服務。

（五）試算或精算所得收入與社會保險費用

1. 衡量兩邊薪資福利的負擔情形，精算未來的實質所得，找出對勞資雙方有利的薪資條件。確認派駐與原來薪資的差異，除了勞健保費用負擔外，其他的薪資福利，例如返鄉費、差旅費，以及子女教育都是台籍幹部思考整體薪資時的項目。這些薪資福利會隨著在公司擔任不同職務而有差異，擔任高階職務工作的人，企業會提供較完善的後勤福利措施，協助安頓生活。對中階幹部則享受的待遇會比較少。換言之，事前的試算或精算所得收入很重要。有些企業會採用整筆支付（Total package）的薪資規畫，雙方可就此部份進行協議，瞭解這筆總額薪資是否包含既有福利保障。

2. 大部分企業外派員工時，還是會考慮到基本的勞健保權益，將部分薪資規畫在台灣，並在台灣維持雙方的勞雇關係。但是台籍幹部受聘於大陸本地企業或是台商採用本地聘用（Local hire）時，則其勞動關係在大陸，這時就要提前做好退休規畫，以保障自己未來的退休生活。

3. 由於大陸目前實施強制社會保險，規定與企業有勞動關係的境外員工（外國人與台港澳人士）都要依規定參加社會保險，因此派遣人員除了勞健保外可能還要負擔大陸的社會保險費用，所以要試算或精算兩邊社會保險的負擔。（**參照本書第 9 章「社會保險與住房公積金管理的操作實務」、第 21 章「台籍幹部兩岸社會保險的操作實務」**）

二、強化專業技術與管理能力

有關台籍幹部派駐需要的專業技術與管理能力，可從以下幾點培養入手：

（一）培養人資勞動管理的技能

　　不論派駐人員是人資專業或非人資職務，基本上，台商基於海外業務發展的需求，應先安排人資部門及相關部門主管，接受人資管理議題的養成與培訓，包括：大陸人資發展與管理、兩岸人資整合策略、大陸勞動環境與法令，以及大陸員工管理技巧與對策等四個「跨文化管理訓練」議題。主要目的是要讓母公司的人資部門及相關部門主管對於派駐地的職場環境有必要的認識，以利於處理兩地人資業務，有效整合企業在兩岸的人力資源。

　　再者，由於人力調配與成本考量，台商對派駐幹部的運用，一般都以擔任多職能的方式聘用，管理部主管負責財會、人資、總務、採購等工作職責，使得原來在台灣沒有人資管理操作經驗的派駐人員，提升大陸人資與勞動管理的技能知識更形重要。

（二）學習跨文化的管理差異

　　台籍幹部「跨文化管理訓練」，基本上可從下列面向加以探討：

　　1. 有關在大陸工作的環境及管理差異等議題；

　　2. 進行派駐地語言、文化、風俗習慣，以及工作任務、工作環境、技術和管理能力、文化敏感度、環境適應性的模擬與訓練，學習生存之道，適應環境，南橘北枳，而融入當地的環境；

　　3. 針對台籍幹部的生活環境問題，提供經驗上的建議及協助，以期減少跨文化衝擊，並能因應大陸人才市場的競爭態勢。

（三）應付競爭與轉型升級的挑戰

　　大陸各類人才已逐漸崛起，兩岸人才將在人力需求的平台上形成激烈的競爭態勢。目前台灣所擁有的核心優勢，如行銷、研發、金融操作等領域的能力，也會相繼面臨大陸人才的挑戰。

　　目前傳統產業的台商，正面臨了台籍幹部只懂技術而不懂管理的窘境；同時，台籍幹部的能力優勢，相對於當地人才，已逐漸在縮小，

特別是中、基層主管人員，基於成本與能力的考量，未來勢必將任用更多當地的專業人才。

時序進入 2010 年以後，大陸已經逐漸從「世界工廠」進入「世界市場」的經濟發展階段，台商在金融海嘯以後，因應著大經濟局勢的快速變動，努力轉型為內銷，或服務業，但面對排山倒海而來的市場競爭，卻有著力不從心的無力感，因為部分台商與台籍幹部仍然存在過去的固定思維，叫做「代工廠（製造廠）思維」，跳脫不出過去的經營模式。

因此從台商在大陸的人資發展需求來看，「管理幹部當地化」已是台商必走的道路，「兩岸人才競爭」則是台灣人士面臨的挑戰，「經營思維行銷化」更是台商與台籍幹部轉型內銷，改變習慣領域的方向。因此，歸根究底來說，台商應該體認大陸整體經濟環境變化對企業經營及台籍幹部就業的深遠影響，與時俱進地加強台籍幹部派駐專業的培養，才能強化優勢能力，這應當是台商必須思考的課題。

三、台商經營者心目中的台籍幹部形象

台商與台籍幹部，一直以來給外人一種「焦不離孟，孟不離焦」的印象，台商倚賴台籍幹部甚重，而台籍幹部也不負使命，戮力完成任務。台商長期的觀察與實踐，心目中優越的台籍幹部形象，自有一定的判斷：

（一）一定要有操守品德而且私生活有規律者；
（二）具有領導統御與各種管理技巧，而且有一定經驗者；
（三）要有積極、冷靜且具協調、溝通及整合能力者；
（四）具備專業技術能力者；
（五）懂得運籌帷幄、決勝千里的實踐者；
（六）能接受跨文化差異，沒有政治偏見，也能融入當地社會者。

這實在是一軍的高標準，用一句台語發音的廣告用語來說：「不

是那彼款 A-SA-PU-RU（隨便無腦筋）的人能夠擔當的任務」，的確，在全世界 500 大跨國企業差不多向上海報到集合時，人才素質沒有 A 也要有 B ＋，才能夠應付市場競爭，台籍幹部豈能例外？

四、台籍幹部派遣管理制度

派駐在大陸的派遣人員或直接招聘的台籍幹部，彼等的派遣資格、薪資、保險、福利、眷屬、績效、返任、晉升等等項目都是企業要管理的對象，關係著派遣作業能否順利展開，持續進行的重要因素。因此構建一套規範的「派遣管理制度」才能符合企業國際化政策又有發展願景的目的（附表 20-1：企業派遣管理制度的內容）。

附表 20-1：企業派遣管理制度的內容

外派任期	初任簽約、續任簽約		
資格條件	學經歷、年資、輪調經驗、相關培訓時數與經驗、考績、個人素質		
薪資條件	派駐人員（本薪、海外津貼、年終獎金、分紅獎金等等）		
	薪資支付規定（台灣、大陸）		
保險條件	勞健保退休金提撥條件（投保條件與限制資格）、商業保險（派駐本人的意外險、意外醫療、眷屬的意外險、意外醫療）、派駐地社會保險（參保條件與限制資格）		
福利條件	返台探親與眷屬探親條件	單身前往	返台休假天數、返台述職
			機票分配（員工返鄉探親、眷屬前往探親等費用）
		攜眷前往	返台休假天數、返國述職
			機票分配（員工返台探親、眷屬返台探親等費用）
		定居大陸台籍人士（例如配偶是陸籍，已在當地購屋自住）	返台休假天數、返國述職、當地休假、當地休假交通
			另給眷屬返台探親機票
			機票分配（員工返台探親、眷屬返台探親等費用）
	婚喪喜慶	適用對象、補助內容	
	攜眷條件	配偶、子女、父母、長輩	
	住宿條件	單身前往、攜眷前往	
	搬遷費（安置費）	本人、實際前往之眷屬	

	生活補助	單身前往、攜眷前往、當地台籍聘任、費用、人數
其他規定	績效考核、返任條件、晉升條件、禁止條款、保密條款	

五、辦理在大陸就業的就業許可手續

　　台灣母公司派遣在大陸的投資公司工作的台灣人士，從台灣《勞動基準法》的定義，仍然與台灣保有雇用關係（勞動關係），在台灣保有勞健保福利。被派遣到大陸工作，按大陸相關法律規定是無須簽訂勞動合同，但在一個自然曆年度內（1月1日至12月31日）在同一單位累計工作3個月以上，按照大陸《台港澳居民在內地就業管理規定》第4條規定，必須辦理就業證，辦理就業證時應提提交台灣企業與該員工所簽訂的勞動契約、兩岸企業的派遣協議、大陸企業與該員工的勞務協議等文件。

　　另外，台商在台灣或在大陸直接聘僱，由於聘僱時雇主可能講明是直接到大陸企業工作，且有可能講明不負責處理台灣的勞健保關係，則該台籍幹部可能成為無勞保身份，甚至沒有健保。由於是台商直接聘僱，按照《台港澳居民在內地就業管理規定》第4條規定，必須辦理就業證，簽訂本地的勞動合同，並按照《社會保險費徵繳暫行條例》的規定繳納社會保險費，參加社會保險。

台灣人士去大陸工作沒有辦就業證屬於違法就業

【案例 20-1】王小平是台灣人士，應徵北京海澱區的某網路公司擔任軟件總監，月薪人民幣三萬，但未辦理就業證及簽訂勞動合同。工作五個月後，與公司領導發生衝突，憤而辭職。辭職後公司拒絕發放最後一個月工資。王小平就向海淀區勞動爭議仲裁委員會提起仲裁，要求公司支付未簽勞動合同的雙倍工資、拖欠的一個月工資、經濟補償金等等共計十八多萬元。

　　仲裁答辯過程中，網路公司承認王小平是公司員工，也沒有簽訂勞動合同，但同時提出他是境外人士，在中國大陸就業未辦理就業證，屬於違法就業，他的主張不應得到支持。

仲裁法庭因此認定王小平非法就業，不享受勞動法上的權利義務，未簽勞動合同的雙倍工資、經濟補償金均不予支持。但對公司拖欠王某的工資三萬元，仲裁庭認為應予支付。至於違法就業行為是否應受到行政處罰，仲裁庭認為不在職權範圍之內，不予置評。

【分析】在本案中，用人單位承認違法用工，從而免除了雙倍工資、經濟補償金的賠償責任。也就是說，對於用人單位而言，違法用工比合法用工成本更低。用人單位固然明知是外國人或台港澳人士，且應該辦理就業證，但就是故意不辦，這樣責任反而輕一些。這可能是大陸立法上的缺陷。然而在法律修改之前，上述的裁決是合法的。

　　按規定，外國人或港澳臺人士未經就業許可，不可在中國大陸就業。根據《臺港澳居民在內地就業管理規定》、《外國人在中國就業管理規定》等規定，境外人士必須到用人單位所在地的勞動行政部門辦理《台港澳人員就業證》或《外國人就業許可證書》，才能合法在中國大陸就業，否則即為違法。

　　如果違法就業的，則雙方的關係是違法的，不構成有效的勞動關係。就業者這一方的外國人或臺港澳人士不得依據勞動法律法規的規定，主張未簽勞動合同的雙倍工資、經濟補償金等等。

　　對於外國人未經許可在中國就業的，《外國人入境出境管理法實施細則》第44條規定，對未經勞動人事部批准私自謀職的外國人，在終止任職或就業的同時，可以處200元以上、1,000元以下的罰款；情節嚴重的，並處限期出境。對於臺港澳人士在大陸就業而未辦理就業許可的，《臺港澳居民在內地就業管理規定》第16條規定了對用人單位的處罰，用人單位聘雇或者接受被派遣臺港澳人員，未為其辦理就業證或未辦理備案手續的，由勞動保障行政部門責令其限期改正，並可以處1,000元罰款。但對於打工的臺港澳人士的處罰規定沒有看到。

　　雖然是違法就業，但並不意味著他們完全不能主張權利。如果存在拖欠工資報酬、因工作負傷的情況，還是可以向用人單位主張。《勞動合同法》第28條規定，勞動合同被確認無效，勞動者已付出勞動的，用人單位應當向勞動者支付勞動報酬。勞動報酬的數額，參照本單位相同或者相近崗位勞動者的勞動報酬確定。

六、管控要點

有關台籍幹部派遣管理的管控要點如下：

（一）企業是否構建派遣管理制度，作為派遣員工赴陸工作的依據？（ν）

（二）是否擬訂台籍幹部的派赴資格與資質條件？（ν）

（三）企業派遣台籍幹部赴大陸之前，是否進行相關的赴任前培訓？（ν）

（四）赴任前培訓是否包含大陸勞動法令與跨文化差異的課程？（ν）

（五）是否為赴任的台籍幹部進行績效考核，以規劃其未來的發展路線？（ν）

（六）台籍幹部在大陸就業是否有辦理就業許可手續？（ν）

（七）是否為返任的台籍幹部準備職位或退出？（ν）

第 21 章
台籍幹部兩岸社會保險的操作實務

　　大陸於 2011 年 7 月 1 日正式實施的《社會保險法》是一部綜合性法律，強制性程度高於過去行政法規、部門規章的法律。對所有的企業產生廣泛且深遠的影響，不但增加用人成本，如果操作不當，則有法律風險。（**參照本書第 9 章「社會保險與住房公積金管理的操作實務」、第 10 章「工傷保險事故與待遇管理的操作實務」**）

　　對於具有外籍身份的員工，按《社會保險法》第 97 條規定，依法參加社會保險，然台港澳人士是否屬於第 97 條規定的參保對象，卻又留下模糊的空間。

　　大陸少數地方已經公布一些規範性文件，通知外國人參加社會保險，其中有些城市同時規定台港澳人員，比照處理；而大部分城市則只規範到外國人。顯見外國人參加社會保險的強制性越來越明顯，但對台港澳人士而言好像尚有討論的空間。由於台籍幹部的薪資一般屬於高所得族群，企業要負擔的社保費用也比較高，但對台籍幹部的實際社保待遇卻又顯得不太實用，且有重複投保的浪費現象。然從強制性與守法的立場來講，強制參保是不變的事實。

一、台籍幹部的勞動關係與社保關係

　　台籍人士直接受聘於大陸企業，首需申請就業證，才具有就業權，同時簽訂勞動合同，建立了勞動關係後，辦理社會保險，繳納社會保險費，享受社會保險待遇。如遇勞資爭議時，也能夠適用《勞動爭議調解與仲裁法》之仲裁規定，直接進行仲裁，如沒有辦理就業證，當發生勞動爭議時，僅視為一般民事之勞務關係，只能經由法院訴訟的解決程序。

另一種是與台灣母公司有雇用關係的台籍幹部，派赴大陸地區出差時，如出差期間在一個自然曆年度內（1月1日至12月31日），且同一單位累計工作3個月以上，必須辦理就業證，因與台灣母公司有雇用關係，與大陸的台商企業建立的只是派遣關係或勞務關係，非勞動關係，無須簽訂勞動合同。辦理就業證時須提交兩岸企業之派遣協議、大陸台商企業與該員工的勞務協議、台灣企業與該員工的勞動契約等文件，否則視為違法就業。

不論是直接受聘或派遣人員，已經參加了台灣的勞保、就保、健保，如果也在大陸台商企業建立勞動關係，形成雙重勞動關係，繳納了社會保險費，不但增加台商與台籍幹部的成本負擔，同時形成重複投保的現象。

到底台籍人士要不要參加大陸社會保險？按照《社會保險法》第97條的規定，大陸於2011年10月15日起施行《在中國境內就業的外國人參加社會保險暫行辦法》，針對外國人在大陸就業時應當參加社保的進一步規定，且依《社會保險法》第63條規定，勞資雙方都有強制性參保及繳納社保費用的法律責任。大陸少數城市從2012年起，陸續公布有關外國人及台港澳人士的就業及參加社保的文件，例如蘇州、南京、珠海、成都等地，已經公布規範性文件通知外國人參加社會保險，有些城市同時將台港澳人員，一併納入處理。顯見外國人參加社會保險的強制性越來越明顯，但對台港澳人員的參保卻又有地區的差異，甚至出現「法律有強制，執行沒強制」的情形。

二、2011年6月底以前境外人士自願參保的規定

大陸在1996年5月1日起施行的《外國人在中國就業管理規定》，當時未涉及外國人的參保規定，意即外國人沒有參保問題。

而台灣人士呢？由於台灣的法律卻與大陸明顯不同，從大陸法律的角度而言，台灣屬於「境外」。在具體法律適用上，大陸務實的採取了區別於外國人的管理辦法，在權益保障和程序安排方面對台港澳

人士作了與外國人管理稍有差異的特別規定，就是 1994 年 2 月 21 日起施行、2005 年 10 月 1 日修正施行的《台港澳居民在內地就業管理規定》以及而後各地方的相關辦法文件。

《台港澳居民在內地就業管理規定》第 11 條規定，用人單位與聘雇的臺港澳人員應當簽訂勞動合同，並按照《社會保險費徵繳暫行條例》的規定繳納社會保險費。因此大部分地方實際上都規定參加養老保險、醫療保險、工傷保險，只有少部分地方另加失業保險，例如廈門與東莞。

三、2011 年 7 月起境外人士參加社保的規定

《社會保險法》第 97 條規定，外國人在中國境內就業的，參照《社會保險法》規定參加社會保險。

人力資源和社會保障部於 2011 年 9 月 6 日公佈，10 月 15 日實施的《在中國境內就業的外國人參加社會保險暫行辦法》，直接受雇於中國境內用人單位的外國人，以及與境外雇主訂立雇用合同後，被派遣到在中國境內的分支機構、代表機構（以下簡稱「境內工作單位」）工作的外國人，都將參加職工基本養老保險、職工基本醫療保險、工傷保險、失業保險和生育保險。

社保費用由外國人與中國境內用人單位（或境內工作單位）按照相關規定共同繳納。但是具有與中國簽訂社會保險雙邊或者多邊協定國家國籍的人員在中國境內就業的，其參加社會保險的辦法按照協議規定辦理。

《在中國境內就業的外國人參加社會保險暫行辦法》還規定，外國人在達到規定的領取養老金年齡前離境的，其社會保險個人帳戶予以保留，再次來中國就業的，繳費年限累計計算；經本人書面申請終止社會保險關係的，也可以將其社會保險個人帳戶儲存額一次性支付給本人。

目前已經有一些地方，例如蘇州、南京、珠海、成都等地，已經

公布一些規範性文件通知外國人參加社會保險，有的地方同時將台港澳人員，一併納入處理，但對台港澳人士而言似乎尚有討論的空間；也有的地方只規範到外國人，例如北京、重慶、無錫等地。顯見外國人參加社會保險的強制性越來越明顯。

四、兩岸社會保險費率分析

　　分析兩岸企業與員工各自分擔的比例，加以對照後就可以瞭解大陸企業（含台商企業）社會保險與住房公積金負擔情形以及兩岸負擔的差異（附表 21-1：大陸社會保險與住房公積金費率分析表、附表 21-2：大陸社會保險與住房公積金費率占台灣勞健保費率分析表）。

　　由附表 21-1 得知，在大陸設立的企業（含本地、外台商）負擔的費率，上海是 62%、江蘇蘇州是 60％、廣東廣州為 44.35％。其中養老保險費用占五險費用相當高的份量（例如上海養老保險費用企業與員工合計 30%，占 48% 的 62.5%）；

　　由附表 22-2 得知，在大陸設立的企業，其社會保險費與住房公積金負擔的比例是在台灣企業勞健保費率（台灣無大陸住房公積金之項目）的 2.39 倍（上海）、2.32 倍（江蘇蘇州）、1.71 倍（廣東廣州）。從這個數字來看，大陸台商與台籍員工的負擔費用非常重，這也是許多台商在各種場合經常提出要政府注意及改善的問題。即便是台商與台籍員工不必繳納住房公積金，純粹就台籍員工的社會保險五險的負擔費用也是相當高的。

附表 21-1：大陸社會保險與住房公積金費率分析表

上海			江蘇（以蘇州為例）			廣東（以廣州為例）		
五險	住房	小計	五險	住房	小計	五險	住房	小計
37%	7%	44%	33%	8%	41%	23.35%	5%	28.35%
11%	7%	18%	11%	8%	19%	11%	5%	16%
合計		62%			60%			44.35%

註：(1) 各地社會保險費率搜尋自網路，並詢問當地台商而得知資料

(2) 江蘇以蘇州為例，廣東以廣州為例

(3) 蘇州 2012 年住房公積金比例為 8~12%，本案例以最低的 8% 為準

(4) 廣州 2012 年住房公積金比例為 5~12%，本案例以最低的 5% 為準

附表 21-2：大陸社會保險與住房公積金費率占台灣勞健保費率分析表

區分	台灣	上海		江蘇（蘇州為例）		廣東（廣州為例）	
		費率	滬 / 台比	費率	蘇 / 台比	費率	粵 / 台比
企業	15.25%	44%	2.89 倍	41%	2.69 倍	28.35%	1.86 倍
員工	9.27%	18%	1.94 倍	19%	2.05 倍	16%	1.73 倍
政府	1.39%						
合計	25.91%	62%	2.39 倍	60%	2.32 倍	44.35%	1.71 倍

註：(1) 2013 年的勞保費率為 9%（含就保費率 1%），負擔比率：雇主為
70%，勞工為 20%，政府 10%

(2) 勞工退休金按勞退新制規定，依最低費率各自負擔 6% 為依據

(3) 2013 年的全民健保費率為 4.91%，負擔比率：雇主為 60%，勞工為
30%，政府 10%（第一類被保險人）

(4) 大陸的社會保險與住房公積金，簡稱為五險一金

五、台商對台籍幹部是否參保的看法

從台商立場來講，台籍幹部是高所得者，因繳納高額社保費而增
加用人成本。再者大部分的台商都已經為台籍幹部辦理商業保險，同
時公司已經為台籍幹部在台灣投保，如再參加大陸社保，恐有重複投
保資源浪費的情形，而且參保對台籍幹部沒有實質的利益。所謂實質
利益下段說明之。

從台籍幹部來講，認為參加社保，則個人需要負擔高額社保費用，
將會壓縮薪資，使實質所得減少。同時享受不到養老退休金的福利，
因為大部分台籍幹部退休時都會回台灣享受台灣的勞工退休金待遇，
即便是在大陸參加養老保險，也會在未達到退休年齡之前回台灣，然
依大陸規定，只能領回自己繳納的部分養老費用，這樣的參保目的變
成毫無意義。另外大陸的醫療體系不規範，許多台商及台籍幹部對大
陸醫療技術與服務水平缺乏信心，繳了醫療保險費用卻很少去享受大

陸的醫療待遇，由於有台灣健保，認為有病不如回台灣就醫，但緊急疾病則認為有需要在大陸就醫，台商及台籍幹部一致認為大陸的醫療品質逐漸在改善中，台籍幹部相當認同工傷保險對他們的的實際利益。

六、兩岸協商互免部分社保項目的可能性

在大陸公布《在中國境內就業的外國人參加社會保險暫行辦法》的同時，人力資源與社會保障部有關負責人答覆記者的提問也提到處理的方式，他說：「為給予在本國就業的非本國國籍人員國民待遇，切實保障他們在就業國的社會保險權益，同時避免出現兩國企業及其員工重複參保繳費等情況，國際上通行做法是開展雙邊或多邊談判，通過簽署政府間包括雙方互免條款的社會保險協定加以解決。據瞭解，美國已經與 17 個國家簽訂了雙邊社會保障協定，日本已經與 13 個國家簽署了雙邊社會保障協定。早在 2001 年、2003 年，中國政府就已分別同德國、韓國簽署了社會保險雙邊協定，對雙方駐在國人員互相免繳特定的社會保險費用作出了相關規定。協定簽訂以來執行情況良好。《社會保險法》特別是《在中國境內就業的外國人參加社會保險暫行辦法》頒佈之後，一些國家（如日本、比利時、法國等）向我提出通過商簽雙邊社保協定解決本國公民雙重繳納社會保險費問題的要求，我們對此持積極態度，正在準備並推進與有關國家政府啟動社會保險互免談判，以妥善解決雙重繳費問題。」

目前德國與韓國對大陸的互免項目都是養老保險與失業保險。該互免項目，因為無對價關係，對方人民當然不能再享受待遇，否則就形成重複享受的情形了

根據大陸與韓國的協定，在今後的 13 年內互免派遣勞動員工的養老保險和失業保險繳費義務。雙方還決定 5 年內適用互免在對方國家被雇傭的勞動人員的養老保險繳納義務。此外，免除向對方國家派遣的公務員養老金保險和失業保險的雙重繳納，永久免除個體戶養老保險的雙重繳納。

根據大陸與德國的協定，最長是 60 個月，如因工作需要可延至
96 個月，特殊需要可再最後一次延長。

在大陸《社會保險法》實施，規定強制性參保是不可避免的情況
下，兩岸可以參考國際作法，兩岸可就部分險種進行協商互免的可能
性。前述養老保險費用占五險費用相當高的份量（例如上海養老保險
費用企業與員工合計 30%，占 48% 的 62.5%），如果能夠就養老保險
費用進行互免，則台商的社保費用就可以節省一半以上的成本了。

七、管控要點

有關台籍幹部兩岸社會保險的管控要點如下：

（一）是否為台籍幹部保留勞健保，另外加保海外險或意外險？
（ν）

（二）台籍幹部是屬於派遣性質抑或直接招聘？（ν）

（三）直接招聘的台籍幹部是否都簽訂勞動合同以及參加社會保
險？（ν）

第 22 章
台籍幹部大陸所得稅的操作實務

　　關於台籍幹部的個人所得稅規劃，首須瞭解的是在大陸的居住時間長短不同，其納稅義務的範圍及享受的所得稅優惠也可能不同，本文從居住時間與納稅的關係、個人所得稅規定與計算方式、所得稅優惠等三方面進行敘述。

一、台籍幹部在大陸的居住時間與納稅關係

　　在大陸境內無住所的外籍個人，依居住時間的長短，將個人所得稅納稅人分為居民納稅人與非居民納稅人。台籍幹部於一個納稅年度內，在大陸境內居住滿 365 日，即為居民納稅人，在計算居住天數時，對臨時離境不扣減天數（指在一個納稅年度內，一次不超過 30 日或者多次累計不超過 90 日離境）。居住未滿 365 日的，為非居民納稅人。對於居民納稅人與非居民納稅人在大陸境內居住時間與納稅關係，其納稅義務的範圍與享受的稅收優惠不一樣，大陸《個人所得稅法》與《個人所得稅法實施條例》有明確的規範。

　　《個人所得稅法實施條例》第 6 條規定，在中國境內無住所，但是居住 1 年以上 5 年以下的個人，其來源於中國境外的所得，經主管稅務機關批准，可以只就由中國境內公司、企業以及其他經濟組織或者個人支付的部分繳納個人所得稅；居住超過 5 年的個人，從第 6 年起，應當就其來源於中國境外的全部所得繳納個人所得稅。

　　目前，由於台灣未與大陸簽訂所得稅重複徵稅的互免協議，所以相關納稅義務是以是否超過 90 天為依據。所以《個人所得稅法實施條例》第 7 條規定，在中國境內無住所，但是在一個納稅年度中在中國

境內連續或者累計居住不超過 90 日的個人，其來源於中國境內的所得，由境外雇主支付並且不由該雇主在中國境內的機構、場所負擔的部分，免予繳納個人所得稅。

從上述的《個人所得稅法實施條例》之規定，對於台籍幹部在大陸境內每個居住時間所要負擔的納稅義務分析（附表 22-1：台籍幹部在大陸的居住時間與納稅關係）。

附表 22-1：台籍幹部在大陸的居住時間與納稅關係

所得來源		來源於境內所得（境內工作期間）		來源於境外所得（境內工作期間）	
身分	居住期限	由境內支付	由境外支付	由境內支付	由境外支付
非居民認定	居住未超過 90 日（註）	V	X	X（高管V）	X
	居住超過 90 天不滿 1 年	V	V	X（高管V）	X
居民認定	居住滿 1 年未滿 5 年	V	V	V	X
	居住超過 5 年	V	V	V	V

註：(1) V 是指需課徵所得稅；X 是指免徵所得稅。
　　(2) 台籍幹部在大陸有個人所得，也要合併在台灣繳納所得稅。據《台灣地區與大陸地區人民關係法》第 24 條規定：「台灣地區人民、法人、團體及其他機構有大陸地區來源所得者，應併同台灣地區來源所得課徵所得稅。但其在大陸地區已繳納之稅額，准自應繳納稅額中扣抵。」

從法律立場而言，如果連續在大陸居住的時間越久，稅負越重，特別是連續居住滿五年後的第六年開始，基本無法享受任何租稅優惠。台籍幹部如何規劃在大陸境內的行程，以更有利稅收規劃：

1. 不要由非居民納稅人變為居民納稅人。如果是短期去大陸工作的台籍人士，在一個納稅年度內，要將在大陸居住的時間控制在 90 天以內，這樣就可使自己在大陸境內時間由境外（台灣）企業支付的工資、薪金免稅。

2. 避免連續居住超過 5 年。如果是長期在大陸工作的台籍人士，

可以在連續居住期間安排一次 30 天或多次超過合計 90 天的離境事實，以中斷連續居住時間。

有關台籍幹部全球課稅的問題

【案例 22-1】請教一個有關全球課稅的問題，如果有員工已超過 5 年的期間待在大陸未離境 30 天，請問會有那些風險呢？另外這部份會不會造成在沒有完稅的情況下，無法離境的問題，如果被發現．除了補稅，還會有罰金嗎？或者其它罰則呢？

【解答】1. 按照大陸《個人所得稅法實施條例》第 6 條的規定，「在中國境內無住所，居住超過五年的個人，從第六年起，應當就其來源於中國境外的全部所得繳納個人所得稅。」亦即如果有台籍幹部在大陸已超過 5 年的期間，則有全球課稅的風險，避險的方法是最好在未滿 5 年時出境離境 31 天以上以避免風險。

2. 大陸有偷稅（2009 年，大陸刑法將偷稅罪已改成「逃避繳納稅款稅」，簡稱逃稅）與漏稅的法律責任，逃稅是故意的，漏稅是非故意的。一般漏稅只要在限期內繳交即可，否則會再另罰 50% 至 5 倍的罰款，但不承擔刑事責任。如果被查到是故意逃稅，對尚未構成刑事犯罪的逃稅者，除了繳交稅款外，會再另罰 50% 至 5 倍的罰款，對於境外人士還可限制出境。所謂「尚未構成刑事犯罪」是指數額較大的，一般是五萬元以上的金額，或逃稅金額佔應納稅額的 10% 以上者。當然逃、漏稅補稅或再加上繳罰款後就沒事了。

二、台籍幹部的個人所得稅規定與計算方式

大陸《個人所得稅法》、《個人所得稅法實施條例》所規定的個人所得包括：工資、薪金所得、獎金、年終加薪、勞動分紅、津貼以及任職的其他所得。另外，個人應納稅所得額之形態，包括現金、實物和有價證券，所得為實物的，應當按照取得的憑證上所注明的價格計算應納稅所得額，或參照當地的市場價格核定應納稅所得額；有些國有企業以實物支付職工做為工資或獎金，應以市場價格折算所得額

繳納所得稅。

按大陸《個人所得稅》規定，稅率一共分為 7 級，稅率自 3% 到 45%。

《個人所得稅法》第 3 條第 1 款第 1 項：工資、薪金所得，適用超額累進稅率，稅率為 3% 至 45%（附表 22-2：個人所得稅稅率）。

附表 22-2：個人所得稅稅率

級數	全月應納稅所得額	稅率（%）	速算扣除數
1	不超過 1,500 元的	3	0 元
2	超過 1,500 元至 4,500 元的部分	10	105 元
3	超過 4,500 元至 9,000 元的部分	20	555 元
4	超過 9,000 元至 35,000 元的部分	25	1,005 元
5	超過 35,000 元至 55,000 元的部分	30	2,755 元
6	超過 55,000 元至 80,000 元的部分	35	5,505 元
7	超過 80000 元的部分	45	13,505 元

《個人所得稅法實施條例》第 25 條規定，按照國家規定，單位為個人繳付和個人繳付的基本養老保險費、基本醫療保險費、失業保險費、住房公積金，從納稅義務人的應納稅所得額中扣除。同條例第 27 條規定，稅法第 6 條第 3 款所說的附加減除費用，是指每月在減除 3,500 元費用的基礎上，再減除本條例第 29 條規定數額的費用。同條例第 29 條規定，稅法第 6 條第 3 款所說的附加減除費用標準為 1,300 元。

台籍幹部繳納大陸個人所得稅，根據規定，除了所得稅的起徵點是 3,500 元以外，另增加一個「附加減除扣除額 1,300 元」。換句話說，境外人士（含外國人士、台港澳人士）是 4,800 元，工薪所得如果在 4,800 元以上，在按月從所得額中扣除。另外，除了住房公積金以外的員工自繳社會保險費（基本養老保險費、基本醫療保險費、失業保險費），計算出應納稅所得額後，依上述的稅率標準計算應繳納的個人所得稅（附表 22-3：上海台籍幹部個人所得稅計算實例）。

附表 22-3：上海台籍幹部個人所得稅計算實例

上海台籍幹部工資及扣除項目		金額
月工資總額（假設 10,000 元）		10,000 元
減除費用（扣）		4,800 元
減養老保險費	8%	800 元
減醫療保險費	2%	200 元
減失業保險費	1%	100 元
減住房公積金（無）		
員工應納稅所得額		4,100 元
稅率	20%	820 元
減速算扣除數		555 元
員工應納所得稅		265 元

　　值得注意的是，大陸已經有部分地區發布對外籍人員個人所得核定標準，例如廣東省的東莞、福建省的福州，江蘇省的蘇州等城市。東莞是以國籍、職務（職業）、投資規模；蘇州是以國籍、職業、職務、行業、投資規模加計權數來核定所得收入。

　　舉例來說，以蘇州為例，台商如果在蘇州投資 1 億元人民幣的電子廠，並且派駐一位台籍幹部擔任該公司的經理，則這位經理每月被核定的所得額，其計算方式（附表 22-4：台籍幹部個人所得稅核定所得額實例）。

附表 22-4：台籍幹部個人所得稅核定所得額實例

項目	所得推定	所得權數
國籍或地區（台灣）	18,006	0.3
職業（管理人員）	36,066	0.12
職務（擔任經理職務）	24,353	0.16
行業（電子業）	22,878	0.24
企業規模（投資 5,000 萬元 RMB）	30,457	0.18
加權後薪資	24,600	

　　台籍幹部一旦被稅務機關核定其收入額，根據計算的結果，台商電子業派駐大陸經理每月應申報的所得額約為 24,600 元，扣除減除費

用 4,800 元，與個人自繳的社會保險費（費率 11%），即 2,706 元後，應稅所得額為 17,094 元，稅率落在 25% 的範圍，得 4,274 元，再扣除速算扣除數 1,005 元，則應納所得稅為 3,269 元。

三、台籍幹部的所得稅優惠

台籍幹部所取得的所得收入，有哪些項目在計算應納所得稅時可以扣除？根據大陸《國家稅務總局關於外籍個人取得有關補貼徵免個人所得稅執行問題的通知》（國稅發 [1997]54 號）的規定，就財稅字 [1994]20 號文件的規定，在執行時的具體界定及管理問題進行了明確：

（一）對外籍個人以非現金形式或實報實銷形式取得的合理的住房補貼、伙食補貼和洗衣費免徵個人所得稅，應由納稅人在初次取得上述補貼或上述補貼數額、支付方式發生變化的月份的次月進行工資薪金所得納稅申報時，向主管稅務機關提供上述補貼的有效憑證，由主管稅務機關核准確認免稅。

（二）對外籍個人因到中國任職或離職，以實報實銷形式取得的搬遷費免徵個人所得稅，應由納稅人提供有效憑證，由主管稅務機關審核認定，就其合理的部分免稅。外商投資企業和外國企業在中國境內的機構、場所，以搬遷費名義每月或定期向其外籍雇員支付的費用，應計入工資、薪金所得徵收個人所得稅。

（三）對外籍個人按合理標準取得的境內、外出差補貼免徵個人所得稅，應由納稅人提供出差的交通費、住宿費憑證（影本）或企業安排出差的有關計畫，由主管稅務機關確認免稅。

（四）對外籍個人取得的探親費免徵個人所得稅，應由納稅人提供探親的交通支出憑證（影本），由主管稅務機關審核，對其實際用於本人探親，且每年探親的次數和支付的標準合理的部分給予免稅。

（五）對外籍個人取得的語言培訓費和子女教育費補貼免徵個人所得稅，應由納稅人提供在中國境內接受上述教育的支出憑證和期限證明材料，由主管稅務機關審核，對其在中國境內接受語言培訓以及

子女在中國境內接受教育取得的語言培訓費和子女教育費補貼，且在合理數額內的部分免予納稅。

對於國稅發 [1997]54 號文件規定的「每年探親的次數和支付的標準合理的部分」，《國家稅務總局關於外籍個人取得的探親費免徵個人所得稅有關執行標準問題的通知》（國稅函 [2001]336 號）予以了進一步明確，可以享受免徵個人所得稅優惠待遇的探親費，僅限於外籍個人在我國的受雇地與其家庭所在地（包括配偶或父母居住地）之間搭乘交通工具且每年不超過 2 次的費用。

綜合上述，對外籍個人是以非現金形式或實報實銷形式取得的合理的住房補貼、伙食補貼和洗衣費、搬遷費、境內外出差補貼、探親費、語言培訓費和子女教育費補貼，是以相應發票或憑證進行報銷，則免徵個人所得稅，而如果以採取直接收取現金補助方式，即以津貼或補貼名義，例如每月固定發放的交通、通訊補貼，或以搬遷費名義每月或定期向台籍幹部支付的費用，則應納入工資薪金所得繳納個人所得稅。

四、管控要點

有關台籍幹部大陸所得稅的管控要點如下：

（一）是否為台籍幹部規劃兩岸薪資的支付方案？（ｖ）

（二）是否為台籍幹部規劃個人所得稅的繳納方案？（ｖ）

主要參考文獻

一、石先廣，《勞動合同法深度釋解與企業應對》，中國法制出版社（北京），2007 年

二、海基會，《台商諮詢 Q&A 彙編》，海基會（台北），2007 年

三、董保華、楊傑，《勞動合同法的軟著陸－人力資源管理的影響與應對》，中國法制出版社（北京），2007 年

四、蕭新永，《大陸台商人力資源管理》，商周出版社（台北），2008 年

五、蕭新永，《中國大陸台商工傷事故處理技巧與案例解析》，台北市進出口商業同業公會（台北），2009 年

六、台北市企業經理協進會，《大陸台商勞動人事手冊》，行政院大陸委員會（台北），2011 年

七、富蘭德林事業群，《台籍個人在大陸法律與涉稅實務》，聯經出版公司（台北），2011 年

八、富蘭德林事業群，《外資企業如何應對中國勞動人事問題》，聯經出版公司（台北），2011 年

九、石先覺，《社會保險法深度釋解與企業應對》，中國法制出版社（北京），2011 年

十、李永軍、何豔，《中國大陸勞資實務》，繁星多媒體（台北），2012 年

十一、石先覺，《企業人力資源管理法律風險與操作實務》，中國法制出版社（北京），2012 年

十二、蕭新永，《中國大陸台商人力資源風險管理》，台北市進出口商業同業公會（台北），2012 年

經理人系列 11

大陸台商勞資風險與預防實務

作者◆蕭新永
發行人◆施嘉明
總編輯◆方鵬程
主編◆葉幗英
責任編輯◆徐平
校對◆林延澤
美術設計◆吳郁婷

出版發行：臺灣商務印書館股份有限公司
編輯部：10046台北市中正區重慶南路一段三十七號
電話：(02)2371-3712　　傳真：(02)2375-2201
營業部：10660台北市大安區新生南路三段十九巷三號
電話：(02)2368-3616　　傳真：(02)2368-3626
讀者服務專線：0800056196
郵撥：0000165-1　　E-mail：ecptw@cptw.com.tw
網路書店網址：www.cptw.com.tw
網路書店臉書：facebook.com.tw/ecptwdoing
臉書：facebook.com.tw/ecptw
部落格：blog.yam.com/ecptw

局版北市業字第993號
初版一刷：2013 年 11 月
定價：新台幣 350 元

大陸台商勞資風險與預防實務／蕭新永 著. --初版. --臺北
市：臺灣商務，2013.11
面 ； 公分. --（經理人系列：11）

ISBN 978-957-05-2885-5-（平裝）

1. 勞動法規 2. 人力資源管理 2. 中國

556.84   102019164

10660
台北市大安區新生南路3段19巷3號1樓
臺灣商務印書館股份有限公司　收

請對摺寄回，謝謝！

傳統現代　並翼而翔

Flying with the wings of tradtion and modernity.

讀者回函卡

感謝您對本館的支持，為加強對您的服務，請填妥此卡，免付郵資寄回，可隨時收到本館最新出版訊息，及享受各種優惠。

■ 姓名：＿＿＿＿＿＿＿＿＿＿＿＿＿ 性別：□ 男 □ 女

■ 出生日期：＿＿＿＿年＿＿＿＿月＿＿＿＿日

■ 職業：□學生 □公務(含軍警) □家管 □服務 □金融 □製造
　　　　□資訊 □大眾傳播 □自由業 □農漁牧 □退休 □其他

■ 學歷：□高中以下（含高中）□大專 □研究所（含以上）

■ 地址：＿＿＿＿＿＿＿＿＿＿＿＿＿＿＿＿＿＿＿＿＿＿＿＿
　　　　＿＿＿＿＿＿＿＿＿＿＿＿＿＿＿＿＿＿＿＿＿＿＿＿

■ 電話：(H) ＿＿＿＿＿＿＿＿＿＿ (O) ＿＿＿＿＿＿＿＿＿

■ E-mail：＿＿＿＿＿＿＿＿＿＿＿＿＿＿＿＿＿＿＿＿＿＿＿

■ 購買書名：＿＿＿＿＿＿＿＿＿＿＿＿＿＿＿＿＿＿＿＿＿＿

■ 您從何處得知本書？

　　□網路 □DM廣告 □報紙廣告 □報紙專欄 □傳單
　　□書店 □親友介紹 □電視廣播 □雜誌廣告 □其他

■ 您喜歡閱讀哪一類別的書籍？

　　□哲學・宗教 □藝術・心靈 □人文・科普 □商業・投資
　　□社會・文化 □親子・學習 □生活・休閒 □醫學・養生
　　□文學・小說 □歷史・傳記

■ 您對本書的意見？（A/滿意 B/尚可 C/須改進）

　　內容＿＿＿＿＿編輯＿＿＿＿校對＿＿＿＿翻譯＿＿＿＿
　　封面設計＿＿＿＿價格＿＿＿＿其他＿＿＿＿＿＿＿＿

■ 您的建議：＿＿＿＿＿＿＿＿＿＿＿＿＿＿＿＿＿＿＿＿＿

※ 歡迎您隨時至本館網路書店發表書評及留下任何意見

臺灣商務印書館 The Commercial Press, Ltd.

台北市106大安區新生南路三段19巷3號1樓　電話：(02)23683616
讀者服務專線：0800-056196　傳真：(02)23683626
郵撥：0000165-1號　E-mail：ecptw@cptw.com.tw
網路書店網址：www.cptw.com.tw　網路書店臉書：facebook.com.tw/ecptwdoing
臉書：facebook.com.tw/ecptw　部落格：blog.yam.com/ecptw